英語長文問題 60日完成

高校受験

新版

白田勇吉 ● 評論社

はしがき

　長文問題がどの高校の英語入試でも，もっとも大きな比重をしめ，これによって，合否の大勢が決してしまうことは今さら言うまでもありません。

　しかし実際はこれに対して，十分な準備と練習を重ねている人が少ないように思われてなりません。

　2学期も終わりに近づいてから，もぎテストの長文問題に手がつかず，悲しんだり，あわてたりするのは残念なことです。

　そこでこの本は，計画的に，段階をふんで，長文読解の実力を養っていくためには，どうしたらよいかを考え，受験前のみなさんのお役にたちたいと願って作られたものです。

　この本を利用される受験生のみなさんの成功を心から望んでやみません。

　　　　　　　　　　　　　　　　　　　　　白　田　勇　吉

この本の5大特色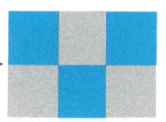

（1） 1日1題，60日（2か月）の練習で完成させることを目標におきました。頑張って2題ずつやれば，1か月で終了します。

（2） 従来の長文問題集のように，設問の量が少なかったり，片よったりしないように，1回の長文に対する**設問を20問に固定**し，いろいろな角度から問題研究ができるようにしてあります。

（3） 60日分を20ずつ，

> **A コース**（3年前期までの学習範囲で消化できる予備練習編）
> **B コース**（都立，市立，県立程度）
> **C コース**（国立大付属高校，私立一流高校程度）

の3段階にわけ，さらに各コースの中をやさしいものからむずかしいものへと配列してあります。これによって，一歩，一歩，学力の充実をはかることができます。

（4） 別冊の解答編は，**出題傾向→解説→全文の意味→解答**の4つにわけて，くわしく説明し，指導者がつかなくても，自分一人でどんどん学習が進められるようにしてあります。

（5） 採点がしやすいように，各問いの**配点を5点**にきめ，ページの終わりの**得点表**には**コースに応じた合格圏**を示して，自分の学力のレベルがはかれるようにしてあります。

この本の使い方

（1） 原則として，1日1題をていねいにやりましょう。

（2） Aコースは実際の入試問題を練習する前のウォーミング・アップ（準備練習）にあたるところで，比較的やさしい文を出してありますから，ここで十分な足がためをしておくことがたいせつです。

　　　得点がかんばしくないときは無理して先へ進まず，関係のある単元の復習をしっかりやってください。

（3） Bコースは，都立，市立，県立，一般私立高校程度の問題で，学習範囲も3年終了までひろがりますから，実際の入試のつもりで落ちついてやりましょう。

　　　学校群，普通科，実業科などによって程度の差はありますが，一応ページの終わりの得点表をみて，自分の学力のレベルをたしかめてください。

（4） Cコースは国立大付属高校，有名私立高校などいわゆる一流校といわれる高校や，公立でも最高得点を目ざす人たちの実力を養成するページです。

　　　Bコースで十分自信をつけた人は，このコースに入ってください。

　　　トップレベルの学校は，この程度の問題で，75点前後が合否のわかれ目になると思われるので，1問，1問，慎重にやるよう心がけましょう。

（5） 各長文に対する設問は20で，配点は各5点なので採点は簡単です。解答のスペースもとってありますから，直接答えを書きこむようにしましょう。

（6） 解答編の使いかたは，いきなり答えをあてにせず，出題傾向や解説をしっかり理解し，全文の意味をつかんでから，答えあわせに入るようにしましょう。この手順をふまないと，なぜまちがったかの原因がつかめず，学習効果が半減するので注意してください。

（7） この本を使いながら，自分にわからない単語や熟語が出てきた場合は，そのままにしないで単語帳にまとめ，あとで覚えるようにすればよいと思います。ぜひ実行して，単語・熟語の知識を豊富にしてください。

（8） 特にむずかしかった文や，失敗した問いに対してはしるしをつけておき，あとでそれらを一通り見返えして，万全を期してください。

学習計画表

Aコース

	月/日	得 点	評 価
第 1 日 …………………… 12			
第 2 日 …………………… 14			
第 3 日 …………………… 16			
第 4 日 …………………… 18			
第 5 日 …………………… 20			
第 6 日 …………………… 22			
第 7 日 …………………… 24			
第 8 日 …………………… 26			
第 9 日 …………………… 28			
第 10 日 …………………… 30			
第 11 日 …………………… 32			
第 12 日 …………………… 34			
第 13 日 …………………… 36			
第 14 日 …………………… 38			
第 15 日 …………………… 40			

	月/日	得 点	評 価
第 16 日…………………42			
第 17 日…………………44			
第 18 日…………………46			
第 19 日…………………48			
第 20 日…………………50			

Ｂコース

第 21 日…………………52			
第 22 日…………………54			
第 23 日…………………56			
第 24 日…………………58			
第 25 日…………………60			
第 26 日…………………62			
第 27 日…………………64			
第 28 日…………………66			
第 29 日…………………68			
第 30 日…………………70			

	月/日	得点	評価
第 31 日 ……………………… 72			
第 32 日 ……………………… 75			
第 33 日 ……………………… 78			
第 34 日 ……………………… 81			
第 35 日 ……………………… 84			
第 36 日 ……………………… 87			
第 37 日 ……………………… 90			
第 38 日 ……………………… 93			
第 39 日 ……………………… 96			
第 40 日 ……………………… 99			

Ｃコース

第 41 日 ……………………… 102			
第 42 日 ……………………… 104			
第 43 日 ……………………… 106			
第 44 日 ……………………… 109			
第 45 日 ……………………… 112			

	月/日	得 点	評 価
第 46 日 ……………………… 114			
第 47 日 ……………………… 117			
第 48 日 ……………………… 120			
第 49 日 ……………………… 123			
第 50 日 ……………………… 126			
第 51 日 ……………………… 129			
第 52 日 ……………………… 132			
第 53 日 ……………………… 136			
第 54 日 ……………………… 139			
第 55 日 ……………………… 144			
第 56 日 ……………………… 146			
第 57 日 ……………………… 150			
第 58 日 ……………………… 154			
第 59 日 ……………………… 157			
第 60 日 ……………………… 162			

ポイントの説明

関係代名詞の省略について……………………………	69
文のくぎりの要領…………………………………	77
内容の把握について………………………………	83
不定詞の3用法について…………………………	86
品詞の転換………………………………………	98
英問英答の要領について…………………………	101
現在完了の用法について…………………………	122
「be＋形容詞（または分詞）＋前置詞」の連語……	125
as の用法 …………………………………………	135
入試によく出る書きかえ問題……………………	149
まちがえやすい発音………………………………	153
よく使われることわざ……………………………	156

解答編 ……………………………………別冊

Aコース

第1日

次の対話文を読んで，下の各問いに答えなさい。

Ellen: Where's Dick? I can't see him.
George: Don't you know?
Ellen: ①ええ，知りません。What happened?
George: He fell out ⒶRecall a tree and (break) his leg ②two days ago.
Ellen: That's too bad. He's a member of the basketball team.
George: Yes. And ③we'll have a game tomorrow. But ④Dick can't play. ⑤He must stay at home for two Ⓑ____ three weeks.
Ellen: Who's going to take Dick's place?
George: ⑥Tom is. ⑦He's a very good basketball player, too.
Ellen: Do you think you'll win the game?
George: Yes, I'm sure we will.
(注) take Dick's place [pleis] ディックの代わりをする。

≪設　問≫

1. 本文中の空所Ⓐ，Ⓑに適当な語を1つずつ入れなさい。　　　　　(各5点)
   Ⓐ _____　　　Ⓑ _____

2. 本文中のかっこ内の break を適当な形になおしなさい。　　　　(5点)
   _____

3. 下線①の部分を英語になおしなさい。　　　　　　　　　　　　(5点)
   _____

4. 次の空所に適当な語を入れ，下線部②をいいかえなさい。　　　(5点)
   the day before _____

5. 下線③の文を意味をかえないで書きかえるには，次の文の空所にどんな語を入れますか。　　　　　　　　　　　　　　　　　　　(5点)
   We _____ going _____ have a game tomorrow.

6 下線④,⑤の文をそれぞれ未来の文に書き改めなさい。　　(各5点)
　④ _____
　⑤ _____

7 下線⑥に続く語句を次からえらび,記号を○でかこみなさい。　(5点)
　ア．a member of the basketball team
　イ．able to play basketball
　ウ．going to take his place
　エ．sure that his team will win the game

8 下線⑦をいいかえるには,次の空所にどんな語を入れますか。　(各5点)
　He can _____ basketball very _____, too.

9 本文の内容と合う文を次から2つえらび,記号を○でかこみなさい。
　ア．Tom is a better player than Dick.　　(各5点)
　イ．Dick is a very good basketball player.
　ウ．George is afraid that his team will lose the game.
　エ．George is going to watch the basketball game with Dick.
　オ．Tom is going to play in the game tomorrow.

10 次の語について,強める部分を○でかこみなさい。　(各5点)
　(1)　to-mor-row　　(2)　bas-ket-ball

11 左右の関係が同じになるよう,右の( )内に適当な語を入れなさい。
　(1)　play—player　　swim—(　　　　)　　(各5点)
　(2)　foot—leg　　　　hand—(　　　　)
　(3)　two—too　　　　see—(　　　　)

12 次のことを英語であらわしなさい。　(各5点)
　(1)　明日雨がふると思いますか。
　　　_____
　(2)　あなたのおとうさんは昨夜家にいましたか。
　　　_____
　(3)　彼はすぐに泳げるようになるでしょう。(soon)
　　　_____

第2日

次の手紙文を読んで，下の各問いに答えなさい。

　　　　　　　　　　　　　7 East, 5 Street
　　　　　　　　　　　　　Los Angeles, Calif.
　　　　　　　　　　　　　Sept. 10, 1981

Dear Kazuko,

　I was very (ⓐ) to have your letter and your stamps. I like them very much. I'm now sending some of my stamps (ⓑ) you. ①I hope you will like them. ②I will send you more from time to time.

　Tell me about yourself. Do you have any brothers? I have two. Does your brother tease you? My brothers tease me every day, but sometimes they are kind and good to me. Are you (ⓒ) of music? We all like it, so we have many good records. ③Shall I send you some?

　Thank you again (ⓓ) the stamps.

　Please write to me soon.

　　　　　　　　　　　　　　　　　　Your friend,
　　　　　　　　　　　　　　　　　　Bill

（注）from time to time ときどき，tease [tiːz] からかう

≪設　問≫

1. 本文の空所ⓐ～ⓓに適当な語を1つずつ入れなさい。　　　（各5点）
   ⓐ (　　　) ⓑ (　　　) ⓒ (　　　) ⓓ (　　　)

2. 本文の下線①～③の文の意味を書きなさい。　　　（各5点）
   ① _____
   ② _____
   ③ _____

3. 次のア～キの文の中から，本文の内容と合っているものを3つえらんで，その記号を○でかこみなさい。　　　（各5点）
   ア．This is the letter from Kazuko.
   イ．Kazuko sent some stamps to Bill.

ウ．Bill won't send any stamps to Kazuko.
エ．Bill has no brothers.
オ．Bill and his brothers have lots of records.
カ．Bill knows much about Kazuko.
キ．Bill wants to hear from Kazuko soon.

4 下線②の文を be going to〜 を使って，書き改めなさい。　　　（5点）

5 次の各問いに英語で答えなさい。　　　（各5点）
(1) How many brothers does Bill have?

(2) Are Bill's brothers always kind to him?

(3) Will Bill send more stamps to Kazuko?

6 次の5つの単語のうち，下線部の発音が他の4つとちがうものをえらんで，その記号を○でかこみなさい。　　　（5点）
ア．sometime<u>s</u>　イ．day<u>s</u>　ウ．stamp<u>s</u>　エ．record<u>s</u>　オ．letter<u>s</u>

7 次の5つの単語のうち，アクセントがうしろにあるものを2つえらび，その記号を○でかこみなさい。　　　（各5点）
ア．a-gain　イ．re-cords　ウ．mu-sic　エ．your-self　オ．send-ing

8 次のことを英語であらわしなさい。　　　（各5点）
(1) 彼は私たちにたいへん親切です。

(2) あなたに私のアルバム（album）を見せましょうか。

(3) あなたの写真（picture）を私に送ってくれませんか。

得点		評価		基準	A…80点以上　B…79点〜60点　C…59点以下	合格圏	65点

第3日

次の文を読んで，下の各問いに答えなさい。

(ア)Ned is very fond of sports. (イ)He plays baseball on Sunday. Last Sunday he got up ①(early) than usual. He washed his face and went down to the living room.

His father was ②(read) a newspaper. He looked at Ned and said, "Oh, Ned, [up, early, you, so, got] this morning. Are you going to play baseball?"

"Yes, I Ⓐ_____," said Ned.

Ned went into the kitchen. His mother was cooking breakfast. She said, "Ned, you Ⓑ_____ play baseball in the morning. But you Ⓒ_____ come back before noon. I know you have (ウ)a lot of homework today."

"Yes, Mother. (エ)I'm going to do it in the afternoon," answered Ned. He ③(eat) breakfast and went out with his glove and bat.

(注) sports [spɔːrts] スポーツ, usual [júːdʒuəl] ふだん, homework [hóumwəːrk] 宿題

≪設　問≫

1　先週の日曜日のネッドの生活について，本文の内容と合っているものを次から1つえらび，その記号を〇でかこみなさい。　　　　　（5点）
ア．Ned studied after breakfast.
イ．Ned didn't have breakfast.
ウ．Ned was busy in the afternoon.
エ．Ned didn't play baseball in the morning.

2　本文中の①～③の語を，その文に適する形に改めなさい。　（各5点）
① (　　　　　)　② (　　　　　)　③ (　　　　　)

3　本文中の空所Ⓐ～Ⓒに入れる語を次からえらびなさい。　（各5点）
　　aren't　　must　　don't　　am　　may　　can't
Ⓐ _____　Ⓑ _____　Ⓒ _____

4　本文中の〔　〕内の語を並べかえて，正しい文を完成しなさい。　（5点）
_____ this morning.

5 下線(ア)の文を書きかえるには，空所にどんな語を入れますか。　（5点）
　　Ned _____ sports very _____ .

6 下線(イ)の文中に always を入れるとすればどこですか。正しい位置の記号を○でかこみなさい。　（5点）
　　He ア plays イ baseball ウ on Sunday エ

7 下線(ウ)と同じ意味の語をえらび，記号を○でかこみなさい。　（5点）
　　ア．many　　イ．some　　ウ．any　　エ．much

8 下線(エ)の文の中で，もっとも強く発音する語を1つえらび，その記号を○でかこみなさい。　（5点）
　　I'm going to do it in the afternoon.
　　　ア　　イ　　ウ　　エ　オ　カ　キ　　ク

9 次の(1),(2)の語の下線部と同じ発音の語を右側から1つずつえらび，その記号を○でかこみなさい。　（各5点）
　(1) said　　　ア．eat　　イ．breakfast　　ウ．make　　エ．kitchen
　(2) glove　　ア．come　イ．home　　　　ウ．got　　　エ．ball

10 次のア〜カの単語のうち，うしろの部分にアクセントのある語を2つえらび，その記号を○でかこみなさい。　（各5点）
　ア．always　　イ．Sunday　　ウ．today　　エ．morning
　オ．kitchen　　カ．before

11 次の(1),(2)の語と反対の意味をあらわす語を書きなさい。　（各5点）
　(1) early (　　　　　)　　(2) answer (　　　　　)

12 次のことを英語であらわしなさい。　（各5点）
　(1) あなたのえんぴつを使ってよろしいですか。

　(2) 私は夕食前に宿題をしなければならなかった。

第4日

次の文を読んで，下の各問いに答えなさい。

　Yesterday Tom had no work ⒶTo do after lunch. So his father asked him to go to the book-store Ⓑto buy a few books. He ①(hurry) to the bus-stop and arrived there at three. When he was ②(wait) for a bus, he saw a little dog. It was going across the street. Just then a car came running fast. _____ But ㋑it was too late. It ③(fall) down and did not move.

　"㋐Poor dog!" he cried. But look! Suddenly it ④(stand) up and went away.

　He was very glad Ⓒto find that it was safe.

　(注) come running 走ってくる, suddenly [sʌ́dnli] とつぜん

≪設　問≫

1　本文中の①〜④のかっこ内の動詞を正しい形になおしなさい。（各5点）
① (　　　　　　　)　② (　　　　　　　)
③ (　　　　　　　)　④ (　　　　　　　)

2　本文中の_____の部分に英文を入れるとすれば，次のア〜エのうちのどれがもっとも適当ですか。その記号を○でかこみなさい。（5点）
ア．The dog tried to catch the car.
イ．The dog tried to run away.
ウ．The dog tried to go to the car.
エ．The dog tried to stop the car.

3　本文について，次の各問いに英語で答えなさい。（各5点）
(1) Was Tom busy after lunch yesterday?

(2) Did he go to the book-store to see a little dog?

(3) What did he see at the bus-stop?

(4) Why was he so glad at last?

4 本文中の波線Ⓐ，Ⓑ，Ⓒの不定詞の用法は，次のア〜カのどの不定詞の用法と同じですか。それぞれの記号をかっこの中に入れなさい。　（各5点）

　　Ⓐ（　）　Ⓑ（　）　Ⓒ（　）

　ア．I am sorry to hear the news.
　イ．I want something to eat.
　ウ．I began to read the book.
　エ．I sat down to write a letter.
　オ．I don't know how to drive a car.

5 本文中の下線部⑦の意味を書きなさい。　（5点）

_____

6 下線部④の意味は次のどれですか。記号を○でかこみなさい。　（5点）
　a．まずしい　　b．やせた　　c．かわいそうな　　d．小さい

7 次のア〜カの各組の単語のうち，下線の部分の発音がちがうものを2組えらび，その記号を○でかこみなさい。　（各5点）
　ア．w<u>ai</u>t—l<u>a</u>te　　イ．s<u>aw</u>—d<u>ow</u>n　　ウ．t<u>oo</u>—m<u>o</u>ve
　エ．h<u>u</u>rry—c<u>u</u>t　　オ．gl<u>a</u>d—st<u>a</u>nd　　カ．arrive<u>d</u>—talke<u>d</u>

8 次の4つの単語のうち，アクセントの位置が他の3つとちがうものをえらんで，その記号を○でかこみなさい。　（5点）
　ア．ar-rive　　イ．a-way　　ウ．bus-stop　　エ．a-cross

9 次のことを英語であらわしなさい。　（各5点）
(1) 私になにか飲みものをください。

_____

(2) 私たちは彼女にピアノをひくようにたのみました。

_____

(3) 私はその手紙を読んで悲しかった。

_____

| 得点 | 評価 | 基準 | A…80点以上　B…79点〜60点　C…59点以下 | 合格圏 | 65点 |

第5日

次の文を読んで，下の各問いに答えなさい。

　One day Tom and his father ①(go) out for a walk. When they were ②(walk) along the country road, Tom saw something before him. He ran to it, ③(stop) and cried.
Tom: Look, Father, there's a frog. Ⓐ[is a what big he frog]!
Father: Yes, he's very big.
Tom: See, he jumps! Isn't he funny? Ⓑ[I him bring can home]? I
　　　 want to keep him as a pet.
Father: No, Tom, you can't. You've got two pets already—a dog
　　　 and a cat. Two pets are enough for you, Tom. And how can
　　　 you find food for a frog? Don't you know what frogs eat? If
　　　 you keep him, he will soon die.
Tom: ＿＿＿. Let's go, Father.　　　　　(注) frog [frɑg] かえる

≪設　問≫

1　本文中の ( ) 内の語を，その文にあうような語形に書きかえなさい。
　①(　　　)　②(　　　)　③(　　　)　　　　　(各5点)

2　本文中の 〔 〕 内の語を並べかえて，正しい英文を完成しなさい。
　Ⓐ _____ (各5点)
　Ⓑ _____

3　本文中の ＿＿＿ に適することばをえらび，記号を○でかこみなさい。(5点)
　ア. No, I won't.　イ. Yes, please.　ウ. Oh, will you?
　エ. I see.　オ. No, thank you.

4　本文中の下線 he's にあたることばの記号を○でかこみなさい。(5点)
　ア. he is　イ. he was　ウ. he has　エ. he does

5　(1) 本文中の次の文を途中1か所くぎるとすればどこですか。記号で答えなさい。(2) またこの文でもっとも強く発音する語を2つえらび，それも記号で答えなさい。(各5点)

　　I want to keep him as a pet.
　　　 ア　イ　ウ　エ　オ　カ　キ

(1) (　)と(　)の間　　(2) (　)と(　)

6 次の各組の語で，下線の部分の発音が同じものを2組えらび，その記号を○でかこみなさい。 （各5点）

ア．{eat / cried}　イ．{food / enough}　ウ．{out / country}　エ．{home / road}　オ．{will / find}

7 fa-ther のように，第1音節にアクセントのある語を 次から2つえらび，その記号を○でかこみなさい。 （各5点）

ア．a-long　イ．be-fore　ウ．some-thing　エ．al-read-y　オ．fun-ny
カ．e-nough

8 次の文の下線部の発音を正しくあらわしたものを1つえらび，その記号を○でかこみなさい。 （5点）

You don't know.

ア．[dɔːnt nou]　イ．[dount nou]　ウ．[dount nɔː]
エ．[dɔːnt nɔː]　オ．[dɔnt nɔː]

9 次の各問いに対する正しい答えの記号を○でかこみなさい。 （各5点）

(1) country と反対の意味の語は
ア．farm　イ．town　ウ．land　エ．village　オ．hill

(2) before と反対の意味の語は
ア．around　イ．across　ウ．toward　エ．beside　オ．behind

(3) cried と同じ意味の語は
ア．pushed　イ．pointed　ウ．shouted　エ．touched　オ．entered

(4) bring と同じ意味の語は
ア．carry　イ．send　ウ．return　エ．lend　オ．stay

10 Tom saw a frog. を受動態の文になおしなさい。 （5点）

____

11 次のことを英語であらわしなさい。 （5点）

通り (street) を歩いていたとき，私は彼の車を見た。

____

得点		評価		基準	A…80点以上　B…79点～60点　C…59点以下	合格圏	65点

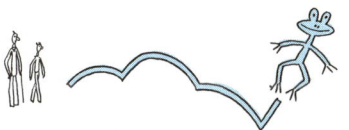

第6日

次の文を読んで，下の各問いに答えなさい。

Mr. Smith sometimes goes shopping with his wife.
One Saturday they went together to a shop to buy a new winter coat for ①(he). The shopman showed several large brown ②(coat) ㋐____ Mr. Smith, because (a)he was a very big man. He liked one of them very much, but (b)he thought that it was too expensive. ㋑____ others were a little too small. Then he tried on some black coats, and one was large enough. He said to his wife, "Do you like this coat, Helen?" "Yes, I do. It looks very good on you," she answered. Mr. Smith thought about it for ㋒____ short time, and then he said, "All right. I'll get it now."

(注) several [sévrəl] いくつかの，expensive [ikspénsiv] 値段が高い

≪設　問≫

1　本文中の㋐，㋑，㋒の____の中に適当な語を1つずつ入れなさい。
　㋐ _____　　㋑ _____　　㋒ _____　　　　（各5点）

2　本文中のかっこ内の語をそれぞれの文にあうよう書き改めなさい。
　① _____　　② _____　　　　　　　　　　　（各5点）

3　本文の内容を考えながら，次の各問いの答えを完成しなさい。（各5点）
　(1) Did Mr. Smith buy a brown coat?
　　　_____, he _____.
　(2) Why didn't he buy a brown coat?
　　　_____ it was _____.
　(3) What day of the week was it that day?
　　　_____ was _____.

4　本文中の下線(a)の文を感嘆文に書き改めなさい。　　　　　（5点）

　_____

5　本文中の下線(b)の文を現在の文に書き改めるには，次の文の空所にどんな語を入れますか。　　　　　　　　　　　　　　　　　　　（5点）
　He _____ that it _____ too expensive.

6　次の各列の5つの単語の中で，下線部の発音が他の4つとちがうものをえらんで，その記号を○でかこみなさい。　　　　　　　　　　(各5点)
(1)　ア．things　イ．sometimes　ウ．shops　エ．days　オ．others
(2)　ア．shop　イ．much　ウ．some．エ．but　オ．other
(3)　ア．thought　イ．enough　ウ．right　エ．high　オ．caught

7　次の語句と同じ意味の語を英語で書きなさい。　　　　　　　　　　(各5点)
(1)　the season before winter
　　　　　　　　　　　　　(　　　　　　)
(2)　the fifth day of the week
　　　　　　　　　　　　　(　　　　　　)
(3)　the day after today
　　　　　　　　　　　　　(　　　　　　)

8　次の語と反対の性をあらわす語を書きなさい。　　　　　　　　　　(各5点)
(1)　man (　　　　　)　　(2)　wife (　　　　　)

9　次のことを英語であらわしなさい。　　　　　　　　　　　　　　(各5点)
(1)　彼は弟とたびたび魚釣り (fishing) に行きます。

(2)　この本はむずかしすぎると私は思います。

| 得点 | | 評価 | | 基準 | A…80点以上　B…79点～60点　C…59点以下 | 合格圏 | 65点 |

第7日

次の文を読んで，下の各問いに答えなさい。

　Kate was dressing for a dance. Her sister Mary was playing the piano. Mary was playing beautifully. Suddenly the telephone rang. Their mother answered it.

　"Kate," she called, "Jim wants to speak to you. Can you come to the phone?"

　"Yes, Mother, ①[　　]," Kate answered. (a)She put on her robe and came quickly down the stairs.

　"Please play softly, Mary," she called. "Jim doesn't speak clearly over the telephone."

　"Maybe you don't listen ⑦(　　) him carefully," said Mary, but she began to play more softly.

　"Hello, Jim," said Kate.

　"Hello, Kate. Are you ready?"

　"②[　　]. I can be ready in fifteen minutes," said Kate.

　"O.K.," said Jim. "(b)I can easily be there in a quarter of an hour ⑦(　　) car."

　"Don't drive too fast!"

　"Don't worry. ③[　　]," said Jim. "Maybe (c)I don't always drive slowly, but ④[　　]."

　"All right, Jim. ⑤[　　] before you get here."

　"O.K., ⑥[　　]," answered Jim.

　(注)　robe [roub] 長くゆるい上着, stairs [stɛərz] 階段, worry [wʌ́ri] 心配する

≪設　問≫

① 本文中の①～⑥までの[　]の中に入れる適当な文を，次のア～カの中からえらび，その記号で答えなさい。　　　　　　　　　　(各5点)

　ア．I'll drive carefully.　　　イ．I'm never careless.
　ウ．I'm almost ready.　　　　エ．I'll be ready.
　オ．I'll be right down.　　　　カ．I'll be right over.

① [　]　② [　]　③ [　]　④ [　]　⑤ [　]　⑥ [　]

2 本文中のかっこ㋐, ㋑に適当な語を入れなさい。　（各5点）
　㋐（　　　　　　　）　㋑（　　　　　　　）

3 本文の内容にあうよう，次の問いに対する答えの文を完成しなさい。
(1) Who answered the telephone first?　　　　　　（各5点）
　　Kate's ＿＿＿＿＿ ＿＿＿＿＿.
(2) Did Jim call Kate or Mary?
　　He ＿＿＿＿＿ ＿＿＿＿＿.
(3) Was Kate ready when she talked with Jim?
　　＿＿＿＿＿, she ＿＿＿＿＿.

4 下線(a)の文を進行形の文に書きかえなさい。　　　（5点）

＿＿＿＿＿＿＿＿＿＿＿＿＿＿＿＿＿＿＿＿＿＿＿＿＿＿＿

5 下線(b)の文の意味を書きなさい。　　　　　　　（5点）

＿＿＿＿＿＿＿＿＿＿＿＿＿＿＿＿＿＿＿＿＿＿＿＿＿＿＿

6 下線(c)の正しい意味を1つえらび，その記号を○でかこみなさい。（5点）
ア．ぼくはいつもゆっくり運転しない。
イ．ぼくはいつものとおりゆっくり運転しない。
ウ．ぼくはいつもゆっくり運転するとはかぎらない。

7 左端の語と下線部の発音が同じ語をえらび，○でかこみなさい。（各5点）
(1) ready　（ア．said　イ．clearly　ウ．speak　エ．came）
(2) over　　（ア．call　イ．mother　ウ．slowly　エ．come）
(3) quarter（ア．phone　イ．always　ウ．don't　エ．piano）

8 C―D と A―B の関係が一致するよう，空所をうめなさい。（各5点）

	A ⟷ B		C ⟷ D	
(1)	begin	began	speak	＿＿＿＿
(2)	two	too	here	＿＿＿＿
(3)	slowly	slow	easily	＿＿＿＿

第8日

次の対話文を読んで，下の各問いに答えなさい。

John: Hello, Bill !
Bill: Hello, John ! How's your family ?
John: Oh, they're fine, thank you. And Ⓐ☐ ?
Bill: The same Ⓑ☐ usual. Where are you going now ?
John: Today's my daughter's birthday. She loves ①anything sweet. I thought ②I'd take something sweet home.
Bill: How about ㋐(get) some English chocolates ? ③There's a good candy shop not far from here.
John: Oh ? Ⓒ☐ can I get ④there ?
Bill: Go straight ahead for two blocks. Turn right this side of the traffic light. It's on the other side of the post office.
John: Which side of the street ?
Bill: On this side. On your right. ⑤You can't miss it.
John: Thanks. I don't know anything about this part of town, because I don't go ㋑(shop) very often.
　(注) sweet [swiːt] あまい，ahead [əhéd] 先へ，block [blɑk] 1丁，1区画，traffic [trǽfik] light（交通）信号

≪設　問≫

1　本文中のⒶ～Ⓒに適する語をえらび，記号を○でかこみなさい。（各5点）
Ⓐ　ア．your　　イ．yours　　ウ．we　　エ．ours　　オ．theirs
Ⓑ　ア．than　　イ．that　　ウ．as　　エ．which　　オ．of
Ⓒ　ア．What　　イ．When　　ウ．Where　　エ．Why　　オ．How

2　本文中の㋐，㋑の（　）内の語を適当な形にしなさい。（各5点）
㋐（　　　　　　　　）　㋑（　　　　　　　　）

3　下線部①の意味をもっともよくあらわしているものを，次から1つえらび，その記号を○でかこみなさい。（5点）
ア．あまいものならなんでも　　イ．なにかあまいものを
ウ．おいしいものはなにも　　　エ．どんな美しいものでも

4　下線部②の I'd を省略しない形にしなさい。I ＿＿＿＿＿　（5点）

5　下線部③の文を途中1か所ぎりなさい。（記号を○でかこむ。）（5点）
　There's ア a イ good ウ candy エ shop オ not カ far キ from ク here.

6　下線部④の there を別の英語を使って書きかえなさい。（5点）
　to the ＿＿＿ ＿＿＿

7　下線部⑤を日本語になおしなさい。（5点）

8　本文の内容とちがうものを1つえらび，記号を○でかこみなさい。（5点）
　ア．John wants to buy something sweet for his daughter.
　イ．Bill knows about this part of town better than John.
　ウ．Bill tells John where some English chocolates can be got.
　エ．Bill's daughter is very fond of candy.

9　Bill の説明にしたがって，candy shop と post office の位置をたしかめ，右の図の記号を使って示しなさい。　（各5点）
　(1) candy shop（　）
　(2) post office（　）

10　次の各語の下線部と同じ発音をもつ語を右の語群の中から1つずつえらび，その記号を○でかこみなさい。　（各5点）
　(1) daughter　ア．though　イ．laugh　ウ．group　エ．low　オ．call
　(2) birthday　ア．heart　イ．turn　ウ．part　エ．aunt　オ．warm
　(3) straight　ア．says　イ．said　ウ．break　エ．die　オ．either
　(4) other　　ア．woman　イ．sat　ウ．count　エ．want　オ．enough
　(5) post　　ア．town　イ．pond　ウ．thought　エ．road　オ．lost

11　次の語と反対の意味をあらわす語を書きなさい。（各5点）
　(1) right（右の）＿＿＿＿　(2) far ＿＿＿＿

得点	評価	基準	A…80点以上　B…79点〜60点　C…59点以下	合格圏	65点

第9日

次の文を読んで，下の各問いに答えなさい。

Once there was a black and white cat. He was ㋐(name) Tom.
One day he was ㋑(sleep) under a tree in the forest. Suddenly ①he was awaked by the song of a bird. Then he was very hungry. ②He wanted to have something good to eat.
He looked around. He looked up at the blue sky and looked down at the green grass. Something was moving in the tree. It was a sparrow.
He talked to the sparrow and ③asked it to be friends with him. ④He caught the sparrow when it came near. He was going to eat it.
The sparrow said, "⑤No gentleman eats his dinner till he has washed his face."
The cat [to, that, surprised, hear, was]. He began to wash his face with his paw, and the sparrow flew away.
The cat was sorry ⑥to lose his dinner and said, "As long as I live, I will eat first and wash my face afterward."
(注) awake [əwéik] 目をさます, sparrow [spǽrou] すずめ,
paw [pɔː] (つめのある) 動物の足, as long as かぎり

≪設　問≫

1　本文中の㋐, ㋑のかっこ内の語を適当な形に書き改めなさい。（各5点）
㋐（　　　　　　）　㋑（　　　　　　　）

2　本文中の〔　〕内の語を並べかえて，正しい文を完成しなさい。（5点）
The cat _____.

3　下線①, ②, ③, ⑤の部分の意味を書きなさい。（各5点）
①
②
③
⑤

4　下線④の文を受動態に書き改めなさい。（5点）

5 本文の内容にあてはまる題として，もっとも適当なものを，次から1つえらび，その記号を○でかこみなさい。（5点）
　ア．Why the Cat Washes His Face After Eating
　イ．How the Sparrow Flew Away From the Cat
　ウ．Why the Cat Lost His Dinner

6 下線⑥の不定詞と同じ用法をえらび，記号を○でかこみなさい。（5点）
　ア．I am glad to see you again.
　イ．I have no friend to help me.
　ウ．I went to the station to meet my uncle.

7 本文の内容を考えながら，次の各問いに英語で答えなさい。（各5点）
(1) How many cats were there?

(2) Could the cat eat the sparrow?

(3) Was the cat happy or sad when the sparrow flew away?

8 次の8組の単語のうち，左右の下線部の発音がちがうものを3組えらび，その記号を○でかこみなさい。（各5点）
　ア．c<u>a</u>t-bl<u>a</u>ck　イ．<u>a</u>round-d<u>ow</u>n　ウ．f<u>a</u>ce-w<u>a</u>sh　エ．<u>u</u>nder-h<u>u</u>ngry
　オ．wash<u>ed</u>-ask<u>ed</u>　カ．l<u>o</u>se-s<u>o</u>rry　キ．bl<u>ue</u>-fl<u>ew</u>　ク．n<u>a</u>me-s<u>ai</u>d

9 次の6つの単語の中から，アクセントの位置がうしろにあるものを2つえらび，その記号を○でかこみなさい。（各5点）
　ア．forest　イ．hungry　ウ．surprise　エ．something　オ．began

10 次のことを英語であらわしなさい。（各5点）
(1) その車は彼に洗われました。

(2) このケーキは彼らによって食べられるでしょう。

第10日

次の手紙文を読んで，下の各問いに答えなさい。

Dear Nancy,

I am sorry that I didn't write back to you soon. I came home from Kyoto three days ago. But (ア)I caught cold in the train from Kyoto and have been sick ⓐ_____ then. I'm now ①(write) this letter in bed.

Kyoto is famous ⓑ_____ its old temples and shrines. But I don't hear (イ)you have been there before. So I am going to send you some picture post cards.

I hope you will like them.

In your last letter you said, "I've ②(study) very hard."
(ウ)I was very glad to read it.

Well, (エ)I think I'll close this letter now.

Please write to me as soon as you can.

　　　　　　　　　　　　　　　　　　　　　Your friend,
　　　　　　　　　　　　　　　　　　　　　George

(注) temple [témpl] 寺, shrine [ʃrain] 神社, close [klouz] おえる, as～as～can できるだけ～

≪設　問≫

1　本文中のⓐ, ⓑの□□に入れる語を書きなさい。　　(各5点)
ⓐ _____　　　ⓑ _____

2　本文中のかっこ①，②の動詞を適当な形になおしなさい。　(各5点)
① _____　　　② _____

3　本文中の下線(ア)，(イ)の文の意味を書きなさい。　(各5点)
(ア) _____
(イ) _____

4　次のそれぞれの英文で，本文の内容とちがっているものを2つえらび，その記号を○でかこみなさい。　(各5点)
ア．This is the letter from George.

イ. George caught cold in the bus.
ウ. George visited Kyoto with Nancy.
エ. George will send some picture post cards to Nancy.
オ. George asked Nancy to write to him soon.

5 本文中の下線(ウ)の文を感嘆文に書き改めなさい。　　　　（5点）

_____

6 本文中の下線(エ)の文を途中1か所くぎって読むとすればどこですか。くぎる箇所の記号を○でかこみなさい。　　　　（5点）
　　I think ア I'll イ close ウ this letter エ now.

7 次の各問いに英語で答えなさい。　　　　（各5点）
(1) Where has George been?

_____

(2) How long has George been sick in bed?

_____

(3) Why didn't George write to Nancy soon?

_____

8 次の語の正しい発音をえらび，記号を○でかこみなさい。　　（各5点）
(1) said   ア. [sed]   イ. [seid]   ウ. [said]
(2) hope   ア. [hɔ:p]   イ. [houp]   ウ. [hɔp]
(3) soon   ア. [sun]   イ. [sɔ:n]   ウ. [su:n]
(4) caught ア. [kout]   イ. [kaut]   ウ. [kɔ:t]
(5) famous ア. [fáiməs] イ. [féimaus] ウ. [féiməs]

9 日本文の意味になるよう，空所に適当な英語を入れなさい。　（各文5点）
(1) He _____ _____ _____ for a week.
　　彼は1週間ずっといそがしいです。
(2) Have you _____ _____ _____ Kyoto?
　　あなたは今までに京都へ行ったことがありますか。

得点	評価	基準	A…80点以上　B…79点～55点　C…54点以下	合格圏	60点

第11日

次の文を読んで，下の各問いに答えなさい。

Mrs. Brown: Have you finished your homework?
Jack: No, I haven't started yet.
Mrs. Brown: ①Why not?
Jack: ②I don't know what to write.
Mrs. Brown: What are you going to do at school tomorrow?
Jack: We are going to tell stories. Our teacher told us to bring a story until tomorrow, but I don't know one.
Fred: The radio ⓐmay help you. ③You'll get a good one from it.
Jack: ④That's a good idea.
Kate: Oh, ⑤Uncle Frank will talk in a few minutes.
Jack: Yes, he'll help me. Please turn it on quickly, Mother.
Mrs. Brown: But Father is reading now.
Jack: ⑥(ア. Father イ. Mother ウ. Fred エ. Kate), ⓑmay I turn on the radio?
Mr. Brown: Yes, you ⓒmay. ⑦The radio ア will be イ more interesting ウ than エ this newspaper. Let's listen to it.
Fred: I have some letters ⑧to write.
Jack: You ⑨(ア. listen イ. have ウ. don't エ. to).
Fred: All right. I'll go and write them in my room.

（注）homework 宿題，turn on （ラジオなどを）かける

≪設　問≫

1　下線①の意味を最もよくあらわしているものを1つえらび，その記号を○でかこみなさい。　　　　　　　　　　　　　　　　　　　（5点）
　ア．Why haven't you started?　　イ．Why didn't you start?
　ウ．Why haven't you finished?　　エ．Why didn't you finish?

2　下線②の文を日本語になおしなさい。　　　　　　　　　（5点）

3　下線③の文の中で，最も強く発音される語はどれですか。　（5点）

4　下線④がさしている内容を最もよくあらわしているものをえらび，その記号を○でかこみなさい。　　　　　　　　　　　　　　　　（5点）
　ア．宿題をすませること　　　イ．物語を書いてみること

ウ．物語を発表すること　　エ．ラジオを聞いてみること

5　下線⑤の文を日本語になおしなさい。　　　　　　　　　　（5点）

6　⑥の（　）の中で最も適当な語を1つえらび，記号を書きなさい。（5点）

7　下線⑦の文を1回だけくぎって読むとすればア～エのどれがよいですか。記号を書きなさい。　　　　　　　　　　　　　　　　　　　　　　（5点）

8　下線⑧と同じ用法のものを次から1つえらび，その記号を○でかこみなさい。　　　　　　　　　　　　　　　　　　　　　　　　　　　　　　（5点）
ア．I want to play tennis.　　イ．They went to see him.
ウ．I have no time to play.　　エ．I am glad to meet you.

9　⑨の（　）の中の語を正しい順に並べて，順序を記号で書きなさい。（5点）

10　次の(1), (2)が本文の内容と一致するように，適当な人名を□に書きなさい。　　　　　　　　　　　　　　　　　　　　　　　　　　　　　（各5点）
(1)　□ has to take a story to school.
(2)　□ has to write some letters.

11　本文の中で会話をしているのは全部で何人ですか。（　　）人　（5点）

12　次の(1)～(3)のア～エの中から，下線部の発音がちがうものを1つずつえらんで，その記号を○でかこみなさい。　　　　　　　　　　　　　　（各5点）
(1)　ア．go　　イ．know　　ウ．now　　エ．told
(2)　ア．finished　　イ．started　　ウ．talked　　エ．helped
(3)　ア．rooms　　イ．letters　　ウ．stories　　エ．minutes

13　波線ⓐ～ⓒのうち，その用法がちがうものが1つだけあります。その語の記号を書きなさい。　　　　　　　　　　　　　　　　　　　　　　　（5点）

14　次の8つの単語のうち，アクセントの位置がうしろの部分にあるものを2つえらび，その記号を○でかこみなさい。　　　　　　　　　　　　　（各5点）
ア．homework　　イ．finish　　ウ．idea　　エ．minute　　オ．radio
カ．listen　　キ．until　　ク．quickly

15　次のことを英語であらわしなさい。　　　　　　　　　　　（各5点）
(1)　彼は何をしたらよいかわからなかった。

(2)　ラジオを消してもいいですか。

| 得点 | | 評価 | | 基準 | A…80点以上　B…79点～55点　C…54点以下 | 合格圏 | 60点 |

第12日

次の文を読んで，下の各問いに答えなさい。

Do you live ①(to, in, with) a city? Do you know ②how cities began?

Long ago, ③the world had only a few thousand people. These people went from place to place and hunted animals for food.

When these people learned about raising food, their ④(life) changed. ⑤They didn't have to go out for food any more. They could stay in one place and get ⑥it.

People began to live near one another. And so the first villages began. Many people came to ⑦(work, worked, working) in the villages. These villages grew very big.

⑧When people began to use machines, life in the villages changed again. ⑨Factories were built. More and more people lived near the factories. Cities grew very big.

Today, some people ⑩(be, is, are) going back to small towns. Can you tell why?

(注) hunt [hʌ́nt] 狩る　　raising [réiziŋ] ＜raise 育てる，作る

≪設　問≫

1 下線①，⑦及び⑩の（　）内の語のうち，どれを用いるのが正しいか。それぞれ1語をえらんで，答えらんに書きなさい。　(各5点)
①　　　　　⑦　　　　　⑩

2 下線②を，次の形の1つの文に書きかえるとすれば，空所にどんな語を入れたらよいか。それぞれ1語ずつ書きなさい。　(5点)
How (　　) cities (　　)?

3 下線③と同じ内容をあらわす文にするには，次の文の空所にどんな語を入れたらよいか。それぞれ1語ずつ書きなさい。　(5点)
There (　　) only a few thousand people (　　) the world.

4 下線④を，複数形になおして書きなさい。　　　　　　　　(5点)

5 下線⑤を参考にして，次の日本語を，英語になおして書きなさい。
私の弟は今日は学校へ行かなくてもよいのです。　(5点)

6 下線⑥は何を指しているか。英語で1語を書きなさい。　　　(5点)

7 下線⑧の意味を，日本語で書きなさい。　　　　　　　　(5点)

8 下線⑨を，同じ内容をあらわすように，People で始まる文になおして書きなさい。

_____ （5点）

9 次のア〜クの語のうち，①の部分を最も強く発音するものはどれですか。2つえらんで，その記号を○でかこみなさい。 （各5点）

- ア. a-go (ago)　①②
- イ. a-bout (about)　①②
- ウ. a-gain (again)　①②
- エ. an-i-mal (animal)　①②③
- オ. an-oth-er (another)　①②③
- カ. be-gan (began)　①②
- キ. to-day (today)　①②
- ク. thou-sand (thousand)　①②

10 次のア〜クの組のうち，2語の発音が同じものはどれですか。2つえらんで，その記号を○でかこみなさい。 （各5点）

- ア. {could / cold}
- イ. {no / know}
- ウ. {live / leave}
- エ. {first / fast}
- オ. {so / saw}
- カ. {some / same}
- キ. {their / there}
- ク. {work / walk}

11 次のア〜エの文のうち，本文の内容と合わないものはどれですか。1つえらんで，その記号を○でかこみなさい。 （5点）

- ア. Long ago, people went from place to place to hunt animals for food.
- イ. When people learned how to raise food, they could stay in one place.
- ウ. The first villages began as people began to live near one another.
- エ. Factories were built after cities grew very big.

12 本文の主題として，次のア〜エのうち，どれが最もふさわしいですか。1つえらんで，その記号を○でかこみなさい。 （5点）

- ア. People and Animals
- イ. More Food
- ウ. The Beginning of Cities
- エ. Working in Factories

13 次の文は，本文の終わりにある問い，Can you tell why? に対して，ある生徒が答えて書いたものです。文を完成するには，①〜④の（　）にどんな語を入れたらよいですか。それぞれ1語ずつ入れなさい。 （各5点）

Today, many cities ①(　　) grown too big. The streets are full of people and cars from morning ②(　　) night. People need a lot of money for their houses. ③(　　) isn't easy for little children to find good places for playing out of doors. So there are people ④(　　) like to live in small towns.

得点	評価	基準	A…80点以上　B…79点〜55点　C…54点以下	合格圏	60点

第13日

次の文を読んで，下の各問いに答えなさい。

①One morning Jane saw some little birds outside in the snow. "Oh, Mother!" she called. "Come and see the birds." "They are snowbirds," Mother said. "②Most birds go south in winter, but snowbirds do not go south. They stay here all winter." Jane said, "③The birds may be hungry. What food do birds eat, Mother?" "Birds eat bread," said her mother.

④Jane took some bread outside. As she came out, some of the birds flew away. One little bird did not fly away. It had a (break) leg. She put some bread on the snow by the bird, but the little bird did not eat. She took the bird into the house. ⑤It could not walk. Her mother tied up the leg for the little snowbird.

Jane (ア)[care, the, of, took, bird]. ⑥She gave it bread and water. She put it into a box in a warm place, and after many days the leg was ⑦well again.

One day Jane took the bird in its little box Ⓐ[   ] school. ⑧The children were glad to see it.

"⑨Are you going to keep it?" they asked. "I would Ⓑ[   ] to keep it," said Jane. The children said, "A bird wants to live Ⓒ[   ] other birds. This bird will not be happy if you keep it in the house." At last Jane said, "I'll (イ)[you, do, told, as]."

（注） snowbird ゆきほおじろ，tie [tai] しばる

≪設　問≫

<u>1</u>　下線①の文を途中２回くぎって読むとすればどこですか。くぎる場所の記号を○でかこみなさい。　　　　　　　　　　　　　　　　　　　　（5点）

One morning ア Jane saw イ some ウ little birds エ outside in オ the snow.

<u>2</u>　下線②，③，⑨の文の意味を書きなさい。　　　　　　　　　　　（各5点）
②　_____
③　_____
⑨　_____

3 本文中の(ア), (イ)の〔 〕内の語を並べかえて，正しい文を完成しなさい。
(ア) Jane _____. (各5点)
(イ) I'll _____.

4 Ⓐ，Ⓑ，Ⓒの空所に適する語をえらび，記号を○でかこみなさい。(各5点)
Ⓐ ア. with イ. to ウ. on エ. as
Ⓑ ア. be イ. want ウ. wish エ. like
Ⓒ ア. to イ. along ウ. with エ. from

5 本文中の (break) を正しい形にしなさい。 _____ (5点)

6 (1) 下線④の文を受動態に書き改めなさい。 (5点)
_____

(2) 下線⑤の文を意味をかえずに書きかえるには，次の文の空所にどんな語を入れますか。1語ずつ書きなさい。 (5点)
　It _____ _____ to walk.
(3) 下線⑥の文も⑤と同じ要領で書きかえなさい。 (5点)
　She gave bread and water _____ it.
(4) 下線⑧の children を単数にして，文を書きかえなさい。 (5点)
_____

7 下線⑦の well と同じ用法の文をえらび，記号を○でかこみなさい。(5点)
ア. Well, you must be right.　イ. She can speak English well.
ウ. He slept well last night.　エ. I hope he will get well soon.

8 次の各語と反対の意味をあらわす語を書きなさい。 (各5点)
(1) outside (　　　)　(2) south (　　　)　(3) happy (　　　)

9 下線部の発音がちがうものを1つえらび，その記号を○でかこみなさい。
(1) ア. sn<u>o</u>w イ. wind<u>o</u>w ウ. <u>o</u>pen エ. s<u>a</u>w オ. m<u>o</u>st (各5点)
(2) ア. t<u>oo</u>k イ. c<u>ou</u>ld ウ. l<u>oo</u>k エ. w<u>ou</u>ld オ. f<u>oo</u>d

snowbird

| 得点 | | 評価 | | 基準 | A…80点以上　B…79点〜55点　C…54点以下 | 合格圏 | 60点 |

第14日

次の文を読み，下の各問いに答えなさい。

　It was 7:30 on a summer morning. Erica was still tired when she and her father (A)☐ eating the breakfast: bread, eggs, and coffee. After the second cup of coffee ①her father put the newspaper down and said something. Erica wasn't listening. "What did you say, Father?"

　"Do you want ②to live in Japan for a few years?" he asked.

　Erica looked at her father's face. He was smiling, but she knew he was serious. She put down her cup. She thought of their house. She thought of her friends. She thought of the high school, because she had to be there for one more year. She looked at her father again. He wasn't smiling now.

　As soon as she saw his face, she smiled and said, "When do we leave?"

　"I haven't decided yet. But (B)☐ soon."

　Three months later Erica said good-by to her friends and went with her father to Tokyo. At first Tokyo looked like a very different place. There were more people in Tokyo than in New York City. The air was dirty, and ③it was a little difficult to see the sun. But after (C)☐ in Tokyo for six months Erica decided to stay and learn more about Japan.

　(注)　serious [sí(:)riəs] まじめな，dirty [də́ːrti] よごれている

≪設　問≫

1　本文中の(A)☐(C)☐に適する語(句)を1つずつえらび，その記号を○でかこみなさい。　　　　　　　　　　　　　　　　　　　　　　　　(各5点)
(A)　ア．is　　イ．was　　ウ．are　　エ．were
(C)　ア．live　　イ．to live　　ウ．living　　エ．lived

2　本文中の(B)☐に，次の4語を入れて文意が通るようにするには，4語をどのように並べればよいですか。正しい順序を記号で答えなさい。　(5点)
ア．better　　イ．we　　ウ．go　　エ．had　　(　)(　)(　)(　)

3　下線①を受動態に書き改めなさい。　(5点)

4　下線②to live と同じ用法のものはどれですか。1つえらんで，記号を○でかこみなさい。　　　　　　　　　　　　　　　　　　　　　　(5点)
ア．I like to play tennis.　　イ．I want something to drink.
ウ．I'm glad to see you.

エ．I want a little more money to buy this book.

5 下線③の it was a little difficult to see the sun の理由として最も適当なものはどれですか。ア～エから1つえらんで，記号を○でかこみなさい。　　　　　　　（5点）
ア．Because Erica came from New York.
イ．Because the air was dirty.
ウ．Because there were many people in Tokyo.
エ．Because it began to rain.

6 次の語で，2の部分を強く発音するものはどれですか。2つえらんで，記号を○でかこみなさい。　　　　　　　　　　　　　（各5点）
ア．a-gain　イ．some-thing　ウ．break-fast　エ．lis-ten　オ．de-cide
　　1 2　　　　1　　2　　　　1　　2　　　　1 2　　　　1　　2

7 (1), (2)の各組には，1つだけ下線の部分の発音が他と異なるものがあります。1つずつえらんで，記号を○でかこみなさい。　　　　（各5点）
(1)　ア．down　　イ．would　　ウ．house　　エ．about
(2)　ア．say　　　イ．said　　　ウ．bread　　エ．friend

8 次の文を読むとき，1か所だけくぎって読むとすれば，どこですか。くぎる場所の記号を○でかこみなさい。　　　　　　　（5点）
　　There were ア more people in Tokyo イ than ウ in New York City.

9 次の(1)～(3)は，それぞれ本文の内容についての対話です。各組の問答が本文の内容と一致するように（ ）に適する語(句)を入れなさい。　（各5点）
(1) ｛What time did Erica eat breakfast ?
　　She ate it at (　　) seven.
(2) ｛How (　　) was Erica's father going to stay in Japan ?
　　He was going to stay there for a few years.
(3) ｛Tokyo is a big city, isn't it ?
　　Yes, it is (　　) New York.

10 本文の内容と一致しないものを1つえらび，記号を○でかこみなさい。(5点)
ア．Erica and her father didn't speak about Japan before the second cup of coffee.
イ．Erica was a high school student.
ウ．Erica's father took his daughter to Tokyo with him.
エ．Erica stayed in Japan for half a year and went back to New York.

11 次の各語と反対の意味の語を書きなさい。　　　　　　（各5点）
(1) down ＿＿＿＿　(2) first ＿＿＿＿　(3) dirty ＿＿＿＿
(4) difficult ＿＿＿＿　(5) different ＿＿＿＿

第15日

次の対話文を読んで，下の各問いに答えなさい。

John: Hello, Jack. I haven't seen you lately. ①Where have you been?
Jack: ②I've been to the country. My uncle has a farm in the country. I was there for four weeks, and I [come, just, back, have].
John: I remember now. I saw you in the library about five weeks ago, and I haven't seen you Ⓐ＿＿＿ then. Did you have a good time in the country?
Jack: Yes, I Ⓑ＿＿＿ a very good time. ③I have never had such a good time. What are you doing now, John?
John: I joined an evening class three weeks ago. I've (ア)(begin) to learn French.
Jack: And have you (イ)(meet) any of your friends in the class?
John: Yes, I have. Do you know Frank and Tom? They've been in the class for three weeks, too.
Jack: Are you interested in French?
John: Of course, I am. Why don't you join the class?
Jack: Well, perhaps I'll join the class, too.

（注）lately [léitli] 最近，join [dʒɔin] 仲間に入る，perhaps [pərhǽps] たぶん

≪設　問≫

1　本文中のかっこ(ア)，(イ)の語をその文に適する形にしなさい。　（各5点）
(ア)（　　　　　）　(イ)（　　　　　）

2　本文中のⒶ，Ⓑの□の中に入れる語を書きなさい。　（各5点）
Ⓐ＿＿＿＿＿　Ⓑ＿＿＿＿＿

3　本文中の〔　〕内の語を並べかえて，正しい文にしなさい。　（5点）
I ＿＿＿＿＿＿＿＿＿＿＿＿＿＿＿＿＿

4　次のア〜オの文から，本文の内容とちがうものを2つえらび，その記号を○でかこみなさい。　（各5点）
ア．Jack's uncle lives in the country.
イ．Jack stayed in the country for four weeks.
ウ．Jack came back from the country five weeks ago.

エ. John began to learn French three weeks ago.
オ. Jack joined the French class, too.

5 本文中の下線部について，次の各問いに答えなさい。 (各5点)
(1) 下線①の文の意味を書きなさい。

(2) 下線②の文で特に強く発音する語を1つ○でかこみなさい。
　　I've been to the country.
(3) 下線③の文の意味を書きなさい。

6 (1), (2)の語の下線部と同じ発音をする語を右の( )内から1つずつえらんで，その記号を○でかこみなさい。 (各5点)
(1) found （ア. now　イ. know　ウ. four　エ. country）
(2) farm （ア. warm　イ. work　ウ. park　エ. horse）

7 次の各語について，強めて発音する部分を○でかこみなさい。 (各5点)
(1) eve-ning　(2) re-mem-ber　(3) li-bra-ry　(4) in-ter-est-ing

8 次の各文の空所に2語ずつ適当な語を書き入れなさい。 (各文5点)
(1) Have you ＿＿＿＿ ＿＿＿＿ a lion?
　　あなたは今までにライオンを見たことがありますか。
(2) I have ＿＿＿＿ ＿＿＿＿ such an interesting book.
　　私は今までにこんなおもしろい本を読んだことがありません。
(3) He ＿＿＿＿ ＿＿＿＿ in America for a month.
　　彼は1か月アメリカにいます。
(4) Why ＿＿＿＿ ＿＿＿＿ eat lunch?
　　どうしてあなたは昼食をたべないのですか。

第16日

次の文を読んで，下の各問いに答えなさい。

　①Alice likes reading very much. She is always (ア)reading a book when she is free. Her father sometimes tells her to go and play with her friends. ②But she never does. ③Her mother often asks her to go shopping. But she always says, "I'm (イ)reading a book," or, "I'm going Ⓐ[　　] read a book."

　Last Sunday Mr. Grant said to his wife and daughter, "④How about going to the movies this evening? There is a good picture at the Central Theater."

　"That'll be very nice," said Mrs. Grant. "I hear it's a wonderful picture. Mrs. Jones next door went to see it last week and told me about it."

　"Then let's go," said Mr. Grant. "Will you go with us, Alice?" Alice was sitting on the sofa and (ウ)reading a book. It was a story about a rich man and his three beautiful daughters (live) in India. Alice liked to read such a story. She wasn't listening Ⓑ[　　] her father.

　"〔want, go, us, you, with, don't, to〕, Alice?" said her father again. But Alice did not stop (エ)reading. ⑤She gave no answer. Mr. and Mrs. Grant looked at ⑥each other and decided to go by themselves.

（注） theater [θíətər] 劇場, decide [disáid] きめる

≪設　問≫

☐1　本文中のⒶ, Ⓑの[　　]内に適当な語を1つずつ入れなさい。　（各5点）

☐2　本文中の（ ）内の live を適当な形に書き改めなさい。　（5点）

　_____

☐3　本文中の〔　〕内の語を並べかえて，正しい英文を完成しなさい。（5点）
　"_____, Alice?"

☐4　本文中の下線部について，次の各問いに答えなさい。
(1)　下線①, ⑤の文を意味をかえずに書きかえるには，次の文の空所にどんな

語を入れますか。 (各5点)
① Alice is very ＿＿＿＿ of reading.
⑤ She ＿＿＿＿ not answer.
(2) 下線②の文を省略しないいい方にするには，次の文の空所にどんな語を入れますか。 (5点)
But she never ＿＿＿＿ and ＿＿＿＿ with her friends.
(3) 下線③，④，⑥の文および語句の意味を書きなさい。 (各5点)
③ ＿＿＿＿＿＿＿＿＿＿＿＿＿＿＿＿＿＿＿＿＿＿
④ ＿＿＿＿＿＿＿＿＿＿＿＿＿＿＿＿＿＿＿＿＿＿
⑥ ＿＿＿＿＿＿＿＿＿＿

5 　波線(ア)〜(エ)の reading の中で，他の3つと用法のちがうものをえらび，その記号で答えなさい。 (5点)
(　　)

6 　次の各組の4つの単語のうちで，下線部の発音が他の3つとちがうものをえらび，その記号を○でかこみなさい。 (各5点)
(1) ア．s<u>ay</u>s　 イ．s<u>ai</u>d　 ウ．pl<u>ay</u>　 エ．fr<u>ie</u>nd
(2) ア．g<u>o</u>　 イ．n<u>o</u>　 ウ．t<u>o</u>ld　 エ．st<u>o</u>p

7 　次のことを英語であらわしなさい。 (各5点)
(1) 彼女はピアノをひくのをやめました。

(2) 買物に出かけるのはどうでしょうか。

(3) 彼はすばらしい歌手（singer）だそうです。

8 　次の各語と反対の意味または反対の性をあらわす語を書きなさい。
(1) free (　　　　　　)　(2) rich (　　　　　　　　)　(各5点)
(3) wife (　　　　　　)　(4) daughter (　　　　　　)

得点	評価	基準	A…80点以上　B…79点〜55点　C…54点以下	合格圏	60点

第17日

次の文を読んで，下の各問いに答えなさい。

My village was a quiet little one fifty years ago. Now, every Sunday hundreds of cars run through the High Street at a dangerous speed. ①The village is almost as noisy as the streets of a large town.

②In my boyhood I enjoyed riding on the backs of the horses. ③Today very few horses are working on the farms. The farmers are driving tractors, not horses. And when I was a boy, we had no electricity in the village. Now every house in the village has a radio set and almost all of them have television sets.

Most of the children want to sit in front of a television set.

Is it good for their eyes? They should run or play out of doors. My young friends say, "Why don't you buy a television set?" And then I answer, "I still want to read many good books. I can't find time for both reading and television."

(注) village [vílidʒ] 村, dangerous [déindʒərəs] 危険な, noisy [nɔ́izi] そうぞうしい, boyhood [bɔ́ihud] 少年時代, electricity [ilektrísiti] 電気, should [ʃud] 〜すべき

≪設　問≫

1　次のア〜オの文のうち，上の本文の内容と一致するものを2つえらんで，その記号を〇でかこみなさい。　　　　　　　　　　　　　　　（各5点）

ア．I live in a quiet little village.
イ．Every car passes through the street at a slow speed on Sundays.
ウ．The village is very noisy like the streets of a large town.
エ．I often rode on horseback in my childhood and horses are still very useful on the farms.
オ．I like books better than television.

2　本文を書いた人は若い人ですか，それとも老人ですか。　　　　（5点）

3　本文中の下線①，③の部分の意味を書きなさい。　　　　　　（各5点）

① _____
③ _____

4 下線②の部分と同じ表現を本文中からひろって書きなさい。　（5点）

5 本文の内容を考えながら，次の問いに英語で答えなさい。　（各5点）
(1) Was the village noisy or quiet fifty years ago?

(2) Do most of the children like to watch television?

(3) Do busy people have time to watch television?

6 上下の文の内容が同じになるよう，下の空所をうめなさい。　（各5点）
(1) { I can't find time for reading.
     I can't find any time to (　　　) books.
(2) { Every house in the village has a radio set.
     All the houses in the village (　　　) radio sets.

7 （　）内から下線部と同じ発音をえらび，その語を○でかこみなさい。
(1) young　（house　answer　buy　Sunday)　（各5点）
(2) no　　（for　　good　　ago　　front)
(3) houses （horse　books　years　sit)
(4) radio　（today　many　farm　walk)

8 次の語のアクセントをおく部分を○でかこみなさい。　（各5点）
(1) en-joy　　(2) al-most　　(3) tel-e-vi-sion

9 本文の波線部を参考にして，次のことを英語で書きなさい。　（各5点）
(1) 私たちは何百という美しいバラを見ました。

(2) たいていの少年たちは野球をするのが好きです。

第18日

次の文を読んで，下の各問いに答えなさい。

Bill lived in a small village with his father, mother and a little sister Nancy. They lived far away (A)_____ other people of the village. He had no friends to play (B)_____. (ア)Nancy was too young to play with Bill.

During the last summer he got a good idea. He wrote a letter and said in it, "I am a schoolboy and fourteen years old. I want to have a friend. Please write to me (①) you get this."

(イ)He put the letter in a bottle and threw it (C)_____ the river in front of his house. He said to himself, "(②) nobody will write to me."

Three months later the bottle was picked up at the seashore in France by a schoolgirl. (ウ)She read the letter in the bottle and wrote to Bill. In her letter she said, "How happy I am to have a friend in England! I am fourteen. I am as old as you." One day Bill got a letter from a girl in France. He was very glad to know that his letter swam (③) the sea.

(注) pick up ひろいあげる, seashore [síːʃɔːr] 海岸

≪設　問≫

1　本文中の空所(A), (B), (C)に適当な語を1つずつ入れなさい。　　（各5点）
　　(A) _____　　(B) _____　　(C) _____

2　本文中のかっこ①, ②, ③の中に入れる語（句）を次からえらび，その記号を○でかこみなさい。　　（各5点）
　① ア. if　イ. though　ウ. while　エ. because　オ. till
　② ア. I am glad　イ. I hope　ウ. I am afraid　エ. I found
　　 オ. I am surprised
　③ ア. above　イ. from　ウ. under　エ. by　オ. across

3　本文中の下線(ア), (イ), (ウ)の文について，次の問いに答えなさい。
　(1) (ア)の文と同じ内容になるよう，次の文の空所に適当な英語を1つ入れなさい。　　（5点）

Nancy was (　　　) young that she couldn't play with Bill.

(2) (イ)の文を受動態に書き改めなさい。　　　　　　　　（5点）

(3) (ウ)の文を進行形の文にしなさい。　　　　　　　　　（5点）

4　本文の内容と一致するように，次の各文の終わりにある（　）内の語を適当な形に改めて，文中の空所に入れなさい。　　　　　　　　（各5点）
(1) Bill had a sister _____ Nancy.　(name)
(2) Nancy was _____ than Bill.　(young)
(3) Bill got a letter from a _____ girl.　(France)

5　本文中にある次の各文を途中1か所くぎって読むとすればどこですか。くぎる場所の記号を○でかこみなさい。　　　　　　　　（各5点）
(1) During ア the last イ summer ウ he got エ a good idea.
(2) How happy ア I am イ to have ウ a friend エ in England！

6　この物語のあらすじを示すような題をつけるとすれば，次のどれが適当ですか。正しいものを1つえらび，その記号を○でかこみなさい。　（5点）
ア．フランスの少女と海　　　　イ．海を渡ったびんの手紙
ウ．幸福な少女と手紙　　　　　エ．孤独な少年と海
オ．海岸でひろった手紙

7　次の各語とまったく同じ発音をする語をそれぞれ書きなさい。　（各5点）
(1) sea (　　　)　(2) write (　　　)　(3) threw (　　　)

8　次の8つの単語のうち，アクセントの位置がうしろの音節にあるものを2つえらんで，その記号を○でかこみなさい。　　　　　　　（各5点）
ア．village　　イ．during　　ウ．idea　　エ．sister
オ．schoolgirl　カ．himself　キ．summer　ク．happy

第19日

次の文を読んで，下の各問いに答えなさい。

One day Tom called (①) his friend's house (②) the village. He was welcomed (③) the friend. They had a good time. ㋐As it was getting dark, he said good-by to his friend and started (④) home.

(⑤) his way home he walked through the wood, and ㋑it was not a very long way from his home, and he happened to meet with a lion. He was very afraid (⑥) the lion. So he tried (⑦) run away, but ㋒he could not.

"Oh, I know you will kill me," said the boy to the lion, "but please sing a song for me. I wish to dance before I die. I am very fond (⑧) dancing."

"All right," answered the lion, "I will try ㋓it for you. I want to see your dance before I eat you up."

Then ㋔the lion began to sing. While he was singing and the boy was dancing, some hunters heard the sound. They came running very fast and caught the lion.

(注) welcome [wélkəm] 歓迎する，happen [hǽpn] to 偶然に～する，sound [saund] 音

≪設　問≫

1　本文中の空所①～⑧の中に適当な語を1つずつ書き入れなさい。（各5点）

① (　　　)　② (　　　)　③ (　　　)
④ (　　　)　⑤ (　　　)　⑥ (　　　)
⑦ (　　　)　⑧ (　　　)

2　この本文は，どんな話を書いたものですか。次から1つえらんで，その記号を○でかこみなさい。（5点）

ア．トムにライオンが恩返しをした話
イ．トムとその友だちがライオンをだました話
ウ．トムをライオンが食べそこなった話
エ．人びとがライオンを助けてやった話

3 次の5つの英文のうち，本文の内容と一致しないものを2つえらび，その記号を○でかこみなさい。　　　　　　　　　　　　　　　　　（各5点）
　ア．Tom's friend had a good time, because Tom came to see him.
　イ．Though Tom was afraid, he danced to the lion's song.
　ウ．The lion said that he didn't like to see Tom's dance.
　エ．When some hunters heard Tom's song, they walked slowly.
　オ．The lion was going to kill Tom, but he couldn't.

4 下線㋐の部分の意味を書きなさい。　　　　　　　　　　　　　（5点）

5 下線㋑，㋺の文を内容をかえずに書きかえるには，次の各文の空所にどんな語を入れますか。1つずつ書きなさい。　　　　　　　　　　（各5点）
　㋑　The wood was not very _____ from his home.
　㋺　The lion began _____ .

6 下線㋩の could not のあとに省略されている語句をおぎないなさい。
　　　　　　　　　　　　　　　　　　　　　　　　　　　　　（5点）

7 下線㋥の it を，本文中にある別の語におきかえて，同じ意味をあらわす文を作りなさい。　　　　　　　　　　　　　　　　　　　　　　（5点）
　　I will try to _____ for you.

8 (1)〜(3)の語の下線部と同じ発音をふくむ語を，右の列のア〜エから1つずつえらんで，その記号を○でかこみなさい。　　　　　　　　　（各5点）
　(1)　die　　　（ア．tried　　イ．friend　　ウ．piece　　エ．said）
　(2)　heard　　（ア．wear　　イ．fast　　ウ．bird　　エ．year）
　(3)　through　（ア．though　イ．know　　ウ．caught　エ．room）

9 次のことを英語であらわしなさい。　　　　　　　　　　　　　（5点）
　その犬をおそれてはいけない。

第20日

次の文を読んで，下の各問いに答えなさい。

Jim and Ted have been for ①half an hour's walk with their mother, and now they are standing by the front door and waiting (Ⓐ) her to (ｱ)open it. Mrs. Warren looks in her bag (Ⓑ) the key of the house, but cannot find it. "Perhaps I dropped it (Ⓒ) my way home," she says. The two little boys walk slowly and look carefully near the house, but they cannot find the key. "Let's go around to the back of the house," says Mrs. Warren. "If the kitchen window is (ｲ)open, you can climb through it, Jim, and then (ｳ)open the front door for Ted and me." "I want to climb through the kitchen window, too," says Ted. Both little boys run quickly to the back of the house. The kitchen window is shut, and ②so are the windows of all the other rooms on the first floor.

"The bathroom window is open," says Jim. He looks up (Ⓓ) the floor above. "I can climb on the roof of the bicycle shed and then……"

"No, Jim," says his mother, "we must wait a few minutes longer (Ⓔ) Jack comes home."

Very soon ③they see Jack at the front door, and his little brothers run to tell him about the key. Jack brings a short ladder and quickly climbs it up, and goes into the bathroom. The little boys want to climb the ladder, too, but their mother ④takes a hand of each and leads them to the front of the house. Jack runs downstairs, and he (ｴ)opens the door. They go into the house, and there they see the key on the table.

(注) roof [ruːf] 屋根, shed [ʃed] 小屋, ladder [lǽdər] はしご

≪設　問≫

1　次から黙字のない語を3つえらび，記号を○でかこみなさい。　(各5点)
ア．half　イ．hour　ウ．slowly　エ．walk　オ．climb
カ．through　キ．bathroom　ク．around

2　本文中のかっこⒶ～Ⓔに適当な語を1つずつ入れなさい。　（各5点）
　Ⓐ（　　　　　）　Ⓑ（　　　　　）　Ⓒ（　　　　　　）
　Ⓓ（　　　　　）　Ⓔ（　　　　　）

3　本文に書かれているでき事のもとになったのは，次のア～オのうちのどれですか。1つえらんで，その記号を○でかこみなさい。　（5点）
　ア．落としたかぎ　　イ．あわなかったかぎ　　ウ．かくされていたかぎ
　エ．すててしまったかぎ　　オ．おき忘れていたかぎ

4　空所に適当な語を入れ，下線①をいいかえなさい。　（5点）
　　　　　　　　　 minutes' walk

5　下線②，④の部分の意味を書きなさい。　（各5点）
　②　　　　　　　　　　　　　　　　　　　　　　　　　　　　　
　④　　　　　　　　　　　　　　　　　　　　　　　　　　　　　

6　下線③の they は？　　Jim と（　　　　　）と（　　　　　）　（5点）

7　本文中の波線をつけた(ア)～(エ)の open のうち，用法が他の3つとちがうものをえらび，その記号を（　）の中に入れなさい。（　　　）　（5点）

8　本文の内容を簡単に英語でまとめると，次のようになりますが，この文の(1)～(6)までの空所に適する語を1つずつ入れなさい。　（各5点）

　　After a walk, Mrs. Warren and her children come back. But they can't find the key. The windows of all the rooms on the first floor are (1)(　　　　). The (2)(　　　　) window is open; so (3)(　　　　) tries to climb up, but his mother stops him. Soon, (4)(　　　　) comes home. He climbs up the ladder and goes through the window. At last the others can get into the house. They find the (5)(　　　　) on the (6)(　　　　).

| 得点 | | 評価 | | 基準 | A…80点以上　B…79点～55点　C…54点以下 | 合格圏 | 60点 |

Bコース

第21日

次の文を読んで，下の各問いに答えなさい。

　Fred was fond of (Ⓐ) books. ①He read a lot of books and knew much about many things. He was ②not strong in body, and liked to stay at home, while other boys and girls were enjoying sports.

　So ③his parents told him to go out to the field or the river as often as he (Ⓑ). Sometimes they ④took their son to the places (Ⓒ) were good for his health.

　His father worked in a factory, and one day he invited Fred and some of his classmates there. He showed them all over the factory and answered their questions.

　Fred said to himself, "I (Ⓓ) never visited the factory before, but I've learned something (Ⓔ) my visit today."

　When all the family sat (Ⓕ) dinner table that evening, Fred said, "Father, (Ⓖ) a long time I thought I could learn only from books, but 〔 ㋐ 〕. I think I must also try to learn from all the things (Ⓗ) I've seen (Ⓘ) my own eyes." His parents were very 〔 ㋑ 〕 to hear that.

≪設　問≫

| 1 | 本文中のかっこⒶ～Ⓘに適当な英語を1つずつ入れなさい。　（各5点）

　Ⓐ (　　　　)　Ⓑ (　　　　)　Ⓒ (　　　　)
　Ⓓ (　　　　)　Ⓔ (　　　　)　Ⓕ (　　　　)
　Ⓖ (　　　　)　Ⓗ (　　　　)　Ⓘ (　　　　)

| 2 | 本文中の㋐，㋑の〔　〕に入れる語（句）を次から1つずつえらび，その番号を○でかこみなさい。　（各5点）

　㋐　1. I was right　　2. it was my mistake　　3. it was true
　㋑　1. sorry　　2. sad　　3. glad　　4. unhappy

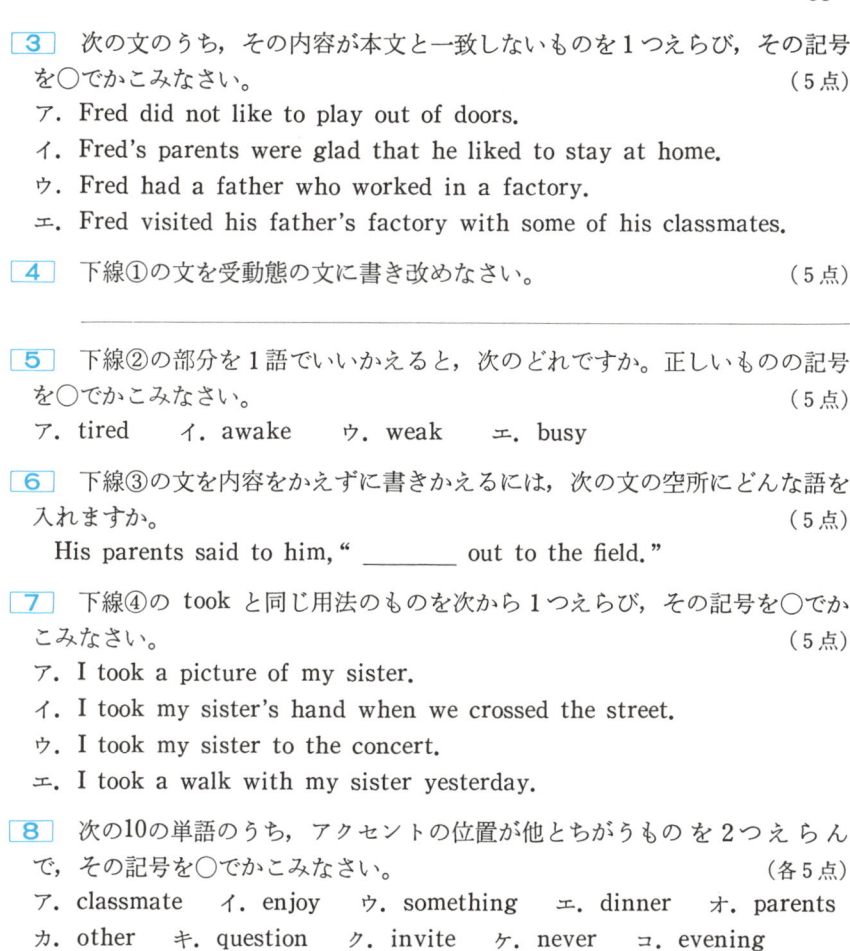

3 次の文のうち，その内容が本文と一致しないものを1つえらび，その記号を○でかこみなさい。 (5点)
  ア．Fred did not like to play out of doors.
  イ．Fred's parents were glad that he liked to stay at home.
  ウ．Fred had a father who worked in a factory.
  エ．Fred visited his father's factory with some of his classmates.

4 下線①の文を受動態の文に書き改めなさい。 (5点)

_____

5 下線②の部分を1語でいいかえると，次のどれですか。正しいものの記号を○でかこみなさい。 (5点)
  ア．tired   イ．awake   ウ．weak   エ．busy

6 下線③の文を内容をかえずに書きかえるには，次の文の空所にどんな語を入れますか。 (5点)
   His parents said to him, " _____ out to the field."

7 下線④の took と同じ用法のものを次から1つえらび，その記号を○でかこみなさい。 (5点)
  ア．I took a picture of my sister.
  イ．I took my sister's hand when we crossed the street.
  ウ．I took my sister to the concert.
  エ．I took a walk with my sister yesterday.

8 次の10の単語のうち，アクセントの位置が他とちがうものを2つえらんで，その記号を○でかこみなさい。 (各5点)
  ア．classmate   イ．enjoy   ウ．something   エ．dinner   オ．parents
  カ．other   キ．question   ク．invite   ケ．never   コ．evening

9 次のことを英語であらわしなさい。 (各5点)
  (1) 彼はできるだけたびたびその工場をおとずれた。

_____

  (2) 彼の両親は彼にもっといっしょうけんめい勉強させたかった。

_____

| 得点 | 評価 | 基準 | A…80点以上　B…79点〜55点　C…54点以下 | 合格圏 | 60点 |

第22日

次の文を読んで，下の各問いに答えなさい。

I am Jane Smith from America. On February 10, ①I came to Japan to study at a high school. I have been in Japan for two months since that day. I am now staying with a Japanese family.

I go to Hinode High School. It is a large and beautiful school. It stands on a green hill and we can see the center of the city from the school. I am the only American student in our school, but I have many Japanese friends who are very kind to me. They always help me when I don't know what to do.

I am interested in everything that I see and do at school. ②Every afternoon all the students clean their rooms before going home. I think it is very good for us to work with other students. I was very surprised when I saw the students in uniform. At first I didn't like the uniform, but now I like it.

Every day from Monday to Friday, I have four lessons in the morning and two in the afternoon. On Saturday I have four lessons. Mr. Naka teaches us English. He often asks me to help him in his English lessons. He is liked by every student in my class. It is not easy for Japanese students to speak English, but some of my friends speak it very well.

③After school I usually help my friends in the English Club. But sometimes I have many things to do and I cannot help them.

I am having a very good time. I want to know more about Japan, but I must go back to America on the first Sunday of next month.

I will never forget my teachers and friends at Hinode High School.

（注） in uniform [júːnifɔːrm] 制服を着ている

≪設　問≫

1 次の@〜@の文中のア〜コの（　）に，本文の内容から考えてそれぞれあてはまる1語を記入しなさい。（ただし，数字では記入しないこと。）（各5点）

ⓐ Jane goes to a Japanese high school. Its ア(　) is Hinode High School. She イ(　) been in Japan for two months. She has a lot ウ(　) Japanese friends who are very kind to her.

ⓑ The center of the city can エ(　) seen from the school オ(　) stands on a green hill.

ⓒ From Monday to Friday Jane has カ(　) lessons every day, and on Saturday she has four lessons. So she has thirty-four lessons in a week. Mr. Naka キ(　) an English teacher and he is liked by ク(　) the students in her class.

ⓓ After school Jane usually helps her friends in the English Club, but sometimes she is ケ(　) busy to help them.

ⓔ Jane has to go back to America on the first Sunday of コ(　).

2 次の1〜10の語の中から，イの部分をもっとも強く発音する語を3つえらび，その番号を○でかこみなさい。　　　　　　　　　　　　　（各5点）

1. Feb-ru-a-ry　2. fam-i-ly　3. cit-y　4. al-ways　5. in-ter-est-ed
  ア イ ウ エ　　 ア イ ウ 　　ア イ　　 ア イ　　　 ア イ ウ エ
6. be-fore　7. eve-ry　8. Sat-ur-day　9. a-bout　10. for-get
  ア イ 　　 ア イ　　 ア イ ウ 　　　ア イ　　　 ア イ

3 本文中に下線を引いた①〜③の部分を参考にして，次の(1)〜(3)の日本文を英文にするために，＿＿線上に1語ずつ書き入れなさい。　　　（各空所5点）

(1) 彼の弟は，おじの手伝いをするためにその店にしばしば行きます。
　　His ＿＿＿＿ often goes to the store ＿＿＿＿ help his ＿＿＿＿.

(2) 私は，その手紙を書く前に1時間勉強しました。
　　I studied for an ＿＿＿＿ before ＿＿＿＿ the letter.

(3) 朝食の後で，父はいつも新聞を読みます。
　　After ＿＿＿＿ my father always ＿＿＿＿ the newspaper.

第23日

次の文を読んで，下の各問いに答えなさい。

Now, let's think about television and our life at home. Today almost all the homes have television sets. There are many interesting TV programs that we can enjoy with our family.

Well, ①how many hours do you watch television a day? You spend a lot of time for watching TV, ②_____

TV gives us ③a lot of useful information that we can not learn ④(   ) school. ⑤On the other hand, ⑥it takes away much valuable time for thinking deeply, for ⑦talking with our family, and for reading books. We sometimes find that we sit ⑦in front of a TV set ⑧without thinking anything.

It is very important ⑨(   ) us ⑩(   ) select good TV programs. We must try to make good ㋑use of it ⑪to plan our ㋺lives better.

(注) useful information [infərméiʃən] 有益な情報, valuable [væljuəbl] 貴重な, select [silékt] 選ぶ, make good use of〜 〜をよく利用する

≪設 問≫

1 　下線①の意味を日本語で書きなさい。 (5点)

2 　下線②にもっとも適するものをア〜エから1つえらび，その記号を〇でかこみなさい。 (5点)
ア．aren't you?　イ．isn't it?　ウ．don't we?　エ．don't you?

3 　下線③，⑦と同じ内容を示す語を次から1つずつえらび，その記号を答えらんに入れなさい。 (各5点)
ア．many　イ．before　ウ．some　エ．after　オ．much　カ．beside
③ (　　　)　　⑦ (　　　)

4 　④，⑨，⑩の (　) にもっとも適する語を1つずつえらび，その記号を答えらんに入れなさい。 (各5点)
ア．at　イ．to　ウ．of　エ．for　④ (　　) ⑨ (　　) ⑩ (　　)

5 　下線⑤の意味は次のどれですか。1つえらび，その記号を〇でかこみなさい。 (5点)

ア．片方の手で　　イ．他人の手で　　ウ．他方では　　エ．反対側に

[6] 下線⑥の it は次のア〜エのうちのどれをさしていますか。正しいものの記号を○でかこみなさい。　　　　　　　　　　　　　　　　　　（5点）
　　ア．hand　　イ．book　　ウ．television　　エ．school

[7] 下線⑧の意味を日本語で書きなさい。　　　　　　　　　　　　（5点）

[8] 下線⑪の to plan と同じ用法が使われている文はどれですか。次から1つえらび、その記号を○でかこみなさい。　　　　　　　　　　　　（5点）
　　ア．It is time to go to school.
　　イ．He likes to play baseball.
　　ウ．He goes to America to study English.
　　エ．I want you to play the piano.

[9] この文に表題をつけるとすれば、どれですか。1つえらび、その記号を○でかこみなさい。　　　　　　　　　　　　　　　　　　　　　（5点）
　　ア．Television and School　　　　イ．Television and Our Life
　　ウ．A Television Set　　　　　　　エ．Radio and Television Sets

[10] 波線部ア、イ、ウの語について、次に示す下線部の発音と同じ音をもつ語をそれぞれ1つずつえらび、その番号を○でかこみなさい。　　（各5点）
　　ア．talking
　　　1．make　　2．plan　　3．watch　　4．walk
　　イ．use
　　　1．us　　2．homes　　3．with　　4．programs
　　ウ．lives
　　　1．sit　　2．find　　3．living　　4．think

[11] 次の8つの単語のうち、第1音節にアクセントのないものを3つえらび、その記号を○でかこみなさい。　　　　　　　　　　　　　　（各5点）
　　ア．family　　イ．enjoy　　ウ．useful　　エ．sometimes　　オ．today
　　カ．interesting　　キ．important　　ク．television

[12] C—D の関係が A—B と同じになるように、D の空らんに適する語を入れなさい。　　　　　　　　　　　　　　　　　　　　　　　　　（各5点）

	A	B	C	D
(1)	make	making	sit	_____
(2)	our	hour	for	_____

| 得点 | 評価 | 基準 | A…80点以上　B…79点〜55点　C…54点以下 | 合格圏 | 60点 |

第24日

次の文を読んで，下の各問いに答えなさい。

Miss Sato likes English. She speaks ㋐*pretty* good English ㋑*for* a senior high school student. ①Her parents are interested in her future. Last year her mother said, "You can use my typewriter." A ㋒few days ago, Michiko, her only sister said, "You can type faster than I, Noriko."

Her sister has been a secretary (㋓) three years. She works in an American office. Her brother, Kenji works there, too. Kenji is the only son (㋔) Mr. and Mrs. Sato have.

Miss Sato has decided to be a secretary. Yesterday she told her father about it. Then, he said, "Your English is too ㋕poor to be a secretary." She felt ㋖sad, so ②she lay on the bed. "Father is ㋗right," she said to herself. "I can't speak English as well as my sister. But some day…… Sure, some day……."

(注) secretary [sékrətri] 秘書

≪設　問≫

1　本文中の㋓，㋔の（　）の中に適する語を入れなさい。　（各5点）
　㋓（　　　　　）　㋔（　　　　　　）

2　次の4つの単語の中でアクセントが第1音節にないものが1つある。その記号を○でかこみなさい。　（5点）
　ア．interested　イ．parents　ウ．decide　エ．future

3　work の正しい発音をえらび，記号を○でかこみなさい。　（5点）
　ア．[wɔːrk]　イ．[wəːrk]　ウ．[waːrk]　エ．[wouk]

4　次は㋐，㋑を日本語になおしたものです。正しいものを1つずつえらんで，その記号を○でかこみなさい。　（各5点）
　㋐　a．きれいな　b．かわいい　c．小さい　d．かなり
　㋑　a．〜のために　b．〜としては　c．〜の間　d．〜にとって

5　a)〜c)の問いに対する正しい答えの記号を○でかこみなさい。　（各5点）
　a)　Miss Sato の名前は　ア．Michiko　イ．Noriko　ウ．Kenji である。
　b)　Miss Sato は　ア．中学生　イ．高校生　ウ．大学生である。

c) Miss Sato は
   - ア．父親に素質があると励まされ，得意の絶頂にある。
   - イ．父親に叱られて，改めて自分の考えが甘かったことをなげいている。
   - ウ．父親に力不足を指摘され，一時は落胆するが，気をとりなおし初志を貫く決意を固めた。

6 本文中の㋔，㋕，㋖，㋗の反対の意味の語を□の中よりえらび，その記号を（　）内に入れなさい。　　　　　　　　　　　　（各5点）
   ㋔ few （　）　㋕ poor （　）　㋖ sad （　）　㋗ right （　）

   | ⓐ rich　ⓑ happy　ⓒ wrong　ⓓ many　ⓔ good　ⓕ left |

7 下線部②を否定文にするには，（　）の中にどんな語を入れますか。（5点）
   She （　　　）（　　　）（　　　） on the bed.

8 下線部①を日本語になおしなさい。　　　　　　　　　　　　　（5点）

9 上下の文が同じ意味になるよう，下の文の空所に適当な語を入れなさい。
   (1) ｛Miss Sato likes English.　　　　　　　　　　　　　　　（各文5点）
       ｛Miss Sato （　　　）（　　　）（　　　） English.
   (2) ｛Mr. and Mrs. Sato have a son named Kenji.
       ｛Mr. and Mrs. Sato have a son （　　　）（　　　） is Kenji.
   (3) ｛Miss Sato has decided to be a secretary.
       ｛Miss Sato has （　　　）（　　　）（　　　）（　　　） to be a secretary.
   (4) ｛She felt sad, so she lay on the bed.
       ｛She lay on the bed （　　　） she felt sad.
   (5) ｛I can't speak English as well as my sister.
       ｛My sister （　　　） speak English （　　　）（　　　） I.

第25日

次の文を読んで，下の各問いに答えなさい。

Ted was excited. He was going to camp. Ted was ten years old and it was his first trip to camp. The camp was Mr. Page's. Ted lived in a big city. Mr. Page's camp was in the country. It was a good place for the boys. ①The boys learned many things at camp that they should know.

Ted put many things into a bag to take (Ⓐ) him. He was going to travel (Ⓑ) train.

He reached the camp about noon. Some boys came to meet him at the station. They were glad to see Ted. Ted liked the boys. He was sure he would like the camp. Many of the boys camped for the first time. Most of them were older than Ted. Some of them were not so well. They needed good food, fresh air and sunshine.

How hungry Ted was! He was glad it was time for lunch. And ②it was a very big lunch! There were all kinds of food that the boys needed. They talked with one another, and enjoyed their food. When the lunch was over, Mr. Page said to Ted, "You will like this camp if you do your part. You must take care of your own tent. ③You must also take care of your own body. You must (Ⓒ) well and strong here. You must learn to help one another."

(注) excited [iksáitid] 興奮した

≪設　　問≫

1　本文中のⒶ, Ⓑ, Ⓒに入れる語をえらび，記号を○でかこみなさい。(各5点)
Ⓐ　ア. by　　イ. with　　ウ. of　　エ. for
Ⓑ　ア. on　　イ. in　　ウ. with　　エ. by
Ⓒ　ア. do　　イ. have　　ウ. get　　エ. look

2　次は駅に出むかえた少年のひとりJohnとTedの対話です。本文の内容に一致するよう，ⓐ〜ⓗの ( ) 内に適当な語を入れなさい。　(各5点)
John: You haven't ⓐ(　　) to camp before, have you?
Ted : No, I haven't. This is my first trip to camp.

John: Then you'll surely enjoy the camp. Fresh air and a lot of sunshine around here! There's good food, too.
Ted: I'm ⓑ(　　) I'll like the camp. By the way, are there any boys at the camp ⓒ(　　) old ⓓ(　　) I?
John: Yes, but most of them are ⓔ(　　) than you.
Ted: Well, what time is it now?
John: It's about ⓕ(　　). Are you hungry?
Ted: ⓖ(　　), I ⓗ(　　).

3 本文中の下線①の文を途中1か所くぎるとすればどこですか。くぎる場所の記号を○でかこみなさい。　　　　　　　　　　　　　　（5点）

　　The boys learned ア many things イ at camp ウ that エ they オ should know.

4 下線②の文を感嘆文に書き改めなさい。　　　　　　　（5点）

5 下線③の文を日本語になおしなさい。　　　　　　　　（5点）

6 本文の内容を次のようにまとめると，ⓘ～ⓛまでの（ ）の中にどんな語をおぎないますか。1語ずつ書き入れなさい。　　　　（各5点）
　　Ted was very happy to go ⓘ(　　) for the first time. At Mr. Page's camp he met other boys, and they welcomed him. Some of them weren't so ⓙ(　　), and came to be stronger. At lunch Ted had a very ⓚ(　　) time. Mr. Page told Ted that ⓛ(　　) one another was very important in camping.

7 下線部の発音がちがうものを1つずつえらび，記号を○でかこみなさい。
(1)　ア．m<u>o</u>st　イ．<u>o</u>ld　ウ．str<u>o</u>ng　エ．g<u>o</u>　オ．<u>o</u>ver　　（各5点）
(2)　ア．h<u>u</u>ngry　イ．c<u>ou</u>ntry　ウ．s<u>o</u>me　エ．s<u>u</u>nshine　オ．b<u>a</u>g

第26日

次の文を読んで，下の各問いに答えなさい。

You use fire every day, don't ①(we, I, you)?
Fire can help you ②(at, in, on) many ways. It can warm your house, give light, and cook food.
③No one knows how people first began to use fire. But there are many interesting, old ④(story) about it. One story tells us about a man ⑤(   ) climbed a rope up to the sun and ⑥(bring) some fire down.
Today people know how to make fire. ⑦They often use matches for it. ⑧(Child) sometimes like to play with them. But playing with matches ⑨(is, are, be) very dangerous. One match can burn ⑩(of piece a paper), and then the paper may burn a house. A small fire can soon become a big fire. Fires ⑪(did, have, are) killed a lot of people in the world.
Fire is very important in your life, and at the same time, ⑫you must know it can ⑬(is, be, being) very dangerous. If you are careful with fire, it will ⑭(   ) you. If you are not, it may ⑮(   ) you.

(注) dangerous [déindʒərəs] あぶない，burn [bə:rn] 燃やす

≪設　問≫

☐1　①，②，⑨，⑪及び⑬の（　）内の語のうち，どれを用いるのが正しいですか。それぞれ1語をえらんで，答えらんに書きなさい。　　　　(各5点)
①_____　②_____　⑨_____　⑪_____　⑬_____

☐2　④，⑥及び⑧の（　）内の語を，正しい形になおしなさい。(各5点)
④_____　⑥_____　⑧_____

☐3　⑤の（　）の中に，どんな語を入れたらよいですか。1語を書きなさい。
_____　　　　　　　　　　　　　　　　　　　　　　　(5点)

☐4　下線⑦と同じ内容をあらわす文にするには，次の文の（　）の中に，どんな語を入れたらよいですか。それぞれ1語ずつ書きなさい。　(5点)
Matches (　　) often (　　) for it.

5 ⑩の（　）内の語を，意味がとおるように並べかえて書きなさい。（5点）

6 文章中の⑭及び⑮の（　）の中に，どんな語を入れたらよいですか。次の〔　〕内の8語のうちから，それぞれ1語をえらんで答えらんに書きなさい。　　　　　　　　　　　　　　　　　　　　　（各5点）
　　〔give, help, kill, know, like, make, tell, use〕
　⑭ _____　⑮ _____

7 下線③の意味を，日本語で書きなさい。　　　　　　　　（5点）

8 下線⑫の表現を用いて，次の日本語を，英語になおして書きなさい。（5点）
　あなたがたはよい本を読むことがとても大切だということを知らねばなりません。

9 次のア～クの組のうち，2語の下線部の発音が同じものはどれですか。2組えらんで，その記号を○でかこみなさい。　　　　　　　　（各5点）

ア．{ sun / use }　　イ．{ man / many }　　ウ．{ cook / food }　　エ．{ first / world }

オ．{ down / know }　　カ．{ old / small }　　キ．{ piece / people }　　ク．{ big / light }

10 次のア～クの語の中には，下線の部分を最も強く発音すると間違いとなるものが2つあります。その記号を○でかこみなさい。　　（各5点）
　ア．a-bout (about)　　イ．be-come (become)　　ウ．care-ful (careful)
　エ．ev-ery (every)　　オ．pa-per (paper)　　カ．play-ing (playing)
　キ．im-por-tant (important)　　ク．in-ter-est-ing (interesting)

11 次のア～エの文のうち，本文中に述べられている内容と一致しないものはどれですか。1つえらんで，その記号を○でかこみなさい。　（5点）
　ア．An old story says that a man once flew up to the sun to get some fire.
　イ．When you use fire, you have to be very careful.
　ウ．Many people in the world have lost their lives by fires.
　エ．A small fire can get bigger quickly.

得点		評価		基準	A…80点以上　B…79点～55点　C…54点以下	合格圏	60点

第27日

次の文を読んで，下の各問いに答えなさい。

Once upon a time, in the United States of America, there lived (Ⓐ) old man. ①<u>Though he was so old that he could not work hard,</u> he still thought that he should do something to help ②others. It was not easy (Ⓑ) him to find a way to ③<u>do this</u>, for he was not strong, and he had no money. ④<u>At last a good and very simple plan came to him.</u>

He went to a town near by and began to walk up one street (Ⓒ) another. He called (Ⓓ) each house and asked for work. He looked so old that ⑤<u>no one thought he could do much.</u> But people were sorry (Ⓔ) him, and some of them found little things for him.

At some houses he (water) the gardens, and at ⑥others he swept up the dead leaves. Sometimes he took care (Ⓕ) the children. When the time came to pay him, the people found that he was very strange indeed, because he took only ripe apples for his work.

(注) simple [símpl] かんたんな，swept [swept] はいた，indeed [indíːd] まったく，ripe [raip] 熟した

≪設　問≫

1　本文中のかっこⒶ～Ⓕの中に適当な英語を1つずつ入れなさい。（各5点）
　Ⓐ（　　　　）　Ⓑ（　　　　）　Ⓒ（　　　　）
　Ⓓ（　　　　）　Ⓔ（　　　　）　Ⓕ（　　　　）

2　本文中のかっこ内のwaterをその文に適する形になおしなさい。（5点）
　_____

3　下線部①の文と同じ意味になるよう，次の文の空所に適当な語を1つずつ入れなさい。（5点）
　Though he was _____ old _____ _____ hard,

4　下線部②のothersを2語であらわしなさい。（5点）
　_____

5　下線部③の this の内容がわかるように，＿＿をおぎないなさい。　（5点）
do ＿＿＿＿ ＿＿＿＿ ＿＿＿＿ ＿＿＿＿

6　下線部④の文と同じ意味になるよう，空所に1語入れなさい。　（5点）
At last he (　　　) of a good and very simple plan.

7　下線部⑤と同じ意味になるように，空所をおぎないなさい。　（5点）
People ＿＿＿＿ ＿＿＿＿ he could do much.

8　下線部⑥の others を他の英語2語でいいかえなさい。　（5点）
＿＿＿＿＿＿　＿＿＿＿＿＿

9　次の問いに対する答えの空所に適当な語を1つ入れなさい。　（5点）
What did the old man get for his work?
He got ＿＿＿＿＿＿.

10　本文中の波線の leaves を単数形にしなさい。　＿＿＿＿＿＿　（5点）

11　次の各列5つの単語のうち，下線部の発音が同じものを1組ずつえらび，その記号を書きなさい。　（各5点）
(1)　ア．w<u>a</u>nt　イ．beg<u>a</u>n　ウ．c<u>a</u>me　エ．f<u>a</u>ther　オ．str<u>a</u>nge
(2)　ア．th<u>ou</u>gh　イ．c<u>ou</u>ld　ウ．h<u>ou</u>se　エ．f<u>ou</u>nd　オ．th<u>ou</u>ght
　　(1) (　　) と (　　)　　(2) (　　) と (　　)

12　houses の正しい発音を1つえらび，その記号を○でかこみなさい。（5点）
ア．[háusiz]　イ．[háusis]　ウ．[háuziz]　エ．[háusi:z]
オ．[háuzis]

13　次のことを英語であらわしなさい。　（各5点）
(1)　この物語を読むのは私にはやさしくありません。

(2)　彼はたいへん年をとっていたけれども，働かなければならなかった。

第28日

次の文を読んで，下の各問いに答えなさい。

When men first came to America, there was no way to send letters. There was not much need (①) mail then because there were very few towns.

Later, ㋐more and more towns grew up along some rivers and around some lakes. More people ㋑began moving from one place to another. When they arrived (②) the new place, they wanted to ㋒write to their friends. They wanted to tell their friends about their family, their new life, or their future.

But it was hard to send news (③) those days. The roads were few and bad, so most of the mail went by boat to towns along the rivers or around the lakes.

㋓( ) mail by boat was all right sometimes. But in strong winds boats often went down. The people had to find a better way to send letters.

Soon towns and cities grew up in the West. ㋔Then men riding fast horses began to carry mail.

㋕( ) men rode alone. They rode (④) prairies and mountains. They rode day and night. About every ten miles they changed horses. When they finished riding a hundred miles, different men rode and carried the mail. ㋖( ) better roads were made, stagecoaches began to carry the mail. The stagecoaches went a few hundred miles in many weeks.

Today, mail is often carried hundreds (⑤) miles on fast trains in one night. It is sent on planes sometimes.

When you write a letter, think of the things ㋗( ) have happened to send or get a letter as fast as you can today.

(注) move 移動する, go down 沈む, the West 西部, prairie 大草原, stagecoach 駅馬車, happen 起こる

≪設　問≫

1　次のア〜オの各組の中で発音が全く同じものが2組あります。その2組の記号を○でかこみなさい。　　　　　　　　　　　　(各5点)

ア．along—alone　イ．first—fast　ウ．later—letter　エ．road—rode
オ．write—right

2　①～⑤の（　）内に入れるのにもっとも適当な語を次の［　］の中から1つずつえらび，答えらんに入れなさい。　　　　　　　　（各5点）
　　［at　in　of　for　over］
　　①＿＿＿＿　②＿＿＿＿　③＿＿＿＿　④＿＿＿＿　⑤＿＿＿＿

3　下線⑦の文を読むとき，途中で1回くぎるとすれば，次の(1), (2), (3)のどこでくぎるのが適当か。その番号を書きなさい。　　　　（5点）
　　More and more/towns grew up/along some rivers and/around some
　　　　　　　(1)　　　　　　(2)　　　　　　　　　(3)
　　lakes.

4　下線④の began と下線⑦の write の変化を，右のわくの中に書き入れなさい。　　　　　　（各空所5点）

現在形	過去形	過去分詞形
	began	
write		

5　かっこ㊤には send を，またかっこ㋕には this を入れたい。それぞれ正しい形にしなさい。　　　　　　　　　　　　　　　（各5点）

㊤＿＿＿＿＿＿＿　㋕＿＿＿＿＿＿＿

6　下線㊀を日本語になおしなさい。　　　　　　　　　　　　（5点）
＿＿＿＿＿＿＿＿＿＿＿＿＿＿＿＿＿＿＿＿＿＿＿＿＿＿＿＿＿＿＿＿＿＿

7　かっこ㊉と㋀にどの語を入れると意味の通じる文になるか。適当な語を［　］の中から1つずつえらびなさい。　　　　　　（各5点）
　　［And　As　But　If　what　which　who　why］

㊉＿＿＿＿＿＿＿　㋀＿＿＿＿＿＿＿

8　次の(1)～(5)の文のうち，本文の内容とあっているものを2つえらび，その番号を書きなさい。　　　　　　　　　　　　　　（各5点）
(1) 西部に町ができると，人々はますます職を転々とした。
(2) 最初，手紙の運搬は，たいてい水路を利用して行われた。
(3) 郵便物を運搬するとき，約10マイル進むと，人も馬も変わった。
(4) 100マイルもひとりで，昼夜，馬に乗って郵便物を運搬した人たちがいた。
(5) 郵便物を載せた駅馬車が，大草原を数百マイル進むとき，護衛がたくさんついた。（　）（　）

9　本文の英文は何について述べているか。20字程度の日本語で書きなさい。
＿＿＿＿＿＿＿＿＿＿＿＿＿＿＿＿＿＿＿＿＿＿＿＿＿＿＿＿＿（5点）

得点		評価		基準	A…80点以上　B…79点～55点　C…54点以下	合格圏	60点

第29日

次の文を読んで，下の各問いに答えなさい。

（ ㋐ ）I was walking along King Street on August third, I saw my uncle. He was driving a damaged car to Mr. Kent's garage. I wanted to know what he was ①[his, do, car, to, with, going], （ ㋑ ）I hurried to his garage. （ ㋒ ）I got there, I said to Mr. Kent, "Good morning, Mr. Kent! Is my uncle here? I'd like to see him." "Oh, sorry! He has gone home, but I think ②[again, his, will, see, come, car, he, to] in a few days," he said.

Just then a policeman came up （ ㋓ ） asked him, "Whose car is that?"

"It's Mr. Smith's," answered Mr. Kent.

"It's much damaged, ☐?"

"Yes, it is."

"I think he told you something, （ ㋔ ） only asked me to repair his car."

"I see. I have just heard （ ㋕ ） a young man's car hit Mr. Smith's （ ㋖ ） Mr. Smith drove safely on Green Street yesterday evening. I'll go and see Mr. Smith this afternoon," said the policeman.

（注） damaged [dǽmidʒid] こわれた，garage [gərάːʒ] ガレージ，repair [ripέər] 修理する，hit ぶつかった

≪設　問≫

① 本文中の㋐～㋖の空所に入れる語を，次からえらんで，その番号を書き入れなさい。ただし同じ語（句）を二度使ってはいけません。　（各5点）
1. as soon as　2. and　3. but　4. when　5. so　6. though　7. that

㋐（　　）㋑（　　）㋒（　　）㋓（　　）
㋔（　　）㋕（　　）㋖（　　）

② 本文中の①，②の〔　〕内の語を並べかえて，正しい英文を完成しなさい。　（各5点）

① what he was _____

② I think _____ in a few days.

3 本文中の□に入れる語を次から1つえらんで，その記号を○でかこみなさい。 (5点)
ア. wasn't it   イ. doesn't it   ウ. isn't it   エ. can't it   オ. hasn't it

4 次の(1), (2)の問いに対する答えの空所に適当な語句を入れなさい。(各5点)
(1) Did a policeman see Mr. Kent or Mr. Smith in the morning?
　　He _____ in the morning. (3語)
(2) When did a young man's car hit Mr. Smith's?
　　It hit Mr. Smith's car on _____. (2語)

5 次の(1), (2)の文で，上下の文が同じ意味になるよう，下の文の空所に適当な語を1つずつ入れなさい。 (各文5点)
(1) {He has gone home.
　　 He went home, and he _____ here now.
(2) {Mr. Smith told me nothing about his damaged car.
　　 Mr. Smith _____ tell me _____ about his damaged car.

6 次の(1), (2)の語の下線部の発音とちがうものを（ ）内から1つえらび，その記号を○でかこみなさい。 (各5点)
(1) t<u>e</u>ll　（ア. s<u>e</u>cond イ. v<u>e</u>ry ウ. <u>e</u>vening エ. l<u>e</u>ft）
(2) h<u>o</u>me　（ア. g<u>o</u> イ. t<u>o</u>ld ウ. <u>o</u>nly エ. al<u>o</u>ng）

7 次の各語で，強く発音する部分の記号を○でかこみなさい。 (各5点)
(1) with-out　(2) yes-ter-day　(3) sud-den-ly　(4) po-lice-man
　　 ア イ　　　 ア イ ウ　　　　ア イ ウ　　　　ア イ ウ

| 得点 | | 評価 | | 基準 | A…80点以上　B…79点〜55点　C…54点以下 | 合格圏 | 60点 |

関係代名詞の省略について
関係代名詞は目的格になると省略されるが，文の中のどんな場所で，どんな条件のもとに省略されるのか——そのポイントをつかんでおこう。
目的格の関係代名詞は必ずそのあとに主語がくるので，文の中では，
名詞（先行詞）＋〔目的格の関係代名詞〕＋主語〜
という条件に注意をはらえばよい。
　This is the book 〔which〕 my uncle gave me.
　　　　　　　先行詞　目的格　　主語
　The man 〔whom〕 I saw yesterday was Tom's father.
　　　　先行詞　目的格　主語

第30日

次の文を読んで，下の各問いに答えなさい。

One day Grandfather was walking in the woods. He loves everything in the woods. ①He knows the name of every tree and every bird he sees. Soon Grandfather came to a small and quiet stream. There was a little bridge across the stream. ②As he came up to the bridge, Grandfather saw something. It was on the underside of the bridge. It looked like a nest.

Grandfather Jones wanted to get a good look Ⓐ☐ the nest. ③How could he do that without getting wet? He walked down to the stream and looked around. He saw many rocks in the stream. "I can hop from rock to rock," he said. And ④he tried in that way. He hopped from one rock in the stream to another.

At last he was almost under the bridge. ⑤He needed to get just a little closer. So he hopped on to one more rock. ⑥All at once, two birds flew out at him. The little mother bird flew ⑦right by his nose. "Get away! Get away from my babies!" she seemed to say. Then she turned and flew at his eyes. Grandfather was so surprised Ⓑ☐ he jumped back quickly. Splash! He was sitting in the water. Then the father bird came out. It flew at Grandfather like a jet plane. "Get away!" the father bird seemed to say. Grandfather Jones came out of that stream Ⓒ☐ a hurry. ⑧They were only two little birds, but he ran away as fast as he could.

(注) stream [striːm] 小川，rock [rɔk] 岩，splash [splæʃ] ざぶん (水のはねる音)

≪設　問≫

1　本文中のⒶ，Ⓑ，Ⓒの☐に入れる語を書きなさい。　　　（各5点）
　Ⓐ _____　　Ⓑ _____
　Ⓒ _____

2　下線部②を書きかえるには，次の空所にどんな語を入れますか。（各5点）
　When Grandfather came up to the bridge, he saw something (　　) looked (　　) a nest (　　) the underside of the bridge.

3 下線部①，③，⑤，⑧の意味を書きなさい。　　　　(各5点)
　①　_____
　③　_____
　⑤　_____
　⑧　_____

4 下線部④の内容は次のどれですか。記号を○でかこみなさい。(5点)
　ア．He saw many rocks in the stream.
　イ．He hopped from rock to rock.
　ウ．He walked down the stream and looked around.

5 下線部⑥の別の表現をえらび，記号を○でかこみなさい。(5点)
　ア．every time　　イ．once　　ウ．suddenly　　エ．at first

6 下線部⑦の right の用法をえらんで，記号を○でかこみなさい。(5点)
　ア．The helicopter was flying right over our heads.
　イ．He is the man if I remember right.
　ウ．The store is on the right side.

7 各語の正しい発音を1つえらび，記号を○でかこみなさい。(各5点)
　(1) quiet　　ア．[kwit]　イ．[kwait]　ウ．[kwáiət]　エ．[kweit]
　(2) closer　ア．[klɔ́:zər]　イ．[klóuzər]　ウ．[klɔ́:sər]　エ．[klóusər]

8 次の各語について，もっとも強める部分を○でかこみなさい。(各5点)
　(1) grand-fa-ther　　(2) with-out　　(3) eve-ry-thing

9 次のことを英語であらわしなさい。　　　　(各5点)
　(1) 彼女は幸福そうでした。(seem to 〜 を使って)
　　　_____

　(2) 彼はできるだけゆっくり英語を話します。
　　　_____

第31日

次の文を読んで，下の各問いに答えなさい。

　This is the story of a poor farmer ①who lived alone in a little house. He had to cook for himself every day, A[　] he had no wife. A fox watched him through the window and she felt sorry for him. So, she came into the house and changed herself into a woman. She cleaned his house, cooked for him and then left. This went on for some time. But the farmer didn't know who ②was doing all these things.

　One day the farmer saw the fox when she came into the room and changed herself into a beautiful woman. He saw that ③she put the fox skin on the floor. So when she was in the next room, he took the skin and hid it under the floor. After she finished ④doing all the work for him, she B[　] for her fox skin, but she could not find it. Then she said to herself, "I'll have to remain a woman and become the farmer's wife."

　They lived happily together C[　] many years. Then one day the farmer said jokingly to one of his children, "Your mother is a fox." The little girl cried, "No! She is not a fox. She is our mother." His wife said to him, "You must say D[　] you said that I was a fox." He thought it was a joke and so he showed the skin to the child. But as E[　] as his wife saw her old fox skin, she changed herself back into a fox and ran off into the forest.

　(注) go on 続く, skin [skin] 皮, hide [haid] (過去形 hid) 隠す, remain [riméin] 〜のままでいる, jokingly [dʒóukiŋli] 冗談(じょう)で

≪設　問≫

1　本文中のA・C・Dに1語を入れて文意が通るようにする場合，もっとも適当なものはどれですか。それぞれア〜エから1つずつえらび，記号を○でかこみなさい。
(各5点)

A.　ア. if　　イ. because　　ウ. and　　エ. but
C.　ア. for　　イ. in　　ウ. of　　エ. at
D.　ア. who　　イ. what　　ウ. when　　エ. why

2 本文中のB・Eに文意が通るように，それぞれ1語を入れなさい。(各5点)
B. _____   E. _____

3 本文中の①who と同じ用法の who を含む文はどれですか，次から1つえらんで，記号を○でかこみなさい。   (5点)
ア．They don't know who that gentleman is.
イ．Who went for a walk with Tom ?
ウ．Do you know who is going to visit us tonight ?
エ．The old man who is sitting over there is a famous pianist.

4 本文中の②was doing all these things. は何のことをのべていますか，次から1つえらんで，記号を○でかこみなさい。   (5点)
ア．living alone in a little house
イ．changing herself into a woman
ウ．cleaning his house and cooking for him
エ．watching him through the window

5 ③she put the fox skin on the floor. を，意味をかえないで次のように書きかえたい。( )に適当な語を1つずつ入れなさい。   (5点)
…… the fox skin (　　) (　　) on the floor 〔by her.〕

6 本文中の④doing と同じ用法の――ing を含む文はどれですか，次から1つえらび，記号を○でかこみなさい。   (5点)
ア．The boy talking with my father is my best friend.
イ．Mother is cooking for us now.
ウ．A sleeping baby sometimes smiles.
エ．They like writing letters to their old friends.

7 次の(1)・(2)の各組には下線の部分の発音が他と異なるものが1つだけあります。その記号を○でかこみなさい。   (各5点)
(1) ア．old   イ．only   ウ．go   エ．story
(2) ア．finished   イ．cried   ウ．showed   エ．cleaned

8 次の各語のうち1の部分を強く発音するものを1つえらび，記号を○でかこみなさい。   (5点)
ア．her-self   イ．a-lone   ウ．beau-ti-ful   エ．to-geth-er
　　1　2　　　　1　2　　　　1　2　3　　　　1　2　3

9 次の文を1箇所くぎって読む場合，どこでくぎるのがよいですか。記号を○でかこみなさい。   (5点)
This is the story of a poor farmer who lived alone in a little house.
　　　　　　　ア　　　イ　　　　　　ウ　　　　　エ

10 次の(1)・(2)はそれぞれ本文の内容についての対話です。問答が本文の内容と一致するように（　）に語(句)を入れる場合，適当なものはどれですか，それぞれ下からえらび，記号を○でかこみなさい。　　　　（各5点）

(1) "Who changed herself into a beautiful woman?"
　　"(　　) did."
　ア．A fox　イ．A farmer　ウ．A wife　エ．A child

(2) "(　　) did the farmer hide the fox skin?"
　　"He hid it under the floor."
　ア．What　イ．When　ウ．Where　エ．Who

11 次の文のうち，本文の内容と一致しないものはどれですか。1つえらび，その記号を○でかこみなさい。　　　　（5点）

ア．When the fox watched the farmer through the window, the farmer had no wife.
イ．The farmer told his wife to change herself into a fox and go back to the forest.
ウ．The fox could not find her fox skin, so she became the farmer's wife.
エ．The children didn't know that their mother was a fox.

12 次の(1)～(4)の日本文と英文が同じ意味になるように，（　）に適当な語を1語ずつ入れなさい。　　　　（各文5点）

(1) きつねがその皮を見つけることは容易ではなかった。
　　It wasn't (　　) for the fox (　　) find the skin.
(2) あなたは今までに森の中を歩いたことがありますか。
　　(　　) you ever (　　) in the forest?
(3) 私は彼らが二度ときつねに会うことはできないと思います。
　　I don't think that they will (　　) (　　) to see the fox again.
(4) きつねと農夫とどちらが好きですか。
　　Which do you like (　　), the fox (　　) the farmer?

第32日

次の文を読んで，下の各問いに答えなさい。

This morning my uncle came to our house and (a)said smiling, "I have a nice present for you, Taro. Come along with me." My uncle took me out to his car. When we came to his car stopping before our house, he opened its door and told me to look in. There I saw a little white dog.

"((b)) a pretty dog!" I shouted for joy. "((c)) clever he looks! I am very happy, because I have long wanted this nice (d)present."

Once I read a story about a clever dog and his blind master. The story was as follows;

One day a dog and his master entered a train. It was full of people and there was (e)no seat which the blind man could sit on. The dog began to try to get a seat for (f)him by pushing the people near them with his nose. Soon a young girl (g)found them in trouble. She stood up and gave her seat to the poor man.

When I read the story, I was much moved, and then I had a wish to keep a dog. I remembered that my uncle kept dogs and (h)trained them well. I wrote (i)him a letter, and said in it that I wanted to keep one and teach it to do something good.

Now (j)my dream has come true. I have my little dog in my arms. He may cause a lot of trouble to me, but I'm sure I'll find a great joy in teaching him. I'll be very proud if my dog grows up and becomes useful to other people.

(注) as follows [fálouz] 次のとおり，cause [kɔːz] ひきおこす

≪設　問≫

1　(b), (c)の空所に，1語ずつ入れて文を完成するには，次のア～エのうち，それぞれどれが適当ですか。その記号を書きなさい。　　　　　(各5点)
　ア．How　　イ．What　　ウ．When　　エ．Who
　　(b) (　　　)　　(c) (　　　)

2　次のa, bをそれぞれ文の後ろの（　）に示された数だけくぎって読むとすれば，どこでくぎるのがよいか。ア～エの中からえらび，その記号を〇でかこみなさい。　　　　　(各文5点)
　a. One day ア a dog イ and his master ウ entered エ a train. (1)
　b. I remembered ア that イ my uncle kept dogs ウ and trained エ them well. (2)

3　(d)の present と(f), (i)の him とは，それぞれ何をあらわしますか。英語で書きなさい。　　　　　(各5点)
　(d) ＿＿＿＿＿＿　(f) ＿＿＿＿＿＿　(i) ＿＿＿＿＿＿

4　本文中の下線を引いた(a), (e), (g), (h), (j)の部分と，それぞれ同じような内容の表現に書きかえるには，次の□内にどんな語を入れるのがよいですか。適当な語をそれぞれ1語入れなさい。　　　　　(各5点)
　(a) said □ a smile
　(e) no seat for the blind man □ sit on
　(g) found that they □ in trouble
　(h) was □ at training them
　(j) my dream has □ realized

5　本文の内容にあっていることをのべている文を，次のア～カの中から3つえらび，その記号を〇でかこみなさい。　　　　　(各5点)
　ア．Taro's uncle was standing at the door of Taro's house with a pretty dog in his arms.
　イ．The present was so nice that Taro felt very happy.
　ウ．As soon as Taro's uncle entered the train, a young girl stood up and gave him her seat.
　エ．In his letter Taro told his uncle that he wanted to keep a dog and train it.
　オ．Taro's uncle wrote in his letter that Taro was too young to take care of a little dog.

カ. Training the dog will be Taro's joy, though the dog may give him a lot of trouble.

6 次の（　）内に適当な語をそれぞれ1語入れて，問答を完成しなさい。
(各5点)
a. Where did Taro's uncle stop his car when he came to Taro's house?
　He stopped it in ①(　　　) of Taro's house.
b. How did Taro's uncle know that Taro wanted to keep a dog?
　He knew it by reading Taro's ②(　　　).

7 次の各語と反対の意味をあらわす語を書きなさい。　　(各5点)
(1) push　(　　　)　　(2) remember　(　　　)
(3) clever　(　　　)

得点		評価		基準	A…80点以上　B…79点〜55点　C…54点以下	合格圏	60点

文のくぎりの要領
(1) 副詞句の前後でくぎる。
　After school / I play tennis / with my friends.
(2) 文中にある接続詞，関係代名詞の前でくぎる。
　I'm sure / that he will come tomorrow.
　This is the camera / which I bought yesterday.
(3) 主部が長いとき，次の動詞との間でくぎる。
　The pretty house on the hill / is my uncle's.
　（丘の上のきれいな家は私のおじさんの家です。）
　The boy whom I saw in the bus / was Tom's brother.
　（バスの中であった少年はトムの弟でした。）
(4) 長い目的語の前でくぎる。
　I don't know / how to play the guitar.
　（私はギターのひきかたを知りません。）

第33日

次の文を読んで，下の各問いに答えなさい。

In 1620 there were some people in England (1)(　　) wanted to be free. They came to (2)the New World and settled there. When they came, they found only forests. Many of them became farmers. They planted vegetables after cutting down trees. They also (3)(catch) wild animals and fish. Some friendly Indians showed them (4)(　　) (　　) plant corn and tobacco.

They found that life was difficult. As they had no machine to help them, they (5)(　　) (　　) do everything themselves. (6)They got up early and worked hard until it got dark. Winter was the most difficult time. The early houses were made of logs. (7)They were cold and dark. (8)They used wood for heating and cooking.

More and more people came from the Old World, and their place became crowded. So many people began to go west.

They traveled (9)(　　) covered wagon, and settled along the way. They found themselves among strange animals and Indians. "This land isn't theirs, but (10)(　　)," the Indians thought, and they became unfriendly.

Then the railroad came about the middle of the nineteenth century. It ran from coast to coast.

(11)It made the wide country a smaller one. They could travel more easily than before.

Farmers worked very hard then, but (12)today they do not have to work as hard as they did one hundred years ago. They use machines, so they can have more free time.

Now America seems to be a big farm. But the farmers are getting fewer and fewer. One hundred years ago most Americans lived on farms. Today only twelve per cent of the population live on farms. But farms today grow five times as much food as they did one hundred years ago.

(注) settle [sétl] 住みつく, log [lɑg] 丸太, wagon [wǽgən] 荷馬車, strange [streindʒ] 見知らぬ, coast [koust] 海岸, seem [si:m] 〜のようにみえる, population [pɑpjuléiʃən] 人口

≪設問≫

1 次の文の中から上の英文と内容が一致しているものを2つえらび，その記号を○でかこみなさい。　　　　　　　　　　　　　　　　　（各5点）

ア．When the Englishmen first came to the New World, their life was easy.

イ．Many people moved west, because their place became crowded with the new comers.

ウ．The Indians were very kind to the new settlers and gave their land to them.

エ．Though the farmers are getting fewer and fewer today, they can grow more food than they did one hundred years ago.

2 次の(1)～(13)の各問いに答えなさい。　　　　　　　　　　　（各5点）

(1) ①の（　）の中に正しいことばを入れなさい。

(2) ②の the New World とは具体的に言うとどこのことですか。文中で使われている言葉で書きなさい。

　　＿＿＿＿＿＿＿＿＿

(3) catch の過去形を書きなさい。

　　＿＿＿＿＿＿＿＿＿

(4) Some friendly Indians showed them (　　) (　　) plant corn and tobacco.
「インディアンはトウモロコシとタバコの栽培のし方を教えてくれた。」とするには，（　）の中にどのような言葉を入れたらよいですか。

(5) They (　　) (　　) do everything themselves.
「彼らは何でも自分でやらなければならなかった。」とするには，（　）の中にどのような言葉を入れたらよいですか。

(6) They got up early and worked hard until it got dark. を訳しなさい。

　　＿＿＿＿＿＿＿＿＿＿＿＿＿＿＿＿＿＿＿＿＿＿＿＿＿

(7) They were cold and dark. の They とは (　　) (　　) (　　) のことです。（　）の中に入れるべき英語は何ですか。

(8) They used wood for heating and cooking. この文を受身形の文にしなさい。

　　＿＿＿＿＿＿＿＿＿＿＿＿＿＿＿＿＿＿＿＿＿＿＿＿＿

(9) ⑨の（　）の中に正しいことばを入れなさい。

(10) "This land isn't theirs, but (　　　)."
　　（　）の中にもっとも適当と思われることばを1つ入れなさい。
(11) It made the wide country a smaller one.
　　ア．下線を引いた部分のこの文中での要素名（主語…など）を書きなさい。
　　イ．なお，この文は第何型の文に属しますか。　　　　　　　　（各5点）
(12) Today they do not have to work as hard as they did one hundred years ago. の日本語訳としては，次のどれが正しいですか，正しいものの記号を○でかこみなさい。
　　ア．今日彼らは100年前と同様，いっしょうけんめい働かない。
　　イ．今日彼らは100年前ほどいっしょうけんめい働かなくてもよい。
　　ウ．今日彼らは100年前と同じようにいっしょうけんめい働かなくてはいけない。
(13) 次の単語の反意語（反対の意味を持った言葉）を文中からさがし出して書きなさい。　　　　　　　　　　　　　　　　　　　　　　　　　　（各5点）
　　a. friendly ＿＿＿＿＿＿＿
　　b. busy ＿＿＿＿＿＿＿
　　c. fewer ＿＿＿＿＿＿＿

3　①，②の単語の下線部の発音と同じものをア〜オの単語の中からえらんで，その記号を○でかこみなさい。　　　　　　　　　　　　　　（各5点）
　① found
　　ア．grow　イ．thought　ウ．crowded　エ．lonely　オ．won't
　② machine
　　ア．choose　イ．stomach　ウ．forests　エ．chicken　オ．foolish

第34日

次の文を読んで，下の各問いに答えなさい。

It was the last week of the holidays. Bill wanted to take a trip. His Uncle George lived at the seashore. Bill wanted to visit him.

"It will be my last chance to go swimming in the ocean this year," Bill said to his parents. "Next month it will be too cold."

"I don't know, Bill," his mother said, "It's a long way." She looked at her husband. "What do you think, Harry?"

"Oh, I want him to go just this time, Alice," Mr. White said. "He's fifteen years old. He's not a baby, you know."

"I know he's not a baby," said Mrs. White. "But there are so many changes to make. He has to take a bus and a train and then another bus."

"Please, Mother," said Bill. "I've made the trip with you and Dad a lot of times. I know the way. I won't have any trouble."

"Let's trust him," said Mr. White again. "It will be a good experience for him. He won't get lost."

Mrs. White finally said yes. Bill was very happy. He called his friends on the telephone. He told them he was going to the seashore to visit his uncle.

His sister came home. Bill told her he was going to visit their Uncle George at the seashore.

"Oh, Mother, I want to go, too." Sally said. "May I go with Bill?"

"No, Sally," her mother said. "You're only thirteen. You're too young to go on a trip without your parents."

The next morning Mr. and Mrs. White took Bill to the bus station. He had to take a bus to Center City. From there, he had to take a train to New York. At New York he had to change to a bus to the seashore.

"Now don't forget to call us when you get to Uncle George's house," his mother said. "I want to know that you're all right. And don't spend all your money. You need only ten dollars for your tickets."

"All right, Mother," said Bill. "Don't worry. I'll be all right."

≪設　問≫

次の各文のa, b, cのうちから，今読んだ文の内容ともっともよく一致すると思われるものをえらんで，記号を○でかこみなさい。　　　　　（各5点）

1　This was a (a. summer　b. Christmas　c. winter) holiday.

2　Bill wanted to (a. go on a picnic　b. call on his uncle　c. live at the seashore).

3　His uncle lived (a. by the sea　b. in the sea　c. on the sea).

4　He can't go swimming next month because (a. his parents go　b. his sister doesn't go　c. he may catch cold).

5　Mrs. White didn't want Bill to go because (a. she thought he was a baby　b. he might change his mind　c. Uncle's house was far away).

6　Bill is (a. 14　b. 15　c. 16) years old.

7　Mrs. White's first name is (a. Alice　b. Harry　c. Sally).

8　Bill has made the trip (a. once　b. twice　c. many times) with his parents.

9　Mrs. White told him (a. to stay　b. to go　c. not to go) at last.

10　Bill felt very (a. happy　b. sad　c. sorry).

11　He (a. told his friends about the trip　b. asked his friends to go with him　c. asked his friends not to go with him).

12　(a. George　b. Sally　c. Alice) returned home then.

13　His sister wanted to go (a. with her mother　b. alone　c. with her brother).

14　Sally was (a. two years older　b. two years younger　c. three years younger) than Bill.

15　Mother told her (a. not to go　b. to go alone　c. to go with Bill) because she was too young to take a trip.

16　Father and Mother took Bill to (a. the railway station　b. Center City　c. the bus stop) next morning.

17　He was going to the nearest city (a. by bus　b. by train　c. on foot).

18. He was going to New York (a. by bus b. by train c. by bicycle).

19. He was going from New York to the seashore (a. by bus b. by train c. on foot).

20. He had (a. more than b. as little as c. less than) ten dollars with him.

得点		評価		基準	A…80点以上 B…79点～55点 C…54点以下	合格圏	60点

内容の把握(はあく)について

　長文の内容をしっかりつかむためには，次のような角度からストーリーの運びを理解していくことがたいせつである。
(1) まず登場人物が何人で，各人の年齢や特ちょうがどうかをとらえること。
(2) 次に場所はどこか，時はいつかを頭に入れる。
(3) 主人公は何をしたか，何をしようとしているのか。——それに対して周囲はどうかというやりとりを理解する。
(4) 必要に応じて，その日の天候や，まわりの情景を考えてみる。
(5) 最後に物語や会話がどういう結果に終わったか。楽しい話か悲しい話かの結末をつかむ。

第35日

次の文を読んで，下の各問いに答えなさい。

　Many years ago milk was sold on the streets out of milk cans. Often ①the man who sold the milk was the farmer who kept the cows. Each of the women ran out of her house with a pan. The man took out the milk with a smaller can and poured it into the pans.

　One day a doctor watched a farmer who sold his milk. The farmer put his large milk can on the ground. People stood around the can with their pans to buy the milk. They were waiting to buy the milk.

　The big can stood open. A little girl holding a dirty doll ran up to the can. She wanted to see what was in the can. She looked in. Suddenly she cried, "My doll! I dropped it into the milk!"

　Did the farmer throw away the rest of the milk? Oh, no! He put his hand into the milk and felt around for the doll. Soon he brought it out. Dirty milk fell from ②it back into the can. But the farmer didn't stop selling the milk. He sold ③it all.

　The doctor said to himself, "The milk is now as dirty as the doll. ④It is not safe to drink dirty milk." The doctor thought about this, and he tried to find out a ⑤better ⑥way for drinking clean milk. After that he thought of bottles for milk.

　We can say that the doctor helped all of us, because we can get clean milk now and keep ourselves well.

　　（注）　can かん（金属の容器），farmer 農夫，pan なべ，pour（液体などを）そそぐ，つぐ，ground 地面，rest 残り，feel for ～ ～を手さぐりでさがす，think of ～ ～を思いつく，bottle びん，keep ～ well ～の健康を持続する

<<設　　問>>

1　本文の内容について，次の各問いに答えなさい。　　　　（各5点）
(1)　Many years ago, who sold milk ?（日本語で）

(2) Many years ago, did a man selling milk carry his milk to each house? （英語で）

(3) Why did the little girl look into the farmer's can? （日本語で）

(4) Could the farmer take out the doll out of the can? （英語で）

2 次の2つの文を，途中でくぎって読むとすれば，それぞれどこでくぎるのがもっとも適当ですか。その箇所の記号を○でかこみなさい。　　（各5点）
(1) People ア stood イ around ウ the エ can オ with カ their キ pans.
（1か所）
(2) We ア can イ say ウ that エ the doctor オ helped カ all キ of ク us.
（1か所）

3 本文中の下線をつけた①，⑤，⑥について，次の各問いに答えなさい。
（各5点）
(1) ①の文の意味を書きなさい。

(2) ⑤better（比較級）が用いられているのは，何とくらべているからですか。それを日本語で答えなさい。

(3) ⑥<u>way for drinking clean milk</u> を日本語に訳しなさい。

4 本文中の下線をつけた②～④の it は，それぞれ何をさしていますか，あるいは何をうけていますか。それを本文中の英語で答えなさい。　（各5点）
②　_____
③　_____
④　_____

5 本文中の表現を参考にして，次の各文を英語で書きなさい。　（各5点）
(1) 私はその箱の中に何があるのか知りません。

(2) その少年は，その本を読むのをやめました。

6 次の(1), (2)につき，それぞれの上の文を，（　）内の指示にしたがってその下の文に書きかえたい。☐の中に，そこにあたる部分を書きいれて，下の文を完成しなさい。　　　　　　　　　　　　　　　　　　（各5点）

(1) ｛The dirty milk fell from it.
　　（過去進行形の文にかえなさい。）
　　The dirty milk ☐ from it.

(2) ｛The milk is as dirty as the doll.
　　（「その牛乳はその人形よりもきたない。」の意味の文にかえなさい。）
　　The milk is ☐ than the doll.

7 次の単語の中から，それぞれ2の部分を強く発音するものを2つえらび，その記号を○でかこみなさい。　　　　　　　　　　　　　　　　　　（各5点）

ア．doc-tor（1 2）　　イ．pock-et（1 2）　　ウ．sud-den-ly（1 2 3）　　エ．some-one（1 2）
オ．him-self（1 2）　　カ．un-der-stand（1 2 3）　　キ．a-way（1 2）　　ク．sec-ond（1 2）
ケ．cof-fee（1 2）　　コ．peo-ple（1 2）

8 右欄の単語の中から，その下線の部分が，左欄の単語の下線の部分と同じように発音されるものを，それぞれ1つずつえらび，その記号を○でかこみなさい。　　　　　　　　　　　　　　　　　　　　　　　　　　　　　　（各5点）

(1) w<u>ai</u>t　　　ア．w<u>i</u>de　イ．p<u>ai</u>r　ウ．s<u>ai</u>d　エ．br<u>ea</u>k　オ．<u>ei</u>ther
(2) help<u>ed</u>　　ア．open<u>ed</u>　イ．finish<u>ed</u>　ウ．call<u>ed</u>　エ．want<u>ed</u>
　　　　　　　オ．tri<u>ed</u>

得点	評価	基準	A…80点以上　B…79点～55点　C…54点以下	合格圏	60点

不定詞の3用法について
(1) 名詞的用法……文中で目的語，主語，補語の働きをする。
　　I like to skate.　　To see is to belive.
(2) 形容詞的用法……すぐ前の名詞を形容する。
　　I want something to eat.（なにか食べるもの）
(3) 副詞的用法……目的，原因，結果をあらわす。
　　He came to see me.（あうために）〔目的〕→（きた）
　　I am glad to see you.（あって）〔原因〕→（うれしい）

第36日

次の文は、ニュー・ヨークに留学中の秋子が、夏休み前に弟の太郎に出した手紙です。これを読んで、下の各問いに答えなさい。

June 10, 1981

Dear Taro,

I've been happy here in New York. But when holidays are coming near, I really feel ① 'There's no place like home.'

You must be doing well in English class. The letter Ⓐ☐ you sent to me was written in good English.

Well, Taro, I want to bring my friend Jane to our home. If our parents say ②that will be all right, please write to me as soon as Ⓑ☐.

③Jane is a poor girl whose parents died last year. She has to spend the holidays alone. She has wanted to see Japanese life and try everything that we do. ④She has practiced Japanese for two years and can speak it a little. ⑤She has a great curiosity about our family life and will ask you many questions about it. Isn't it a good chance ⑥to understand each other? I'm sure you'll learn many things from her.

Please give my love to Father and Mother.

Your sister,
Akiko

(注) practice [præktis] 練習する, curiosity [kjuəriɔ́siti] 好奇心

≪設 問≫

1. 本文中の空所Ⓐ, Ⓑに適当な語を1つずつ入れなさい。 (各5点)
   Ⓐ _____   Ⓑ _____

2. 本文中の下線部①, ④の文を意味をかえずに書きかえるには, 次の各文の空所にどんな語を入れますか。1語ずつ書き入れなさい。 (各文5点)
   ① _____ is better _____ any other place.
   ④ She began to practice Japanese two years _____ and she is still _____ it.

3. 本文中の下線部②のthatは何をさしていますか。日本語で書きなさい。

(　　　　　　　　　　　　　　　　　　　　　)　　　　（5点）

4　本文中の下線部③と，同じ内容のものを次から1つえらび，その記号を○でかこみなさい。　　　　　　　　　　　　　　　　　　　　　　　　　（5点）
ア．Though Jane lost her parents last year, she doesn't have to spend the holidays alone.
イ．Jane's parents died last year, but she has someone who will live with her during the holidays.
ウ．Jane's parents died last year and she doesn't have anyone whom she will spend the holidays with.
エ．Jane has to work for herself during the holidays because she lost her parents last year.

5　本文中の下線部④の文を音読する場合，下線をほどこした語のうち，弱く発音するものを3つえらび，その記号を書きなさい。　　　　　　　　（5点）
She <u>has</u> practiced <u>Japanese</u> <u>for</u> <u>two</u> years and can <u>speak</u> <u>it</u> a <u>little</u>.
　　ア　　　　　　イ　　　　　ウ　　エ　　　　　　　　　オ　　カ　　キ
　　　　　　　　　　　　　　　　　　　　（　）と（　）と（　）

6　本文中の下線部⑤の文で，Jane が太郎にどのような質問をすると，秋子は予想していますか。一例として，次のア～エのうちからもっとも適当なものを1つえらび，その記号を○でかこみなさい。　　　　　　　　　　　（5点）
ア．Do you also want to study in America?
イ．Why does your father always sit like that?
ウ．What is the highest building in Tokyo?
エ．How long does it take to go from Tokyo to Osaka by train?

7　本文中の下線部⑥の to understand と同じ働きをする不定詞を次のア～エのうちから1つえらび，その記号を○でかこみなさい。　　　　　　（5点）
ア．It is fun to watch television.
イ．I am glad to meet you.
ウ．I don't have much time to read books.
エ．I want to skate with Tom.

8　次のア～エの英文のうちから，本文の内容と一致しないものを1つえらび，その記号を○でかこみなさい。　　　　　　　　　　　　　　　　（5点）
ア．Akiko wants to know what her parents' answer will be.
イ．Akiko's school life in New York has been happy.
ウ．Akiko is sure that her brother will learn much from Jane.
エ．Jane can't speak Japanese at all, but she is interested in Japan.

9 次の(1), (2)の英語の問いに対する答えを日本語で書きなさい。　（各5点）
(1) Why did Akiko think that her brother must be doing well in English class?
   (　　　　　　　　　　　　　　　　　　　　　　　)
(2) What has Jane wanted to do in Japan?
   (　　　　　　　　　　　　　　　　　　　　　　　)

10 次の(1)～(4)の単語の下線部と同じ発音のものを右の〔　〕内から1つえらび，その記号を○でかこみなさい。　（各5点）
(1) sure　〔ア. please　イ. class　ウ. English　エ. speak〕
(2) study　〔ア. Japanese　イ. mother　ウ. learn　エ. ask〕
(3) great　〔ア. really　イ. place　ウ. friend　エ. many〕
(4) home　〔ア. all　イ. holiday　ウ. for　エ. know〕

11 次の8つの単語のうち，アクセントのある部分がうしろにあるものを2つえらび，その記号を○でかこみなさい。　（各5点）
ア. par-ent　イ. sis-ter　ウ. a-lone　エ. let-ter　オ. en-joy
カ. an-swer　キ. fa-ther　ク. ques-tion

12 次の各語を（　）内の指示にしたがって書きかえなさい。　（各5点）
(1) die（名詞形）＿＿＿＿＿＿＿
(2) life（動詞）＿＿＿＿＿＿＿

第37日

次の文を読んで，下の各問いに答えなさい。

①"I need a pitcher who is good at throwing," said Jim to Tom. "You ②aren't big enough for a pitcher."

"All right, Jim," said Tom, "but if I strike you out, may I play on the team?"

Jim laughed and said, "Yes, Tom, if you can strike me out, I promise you to play on the team."

③That night Tom said to his father, "Where can I get some books of baseball pitching?" His father smiled. The next night Tom's father brought home two books and a glove. Tom thought he had the best father in the world. Tom said, "Will you help me, Father?" So his father went out with ④(ア. they イ. he ウ. his エ. him) and caught the ball every night.

One night his father said, "Now you need to watch Jim. He's a good batter, but perhaps he can hit one kind of pitch better than another kind."

So, Tom watched Jim. And he soon found that Jim could hit balls thrown high better than low balls. After he learned how to throw low balls for about four weeks, he went to the baseball field. "Jim," he said, "I think I can strike you out now." Jim laughed, but he said, "All right. ⑤If you can, you may play on the team. ⑥I promised that."

Tom put ⑦(ア. over イ. along ウ. on エ. before) his glove and threw the first ball. Jim missed it. Tom threw the second ball, and Jim missed again. Tom threw another low ⑧one. He missed three times.

"You are good, Tom." said Jim. "How did you do it?"

"Well," said Tom, "I ⑨read some books, but my father helped me most."

"You're all right, Tom," said Jim. "You ⑩can play on the team."

Just then someone called Tom from behind. The boys turned around. There was Tom's father! ⑪He was on his way home from his office. He said, "I've heard your conversation. Thank you, Jim.

I'll ⑫[ア. play　イ. Tom　ウ. harder　エ. tell　オ. to]."
　（注）　strike〜out（投手が打者を）三振させる，miss（ねらったたまを）打ちそこなう，pitch [pitʃ] 投球，conversation [kɑnvərséiʃən] 語り合い

≪設　　問≫

1　下線部①を日本語になおしなさい。　　　　　　　　　　（5点）

　　_____

2　下線部②を短縮しない形で書きなさい。　　　　　　　　（5点）

　　_____

3　下線部③と同じ意味になるように，次の空所に適当な語を1つずつ書き入れなさい。　　　　　　　　　　　　　　　　　　　　　　　　　（5点）
　That night Tom asked his father where _____ _____ get some books of baseball pitching.

4　④の（　）の中から正しい語をえらんでその記号を書きなさい。（5点）
　（　　　　　　）

5　下線部⑤の意味をおぎなうために，下の空所に適当な語を1つずつ書き入れなさい。　　　　　　　　　　　　　　　　　　　　　　　　　（5点）
　If you can _____ _____ _____,

6　下線部⑥の意味をあらわすものを，次のア〜ウの中からえらんで，その文の記号を○でかこみなさい。　　　　　　　　　　　　　　　　　（5点）
　ア．I promised to give you some books of baseball pitching.
　イ．I promised to give you a glove.
　ウ．I promised you to play on the team.

7　⑦の（　）内から正しい語をえらんでその記号を書きなさい。（5点）
　（　　　　　　）

8　下線部⑧は文中のどの語の代わりに用いられていますか。その語を英語1語で書きなさい。　　　　　　　　　　　　　　　　　　　　　　（5点）

　　_____

9　下線部⑨と発音が同じで，つづりがちがう語を書きなさい。　（5点）

　　_____

10　下線部⑩の意味をあらわす語を次のア～エの中からえらんで，その語の記号を○でかこみなさい。　　　　　　　　　　　　　　　　　　　（5点）
　　ア．will　　イ．should　　ウ．may　　エ．must

11　下線部⑪の意味を書きなさい。　　　　　　　　　　　　　　　　　（5点）

12　本文中⑫の〔　〕内の語を並べかえて，その正しい順序を記号で示しなさい。　　　　　　　　　　　　　　　　　　　　　　　　　　　　（5点）
　　（　）（　）（　）（　）（　）

13　次のア～コの文中には，本文の内容と一致するものが5つあります。それらの記号を○でかこみなさい。　　　　　　　　　　　　　　　　　（各5点）
　　ア．One night Tom asked Jim to help him.
　　イ．Tom wanted to play on the team.
　　ウ．Tom read some books of baseball pitching.
　　エ．Tom watched Jim's hits.
　　オ．Tom's father was too busy to help Tom.
　　カ．Tom's father showed Jim how to hit low balls.
　　キ．Tom tried hard to be a member of the team.
　　ク．Jim could hit all the balls thrown by Tom.
　　ケ．At last Tom succeeded in striking Jim out.
　　コ．Jim could hit low balls better than high balls.

14　次のア～オの中から，1の部分を2の部分より強く発音する語を1つえらんで，その語の記号を○でかこみなさい。　　　　　　　　　　　　（5点）
　　ア．e-nough　イ．a-round　ウ．a-gain　エ．sec-ond　オ．be-hind
　　　　1　2　　　　1　2　　　　1　2　　　1　2　　　　1　2

15　次のア～オの中から，下線部がgloveの下線部とちがう発音の語を2つえらんで，その語の記号を○でかこみなさい。　　　　　　　　　　　（各5点）
　　ア．en<u>ou</u>gh　イ．l<u>ow</u>　ウ．an<u>o</u>ther　エ．m<u>o</u>st　オ．j<u>u</u>st

| 得点 | | 評価 | | 基準 | A…80点以上　B…79点～55点　C…54点以下 | 合格圏 | 60点 |

第38日

次の文を読んで，下の各問いに答えなさい。

Jane was a nurse. When she came to our house with some beautiful flowers ⒶΔ＿＿ her hand, she smiled and said, ⑴"I'm here to help your mother to get well and to cook meals for you. I think ⑵we're going to have a good time together."

She ①(ア. saw イ. put ウ. had エ. liked オ. looked) older to us, though ⑶her age was about the same as our mother's. She was not pretty. But she was kind and good.

Then she gave us a good meal. After our mother became ill, we never ate such a good ⑷one. My brothers and I loved her before we finished the meal.

Our family moved to the United States in Ⓑ＿＿ to get some land.

It was difficult for us Ⓒ＿＿ live a good life in the new land. Soon our mother became ill and she was in bed.

Every morning Father went out to the forest, and worked ⑸all day as hard as he Ⓓ＿＿. Of course, we tried to help our parents. I cleaned the house and cooked our meals. My older brother learned Ⓔ＿＿ to grow vegetables.

⑹My two younger brothers were too young to work. Sometimes we went to school.

When Father came home on that day, he was surprised. Our mother was sleeping peacefully in the bed ②(ア. clean イ. cleaning ウ. cleaned エ. to clean) by Jane, and there were some beautiful flowers on the table. ⑺He said to Jane, "I have no money. I'm sorry ⑻I can't pay you."

Jane said, "Don't mind. I'm glad to help you. I don't take money from people Ⓕ＿＿ are not happy."

≪設　問≫

1 本文中のⒶ～Ⓕの□の中に適当な語を1つずつ入れなさい。　（各5点）
Ⓐ _____　Ⓑ _____　Ⓒ _____　Ⓓ _____
Ⓔ _____　Ⓕ _____

2 本文中のかっこ①，②の中から正しい語をえらんで，その記号を〇でかこみなさい。　（各5点）

3 下線部(1)の文の意味を書きなさい。　（5点）
_____

4 下線部(2)の文をもっとも近い意味に書きかえるには，次の〔 〕内のどれをえらんだらよいですか。正しいものの記号を〇でかこみなさい。　（5点）
We're going to〔ア. enjoy life　イ. be strong　ウ. be famous　エ. know everything　オ. be busy〕.

5 下線部(3)の文を意味をかえずに書きかえるには，次の文の空所にどんな語を入れますか。1語ずつ書き入れなさい。　（5点）
She was _____ old _____ our mother.

6 下線部(4)のone は文中のどの語をさしていますか。英語1語で書きなさい。　（5点）
_____

7 下線部(5)のall day をいいかえるとすれば，次のア～オのうちのどれですか。正しいものを1つえらんで，その記号を〇でかこみなさい。　（5点）
ア. from morning till night　イ. many days　ウ. every day
エ. for the first time　オ. for a long time

8 下線部(6)の文を意味をかえずに書きかえるには，次の文の空所にどんな語を入れますか。1語ずつ書きなさい。　（5点）
My two younger brothers were _____ young _____ they _____ not work.

9 下線部(7)の文を意味をかえずに書きかえるには，次の文の空所にどんな語を入れますか。　（5点）
He told Jane that he _____ no money.

10 下線部(8)と同じ意味のことを表現をかえていっている文は，次のア～エのうちのどれですか。正しいものを1つえらんで，その記号を〇でかこみなさい。　（5点）

ア．I am rich enough to pay you.
イ．Though I am rich, I won't pay you.
ウ．I am too poor to pay you.
エ．I am not poor, but I can't pay you.

11　次のア〜オの文のうちで，本文の内容と一致するものを1つえらんで，その記号を○でかこみなさい。　　　　　　　　　　　　　（5点）
ア．The two younger brothers weren't old enough to help their parents.
イ．The children never went to school.
ウ．The father was so rich that he gave a lot of money to Jane.
エ．The meal that Jane cooked was not very good.
オ．The nurse and the mother worked outside.

12　次の(1), (2)の問いの答えとして，本文の内容から考えて正しいものはどれですか。〔　〕内から1つえらんで，その記号を○でかこみなさい。（各5点）
(1) How many children were there in the story?
　　There were 〔ア．two　イ．three　ウ．four　エ．five〕children.
(2) When was Father surprised?
　　He was surprised when he 〔ア．worked in the forest.　イ．returned home.　ウ．went to the next town.　エ．spoke to Jane.〕

13　次の5組の単語のうち，上下の下線部の発音がちがうものを1組えらんで，その記号を○でかこみなさい。　　　　　　　　　　（5点）

ア．{nurse / work}　イ．{found / flower}　ウ．{such / money}　エ．{said / same}　オ．{cook / good}

第39日

次の文を読んで、下の各問いに答えなさい。

In many countries of the world, children are happiest on Christmas Day. It is the birthday of Jesus Christ. On Wednesday Jack and his family had ①a lot of things to do, because it was the day before Christmas. But Jack got up late in the morning. As he did not see his mother anywhere, he went to his father and ②said to him, "Where is Mother?" He said, "③She has gone to the town to buy food for ④tomorrow." Then Jack began to read an interesting book. This is one of the stories which were written in it.

One Christmas Eve, a man ⑤named Martin Luther was walking through a forest. The trees were covered ☐ snow, and were very lovely. The stars up in the sky ⑥looked like lights on the branches of the trees. ⑦When he arrived at his house, he tried to tell his family how beautiful the forest trees were. But he could not find the right words. So ⑧he cut down a little tree and brought it into the room. He (a)put candles on its branches and lighted ⑨them.

Jack thought how wonderful the story was.

In the evening all the members gathered together in the living room. A Christmas tree was put there. As soon as the presents were (b)laid under the tree, the candles on it were lighted. They were shining like real stars.

(注) Jesus Christ [dʒíːzəs kraist] イエス・キリスト, Martin Luther [máːrtin lúːθər] マルチン・ルーテル, candle [kǽndl] ろうそく, real [ri(ː)əl] ほんとうの

≪設　問≫

1　本文の下線の部分について、次の(1)〜(9)の問いに答えなさい。　（各5点）
(1) 下線①の部分と同じ意味をあらわす語を、次のア〜エから1つえらんで、その記号を○でかこみなさい。
　　ア．few　　イ．much　　ウ．many　　エ．little
(2) 下線②の部分を他の英語であらわすと、次のどれが適当ですか。1つえらんで、その記号を○でかこみなさい。
　　ア．asked him where is Mother.

イ. asked him where Mother is.
ウ. asked him where Mother was.

(3) 下線③を読む場合，その前の文から判断して，とくに強めて発音される語が1つあります。その記号を○でかこみなさい。

　　She has gone to the town.
　　　ア　イ　ウ　エ　オ　カ

(4) 下線④の tomorrow は何曜日になりますか。日本語で書きなさい。
　　(　　　　　)

(5) 下線⑤ named の前におぎなうとすれば，次のア〜オのうちどれが適当ですか。その記号を○でかこみなさい。
　　ア. who　イ. which　ウ. who was　エ. who is　オ. which is

(6) 下線⑥の部分の意味を日本語で書きなさい。
　　(　　　　　　　　　　　　　　　　　　　　)

(7) 下線⑦の arrived at を他の表現にいいかえるには，次の空所にどんな語を入れますか。
　　When he ＿＿＿＿ to his house,

(8) 下線⑧の部分を受動態〔受身の文〕に書きかえるには，空所にどんな語を入れたらよいでしょうか。
　　A little tree ＿＿＿＿ ＿＿＿＿ down by ＿＿＿＿.

(9) 下線⑨の them は何をさしていますか。英語で書きなさい。
　　＿＿＿＿＿＿＿＿

2 本文を読んで，次の(1)〜(7)の問いに答えなさい。

(1) 2本線を引いた不定詞（ア. to do　イ. to buy　ウ. to read　エ. to tell）のうち，次の文中での用法と同じものを1つえらんで，その記号を○でかこみなさい。　　　　　　　　　　　　　　　　　　　　（5点）
　　He has no house to live in.

(2) 本文の中の□に入れる適当な語を1つ書きなさい。　（5点）
　　＿＿＿＿＿＿＿＿

(3) 次の日本文の意味をあらわすように，空所に適当な語を1つずつ入れなさい。　　　　　　　　　　　　　　　　　　　　　　　　（5点）
　　マルチン・ルーテルは「空の星はなんときれいなんだろう。」と言った。
　　Martin Luther said, "＿＿＿＿ beautiful the stars ＿＿＿＿ the sky ＿＿＿＿!"

(4) 本文中＿＿を引いた (a) put, (b) laid は，次の例に示してある動詞の活用形のどれにあたりますか。その記号を書きなさい。　　　（各5点）
　　(例) ア. go　イ. went　ウ. gone
　　(a) (　　)　(b) (　　)

(5) Jack thought how wonderful the story was. の正しい意味を下のア〜エから1つえらんで，その記号を○でかこみなさい。　　　　　　　(5点)
　ア．ジャックはその話がどの程度ほんとうかと思った。
　イ．ジャックはなんとその話はおそろしいのだろうと思った。
　ウ．ジャックはどうしたらその話をすばらしく話せるかと考えた。
　エ．ジャックはなんとその話はすばらしいのだろうと思った。
(6) 次の問いに対する答えの文の空所に適当な英語を1つずつ書き入れなさい。　　　　　　　(5点)
　　Where did Jack's family put their Christmas tree?
　　They put it ＿＿＿＿ ＿＿＿＿ ＿＿＿＿ ＿＿＿＿.
(7) 次のア〜オの中からジャックの経験したことを2つえらんで，その記号を○でかこみなさい。　　　　　　　(各5点)
　ア．みんなといっしょに居間に集まった。
　イ．雪におおわれた森の中を歩いた。
　ウ．小さい木を切りたおした。
　エ．クリスマスに関係のある本を読んだ。
　オ．朝早く起きた。

3　cut の下線部と同じ発音をふくむ語を，下のア〜クから2つえらんで，その記号を○でかこみなさい。　　　　　　　(各5点)
　ア．happy　イ．lovely　ウ．book　エ．put　オ．country　カ．candle
　キ．food　ク．gone

得点		評価		基準	A…80点以上　B…79点〜55点　C…54点以下	合格圏	60点

品詞の転換については日ごろからその知識を養っておく必要がある。
形容詞⟷名詞の語形変化
　　kind(親切な)—kindness(親切)，beautiful(美しい)—beauty(美)，
　　absent(欠席の)—absence(欠席)，difficult(困難な)—difficulty(困難)，
　　strong(強い)—strength(力強さ)，high(高い)—height(高さ)
動詞⟷名詞の語形変化
　　live(住む)—life(生活)，succeed(成功する)—success(成功)，
　　die(死ぬ)—death(死)，sing(うたう)—song(歌)，
　　speak(話す)—speech(演説)

第40日

次の文を読んで，下の各問いに答えなさい。

　My uncle has an old horse (a)[　　] name is 'Free'. In his young days Free didn't like to be kept within a fence, and often ran out over it. So he was ㋐[give] that name. ①Free was a nice-looking horse and a fast runner. When other horses ran up to him, he always tried to run faster and they could never go ahead of him.

　②A few years ago, when he was running up and down a hill, he fell down and was badly hurt. ③After that he became too sick to get on his legs. Some children ㋑[live] near my uncle's began to do something bad to poor Free, but he could do nothing against ④it.

　One morning he heard a boy's cry for help. He tried hard to get up and began to walk slowly. In a small lake ⑤a boy named Peter was in danger. Free went into the water and took the boy's clothes between his teeth. Soon both Free (b)[　　] Peter were out of the lake.

　（注）fence [fens] 柵，　ahead [əhéd] 前方へ，　badly [bǽdli] ひどく，　danger [déindʒər] 危険

≪設　問≫

[1] 次の a～c の各組において，左の語の下線の部分と同じ音を含む語を右の（　）内からそれぞれ1つえらび，○でかこみなさい。　　　（各5点）
　a. over　　（morning　water　more　slowly）
　b. young　（began　ago　other　after）
　c. soon　　（look　too　use　could）

[2] 次の語のうちで，アクセント（強く発音する部分）が後ろにある語を3つえらび，○でかこみなさい。　　　（各5点）
　　some-thing　　be-come　　af-ter　　al-ways　　be-tween
　　chil-dren　　run-ner　　with-in　　hap-pen　　no-thing

[3] 次の a，b 各組の問いに対する答えの文の中で，もっとも強く発音する語を1つえらび，その語を○でかこみなさい。　　　（各5点）

a. 問い：Is Free an old horse or a young one?
   答え：He is an old horse.
b. 問い：Who did something bad to Free?
   答え：Some children near my uncle's did.

4 本文中の⑦, ⑦の〔 〕内の語を正しい語形に書きかえなさい。（各5点）
⑦（　　　　　　）　⑦（　　　　　　　）

5 本文中の(a)☐, (b)☐に入れる適当な語を1つずつ書きなさい。
(a)　　　　　　　　　(b)　　　　　　　　　（各5点）

6 本文中の①および②を同じ意味の英文に書きかえるために, 次の＿＿＿＿
部分に1語ずつ書き入れなさい。　　　　　　　　　　　　　（各5点）
① Free was a horse that ＿＿＿＿ nice and could run fast.
② A few years ago, when he was running up and down a hill, he fell down and ＿＿＿＿ himself badly.

7 本文中の③と同じ意味の英文を, 次のa～dのうちから1つえらび, その記号を○でかこみなさい。　　　　　　　　　　　　　　　（5点）
a. After that his legs got hurt, so he became very sick.
b. After that he became very sick, but he could get on his legs.
c. After that he became so sick that he wasn't able to get on his legs.
d. After that he became so tired that he couldn't get on his legs.

8 本文中の④のitは何をさしていますか。次のa～dのうちから1つえらび, その記号を○でかこみなさい。　　　　　　　　　　　　　（5点）
a. some children
b. poor Free
c. something bad that some children did to Free
d. something that Free could do for himself

9 本文中の⑤の文の意味を書きなさい。　　　　　　　　　　　（5点）

10 次のa, bの英語の問いに対する答えを<u>日本語で</u>書きなさい。（各5点）
a. Why was the horse named 'Free'?

b. What did Free always do when other horses ran up to him?

11　次の a〜d の英文のうちから，本文の内容と一致するものを1つえらび，その記号を○でかこみなさい。　　　　　　　　　　　　　　　（5点）
a. Free could run about even after he was badly hurt.
b. Free went to tell my uncle that a boy was in danger.
c. It was easy for Free to get up and walk to the lake.
d. Free was succeeded in helping Peter to get out of the lake.

得点	評価	基準	A…80点以上　B…79点〜55点　C…54点以下	合格圏	60点

英問英答の要領について

(1) 各問いに対して，答えに yes, no を使えるか，どうかをたしかめる。ただし Why 〜? の場合は Because 〜. でうける。
　　〔使える問い〕……動詞（助動詞）〜 ?
　　〔使えない問い〕……疑問詞 〜 ?
　　　　　　　　　　　〜 or 〜 ?
(2) 問いの中の名詞は代名詞におきかえて答える。
　　Tom → he（目的格のときは him）
　　Tom and Mary → they（目的格の場合は them）
(3) 問いの文の動詞（助動詞）と答えに使うものとの性質や時制を合わせる。
　　When did Mary come home?
　　She came home at four.
(4) 疑問詞が主語をかねている問いに対しては，次のように短く答える。
　　Who teaches you English?　　Mr. Brown does.
　　Who discovered America?　　Columbus did.

Cコース

第41日

次の文を読んで，下の各問いに答えなさい。

Once there was a king. He never ate a meal if there was no fish with it. But one day there was a big storm. The fishermen (1)were not able to go out to catch fish. Then he told his servants to tell everybody in the country that if anyone (2)brought (ア)him a fish, he would give (イ)him anything that he asked for.

At last, a fisherman ((オ)) was fishing by the sea caught a big fish and went quickly to the king's castle ((カ)) it. But the king's prime minister met him and didn't allow him to go in until he promised to give (ウ)him half of the things which the king gave (エ)him for the fish.

The king was very happy when he saw the fish, and after he ate it, he said to the fisherman, (3)"(want, fish, for, do, you, what, your)?"

"I want you to hit me twenty times with a stick," said the fisherman.

The king was very surprised, and discussed with the fisherman. But he said, "I must keep my promise," so he began to hit the fisherman softly with a stick.

"No," said the fisherman. "Hit me as hard as you ((キ))!"

When the king finished (4)(to hit, being hit, hit, hitting) him ten times, the fisherman said, "That is enough for me. I promised the other ten times to your prime minister."

The prime minister had to say that the fisherman was right. The king not only hit him ten times with a stick, but also said, (5)"As you have not been honest, you will not be my prime minister any more. The fisherman will take your place."

(注) prime minister [praim mínistər] 首相，総理，promise [prámis] 約束，約束する，take one's place 〜の代わりをつとめる

≪設　問≫

① 下線(ア)〜(エ)の代名詞は，だれをさしているか。文中の英語で答えなさい。

(ア) _____ (イ) _____ (ウ) _____ (エ) _____ (各5点)

2 文中の(オ)～(キ)の空らんに，適する語を下から1つずつえらんで，○でかこみなさい。 (各5点)
   (オ) whom, when, what, who, which   (カ) with, on, to, at, in
   (キ) do, will, need, must, can

3 下線(1)の語句を，同じ意味の他の英語2語でいいかえなさい。 (5点)

4 下線(2)の brought の原形を書きなさい。 (5点)

5 下線(3)の ( ) 内の語を正しく並べかえて，正しい文にしなさい。 (5点)

6 下線(4)の ( ) 内より，正しいものを1つえらびなさい。 (5点)

7 下線(5)を日本語になおしなさい。 (5点)

8 文中，王様が召使に言いつけた言葉にあたる部分をぬき出しなさい。
   (答えは始めの2語と，終わりの2語だけでよろしい) (5点)

9 なぜ，首相が10回たたかれたのか，かんたんに日本語で答えなさい。 (5点)

10 次の文を He… で始まる文に書きなおしなさい。(意味を変えないこと)
    The king hit him ten times with a stick. (5点)

11 次の問いに英語で答えなさい。 (5点)
    Where did the king live?

12 次の(a)～(d)のそれぞれ最初の語の下線部分と異なった発音のものが，その右の4語の中に1つあります。その語をえらび，○でかこみなさい。 (各5点)
    (a) c<u>au</u>ght   walk   wrote   all   hall
    (b) m<u>ea</u>l   river   deep   believe   eaten
    (c) h<u>a</u>ppy   carry   bag   bat   already
    (d) finish<u>ed</u>   asked   laughed   learned   jumped

| 得点 | | 評価 | | 基準 | A…85点以上　B…84点〜65点　C…64点以下 | 合格圏 | 75点 |

第42日

次の文を読んで，下の各問いに答えなさい。

Sir Walter Raleigh tried several times to send men to settle in America. But (1)those whom he sent found only great forests, wild animals and savage Indians. Some of them went back to (2)England; some of them died for (3)want of food; and some of (4)them were lost in the woods. At last (5)he gave up trying to send people to America.

But (6)he found two things in America which the people of England knew very little about. One was the potato, and the (ⓐ) was tobacco. (ⓑ) you happen to go to Ireland, you may be told the story of potatoes planted (ⓒ) Sir Walter. At that time only a few potatoes were carried over (ⓓ) America.

He told his friends how the Indians used them (7)for food; and he proved that they would grow in the Old World as (ⓔ) as in the New.

Once Sir Walter saw the Indians who were smoking the leaves of the tobacco plant. He thought that he would (8)do the same, and he carried some of the leaves to England.

In those days tobacco (ⓕ) never used in England; and all who met the noble man puffing away at a roll of leaves (9)thought that it was a strange sight.

（注） Sir [səːr] 卿，settle [sétl] 定住する，savage [sǽvidʒ] 野蛮な，prove [pruːv] 証明する，noble [nóubl] 高貴な，puff [pʌf] ぷかぷかふかす，roll [roul] 巻いたもの

≪設　問≫

1　下線(1)の部分と同じ意味になるよう書きかえるには，次の文の空所にどんな語を入れますか。1語ずつ書きなさい。　　　　　　　　　　（5点）
　　those _____ _____ sent by him

2　下線(2)の語の他の言い方を文中からぬき出しなさい。　　　　　（5点）
　　_____

3 下線(3)の正しい意味をえらび，その記号を○でかこみなさい。　　（5点）
　　ア．必要　　イ．欠乏　　ウ．欲求　　エ．欲する

4 下線(4)の語のさすものはどれですか。次から1つえらんで，その記号を○でかこみなさい。　　（5点）
　　ア．those whom he sent　イ．forests　ウ．animals　エ．Indians

5 下線(5),(6)の文の意味を書きなさい。　　（各5点）
　　(5) ＿＿＿＿＿＿＿＿＿＿＿＿＿＿＿＿
　　(6) ＿＿＿＿＿＿＿＿＿＿＿＿＿＿＿＿

6 下線(7)の for と同じ用法のものを次から1つえらび，その文の記号を○でかこみなさい。　　（5点）
　　ア．He is tall for his age.
　　イ．I have enough money for traveling abroad.
　　ウ．He went for a walk.
　　エ．He will soon leave for America.

7 下線(8)の部分の内容をあらわすものは次のどれですか。1つえらんでその記号を○でかこみなさい。　　（5点）
　　ア．stop smoking the leaves of the tobacco plant
　　イ．carry the leaves of the tobacco plant
　　ウ．smoke the leaves of the tobacco plant

8 下線(9)の主語はどれですか。その記号を○でかこみなさい。　　（5点）
　　ア．all　　イ．who　　ウ．Sir Walter　　エ．a roll of leaves

9 文中の空所ⓐ〜ⓕに入れる語を1つずつ書きなさい。　　（各5点）
　　ⓐ ＿＿＿＿＿　ⓑ ＿＿＿＿＿　ⓒ ＿＿＿＿＿　ⓓ ＿＿＿＿＿
　　ⓔ ＿＿＿＿＿　ⓕ ＿＿＿＿＿

10 次の各語を（ ）内の指示にしたがって書きかえなさい。　　（各5点）
　　(1) lost（原形）＿＿＿＿＿　(2) grow（過去分詞）＿＿＿＿＿
　　(3) leaves（単数形）＿＿＿＿＿　(4) die（形容詞形）＿＿＿＿＿
　　(5) sight（動詞形）＿＿＿＿＿

第43日

次の文を読んで、下の各問いに答えなさい。

　There once lived in England a boy whose name was Tom. He wanted to be like a prince. He wanted to see the prince very much. Now the King of England in those days was Henry VIII. He had a son whose name was Edward. One day Tom's father said to him, "You (a)have to go to Westminster Palace to see a real prince. Prince Edward, the King's son, lives there, so perhaps you will be able to see him some day."

　　　　　A　　　　　But the two soldiers standing on both sides of the gate did not allow him to come close. It was possible for him (b)to see many fine gentlemen and ladies walking inside. But he could not see the Prince himself. He had to go to the gate every day.

　　　　　B　　　　　The boy ①(walk) slowly toward the gate looked noble. The boy was Prince Edward. (ア)Tom ran quickly to the gate to see him better. He shouted, "I want to see the Prince. Please take me to him." Then one of the soldiers said 1[　　] a loud voice, "Keep back!" and began to strike him. He struck him so hard that he fell down. He could not stand 2[　　] for a while.

　When the Prince saw the scene, he ②(get) very angry. He said to the soldier, "Why have you struck the poor boy? Open the gate at once, and bring him in."

　"He is only a beggar. You had better not talk with him." said the soldier politely.

　"The King, my father, is King of all the people. Bring him in," said the Prince.

　　　　　C　　　　　

　"Come with me," said the Prince kindly. "Tell me your name. And why do you want to see me so much? You came to the gate almost every day, (イ)? I have often seen you from my window."

　　　　　D　　　　　He called a servant, and told him to bring something (c)to eat. Soon the servant brought plenty 3[　　] food, and put it on the table. Tom said, "I have never ③(eat) such nice food in my life." After he ate it, Tom told Prince Edward about his family and his house. When the Prince ④(hear) that six people lived in only one room, he was much surprised.

"I have three sisters." said the Prince. "Lady Elizabeth is beautiful and wise. Lady Jane (d)is fond of reading books and very kind to me. But I do not like Lady Mary, because she never laughs or plays with me. Do you play with other boys and girls?"

"Yes, of course I do."

"I don't. Tell me ₄☐ it."

"I play with a ball. I go ⑤(swim) in the river or sometimes I play at being a prince."

"I would like to play at being a poor boy like you, and swim in the river. Let's change clothes. Only ₅☐ a short time you will be the prince, and I will be the beggar! Hurry up!"

(注) allow [əláu] 許す, beggar [bégər] 乞食, politely [pəláitli] ていねいに, soldier [sóuldʒər] 兵士

≪設　　問≫

1　___線(ア)を訳しなさい。　　　　　　　　　　　　　　　　　　（5点）

_____

2　___線(イ)を正しい付加疑問文にするには下のア～エのうちどれを入れればよいですか。正しいものを1つえらび，その記号を○でかこみなさい。（5点）
　（ア．do you　イ．don't you　ウ．did you　エ．didn't you）

3　___線A～Dに入る文を下からえらび，それぞれ記号で答えなさい。
（各5点）
　ア．So the soldier opened the gate and allowed him to go in.
　イ．One afternoon he found a boy coming out of the door of the Palace.
　ウ．In this way Tom tried to go near to the gate of the Palace and look through it.
　エ．The Prince took him to a fine room in the Palace.
　A.（　　）B.（　　）C.（　　）D.（　　）

4　___線(a), (d)を同じような意味の他の英語で書きかえなさい。　（各5点）
　(a) _____　(d) _____

5 ＿＿＿線(b),(c)と同じ用法の不定詞を，それぞれ下からえらび，記号で答えなさい。 (各5点)
　ア．We eat to live.
　イ．I have no time to visit her.
　ウ．It is wrong to tell a lie.
　エ．I am sorry to hear that.
　オ．They came to help me.
　　(b) (　　　) 　(c) (　　　)

6 ①〜⑤の(　)内の動詞を正しい形にかえなさい。 (各5点)
① ＿＿　② ＿＿　③ ＿＿　④ ＿＿　⑤ ＿＿

7 1□〜5□に入る語を下からえらび，それぞれ記号で答えなさい。
　(ア．for　イ．at　ウ．up　エ．of　オ．about　カ．in)　(各5点)
　1. (　　) 2. (　　) 3. (　　) 4. (　　) 5. (　　)

| 得点 | 評価 | 基準 | A…85点以上　B…84点〜65点　C…64点以下 | 合格圏 | 75点 |

第44日

次の文を読んで，下の各問いに答えなさい。

　Our postman was named Evans. We didn't like him very much. My mother didn't like him very much, (ア)(also / too / either).

　"He never says good morning or good afternoon to anybody," she said.

　But he spoke to us—Bill and Tom and me. He was always shouting at us—and telling us (イ)(not to / don't / to not) lean against his fence.

　One day there was a big snow. "Let's make a slide outside Evans' house," I said. We jumped on the snow until (a)it was hard. When we finished, it was like glass. We leaned against the fence and waited (ウ)(of / for / with) Evans to come out.

　He came out (　x　) the door. He saw us. "Hey, you," he shouted, "Get off my fence!" He ran toward us. Then he reached the slide. His feet went up, and (1)he lay on his back on the street.

　"Ow!" he said. "I've broken my arm."

　We took him (　y　) the doctor's office. After an hour he came out. His arm was in a sling.

　"I can't do my work," he said.

　Bill and Tom and I looked at each other. "We'll help you, Mr. Evans," I said.

　At first (b)it was interesting to help our postman. We got (　z　) at six in the morning. We met Evans and carried his mailbag. After school we met him again. But six is very early. So soon Evans began paying us ten shillings each. But (2)his arm didn't get any better.

　"It's a little better," he said, "but the doctor says I mustn't use (c)it (エ)(yet / already / still)."

　Weeks later—in April—we met the doctor. We were with Evans. The doctor saw Evans' arm. "What's this?" he said. "Why are you wearing this sling? You should use this arm. I told you to exercise it, remember?"

　We looked at Evans.

　"All right," said Evans. "I'm sorry. A postman's job is very

lonely. I just wanted someone (オ)(to talk / talking to / to talk to)."
　We didn't help Evans any more. But we didn't lean against his fence any more.
　（注）　lean [li:n] よりかかる，slide [slaid] すべり道，sling [sliŋ] つり包帯

≪設　問≫

① 下線(1), (2)を日本語にしなさい。　　　　　　　　　　　　　（各5点）
(1) ＿＿＿＿＿＿＿＿＿＿＿＿＿＿＿＿＿＿＿＿＿＿＿＿＿＿＿＿
(2) ＿＿＿＿＿＿＿＿＿＿＿＿＿＿＿＿＿＿＿＿＿＿＿＿＿＿＿＿

② (ア)〜(オ)の（ ）内の語句のうち適当なものを1つえらんで書きなさい。
(ア) (　　　　　) 　(イ) (　　　　　) 　(ウ) (　　　　　) （各5点）
(エ) (　　　　　) 　(オ) (　　　　　)

③ 下線(a), (b), (c)は何をさすか英語で書きなさい。　　　　　　（各5点）
(a) ＿＿＿＿＿＿＿　(b) ＿＿＿＿＿＿＿　(c) ＿＿＿＿＿＿＿

④ 空所 x, y, z に入れる適当な語を1語書きなさい。　　　　　　（各5点）
x ＿＿＿＿＿＿＿　y ＿＿＿＿＿＿＿　z ＿＿＿＿＿＿＿

⑤ 次の語の本文中における意味を a)〜d) から1つえらび，記号を書きなさい。　　　　　　　　　　　　　　　　　　　　　　　　　　（各5点）
1. fence　　a) tree　　b) glass　　c) house　　d) wall　　(　　)
2. mailbag　a) bag for girls　b) bag for letters　c) suitcase
　　　　　　d) a heavy bag　　　　　　　　　　　　　　　(　　)

⑥ 本文の内容と一致するものを a〜c から1つずつえらび，記号を書きなさい。　　　　　　　　　　　　　　　　　　　　　　　　　　（各5点）
1. The postman was angry at the boys because they (　　)
　a. wouldn't help him with the mail.
　b. asked for 10 shillings.
　c. leaned against his fence.
2. The doctor was surprised that Evans (　　)
　a. wasn't exercising his arm.
　b. was with the boys.
　c. paid them 10 shillings.
3. After the boys found out that Evans' arm was all right, they(　　)
　a. stopped helping him.

b. went on helping him.
　　c. didn't like him any more.

7　次のa〜dのことがらが本文に出てくる順序になるように並べかえ，記号を書きなさい。
（5点）
　　a. The boys decided that they would not lean against Evans' fence any more.
　　b. In April the boys and Evans met the doctor.
　　c. The boys made a slide outside Evans' house.
　　d. Evans went to the doctor's office.
　　〔　　　→　　　→　　　→　　　〕

8　次の5つの単語のうち，アクセントの位置が他の4つとちがうものをえらんで，その記号を書きなさい。
（5点）
　　ア．be-gan　イ．a-gain　ウ．of-fice　エ．a-gainst　オ．un-til

得点		評価		基準	A…85点以上　B…84点〜65点　C…64点以下	合格圏	75点

第45日

次の文を読んで，下の各問いに答えなさい。

　It was nearly midnight, and the last train to London was in the station. (1)The driver was just waiting for the signal to go down so that he could start, when three gentlemen appeared. They were talking very loudly, and none of them was able to walk straight, so the porters knew that they were drunk. (2)"You will have to be quick, gentlemen," one of the porters shouted. "The train is (a)(go) to leave in a few moments." The three gentlemen tried (b)(walk) faster, but (ア)they were still several yards from the train when it began to move. They (イ)started to run, and the porters came forward (c)(help) them. One porter managed to open the door of one of the last carriages, and two of the other porters succeeded in (d)(push) two of the drunken men in, but the third fell down, and before the porters could get him up and throw him into the carriage too, the train went away. They lifted the gentleman and dusted his trousers. Then one of the porters said to him, "We managed to get your friends into the train, sir, but we could not get you in, because you fell down. We are very sorry." "Yes," said the gentleman as he took a ticket out of his pocket and looked at it sadly, "and I'm very sorry, too—and (ウ)so are my friends probably. You see, they live here, and I only came down from London to spend the day with them. They just came to the station to (エ)say goodby to me when I went back to London in that train."

　（注）　signal [sígnəl] 信号, porter [pɔ́ːrtər] 駅の赤帽, manage [mǽnidʒ] やっと～できる, carriage [kǽridʒ] 客車, dust [dʌst] ほこりを払う

≪設　問≫

1 波線(ア)～(エ)と同じ意味になるように空所に1語を入れなさい。（各文5点）
(ア) They still (　　) (　　) walk several yards to the train.
(イ) started (　　)
(ウ) my friends (　　) probably very (　　), (　　)
(エ) see me (　　)

2 次の語の反対語を書きなさい。 (各5点)
(1) forward ＿＿＿＿　(2) faster ＿＿＿＿　(3) succeed ＿＿＿＿

3 次の語の正しい発音をア～エからえらび，記号を○でかこみなさい。
(各5点)
(1) straight　　ア．[streit]　イ．[strait]　ウ．[stri:t]　エ．[strout]
(2) have to　　ア．[hʌvtə]　イ．[hæftə]　ウ．[hʌftu:]　エ．[hæftu:]
(3) moment　　ア．[mɔ́:mənt]　イ．[mú:mənt]　ウ．[móumənt]
　　　　　　　エ．[máumənt]
(4) third　　　ア．[θʌ:rd]　イ．[θə:rd]　ウ．[ðə:rd]　エ．[ðiə:rd]

4 (a)～(d)の動詞をそれぞれ適当な形にかえなさい。 (各5点)
(a) ＿＿＿＿　(b) ＿＿＿＿　(c) ＿＿＿＿　(d) ＿＿＿＿

5 下線部(1)と(2)を日本文に訳しなさい。 (各5点)
(1) ＿＿＿＿＿＿＿＿＿＿＿＿＿＿＿＿＿＿＿＿＿＿＿＿＿＿
(2) ＿＿＿＿＿＿＿＿＿＿＿＿＿＿＿＿＿＿＿＿＿＿＿＿＿＿

6 下の日本文のうちから本文の内容にあうものを3つえらび，その番号を○でかこみなさい。
(各5点)
(1) この出来事はロンドンで起こった。
(2) ポーターは3人の酔っぱらいと顔見知りであった。
(3) ひとりの紳士が，ふたりの人の見送りにきた。
(4) ふたりの紳士は切符もないのに列車に乗せられた。
(5) ひとりの紳士はむだになった切符を見て悲しんだ。
(6) 3人が駅についたとき，列車は出たあとだった。
(7) ポーターは3人とも列車に乗る人だと思っていた。

得点	評価	基準	A…85点以上　B…84点～65点　C…64点以下	合格圏	75点

第46日

次のハチドリに関する英文を読んで，下の各問いに答えなさい。

What is the smallest bird in the world?

If you ①have never seen a hummingbird, you won't be able to guess. ②This bird is small enough to sit on a stem of grass.

A new baby hummingbird is no bigger than a large bee. You may even be able to put four baby hummingbirds into one small spoon.

The hummingbird is not only the smallest bird in the world. It is the only bird that can fly like a helicopter. It can fly straight up and down. It can fly backward as well as forward. And it can fly from side to side.

This smallest of all birds ③belongs to one of the largest bird families. There are more than ④300 different kinds of hummingbirds. In the United States we see only about 18 of these different kinds.

Many of these little birds make a humming sound ⑤with their wings. For this reason they get their name. The wings of a hummingbird move so fast that you cannot really see them. The bird seems to hang in the air ⑥as it feeds from a flower. Is it hard for this little bird to go to far places? Not at all. One kind of hummingbird flies thousands of miles. In the fall it goes south. In the spring it goes north. Its little wings carry it about a mile a minute.

You may think that so small a bird will be very much afraid of larger birds. But not the hummingbird! This little bird ⑦fights back with its long bill. It can fight back even an eagle!

You can train a hummingbird to eat out of your hand. ⑧It likes to feed on a thin syrup made of sugar and water.

The hummingbird lays two white eggs. They are about as large as little peas. The young hatch in two weeks. The mother feeds them every 15 minutes. In about three weeks the babies are ready to leave the nest. The young bird flies away without falling from its nest, as many birds do.

⑨The hummingbird is very small and very brave. It is also one of the most beautiful birds. It is so beautiful that people call it a

flying flower.
(注) stem（草の）くき, humming sound ぶんぶんいう音, feed（えさを）食べる，与える, bill くちばし, hatch（卵から）かえる

≪設　問≫

〔注意〕 選択問題は正しいものをえらんで，その記号を○でかこめばよい。

1　下線部①と同じ用法の現在完了は次のうちどれですか。　　（5点）
　ア．I have just finished my work.　　イ．My father has gone out.
　ウ．Have you ever been to Nikko?　　エ．I have known him long.

2　下線部③を日本語に訳した場合，前後の意味から考えて，もっとも適切なものは，次のうちどれですか。　　（5点）
　ア．～に飼われている　　イ．～に住む　　ウ．～に属する
　エ．～に関係がある

3　下線部④を英語でつづると，次のうち正しいものはどれですか。　（5点）
　ア．three handred　　イ．three handreds
　ウ．three hundred　　エ．three hundreds

4　下線部⑤と同じ用法の with は，次のうちどれですか。　　（5点）
　ア．I live in Tokyo with my parents.
　イ．Don't write with a pencil.
　ウ．A boy with a camera in his hand is standing at the door.
　エ．What is the matter with you?

5　下線部⑥と同じ用法の as は，次のうちどれですか。　　（5点）
　ア．He is not as tall as I.
　イ．Do as you are told.
　ウ．He sang as he walked.
　エ．As it was fine, I went out for a walk.

6　下線部⑦を日本語に訳した場合，前後の意味から考えて，もっとも適切なものは，次のうちどれですか。　　（5点）
　ア．争いをさける　　イ．背後で戦う　　ウ．逃げながら戦う
　エ．抵抗する

7　次の各単語で最も強く発音する部分の番号を○でかこんでありますが，まちがっているものが1つあります。どれですか。　　（5点）
　ア．①thou-②sand　　イ．①e-②nough　　ウ．①with-②out
　エ．①a-②way

8 次の各組で下線部と同じ音をもつ語がそれぞれ1つあります。どれですか。　　　　　　　　　　　　　　　　　　　　　　　　（各5点）
(1) n<u>a</u>me　（ア. s<u>ai</u>d　イ. fri<u>e</u>nd　ウ. br<u>ea</u>k　エ. m<u>a</u>ny）
(2) nor<u>th</u>　（ア. <u>th</u>ese　イ. ra<u>th</u>er　ウ. <u>th</u>ough　エ. <u>th</u>ought）

9 次の文のうち，本文と内容の一致しないものが3つあります。どれですか。　　　　　　　　　　　　　　　　　　　　　　　　（各5点）
ア. The hummingbird is smaller than any other bird in the world.
イ. There are more than 300 different kinds of hummingbirds in the United States.
ウ. The hummingbird can fly like a helicopter.
エ. The hummingbird can go to far places.
オ. While a hummingbird is flying, you cannot really see its wings.
カ. The hummingbird is very much afraid of larger birds.
キ. The hummingbird can fly about a mile a minute.
ク. The hummingbird cannot be trained to eat out of your hand.
ケ. The baby hummingbird can leave the nest in about three weeks.
コ. The hummingbird is called a flying flower.

10 下線部②と同じ意味になるように，次の文の□内に適切な単語を1つずつ入れなさい。　　　　　　　　　　　　　　　　　　　（各空所5点）
　　The bird is □ small that it □ sit on a stem of grass.

11 下線部⑧と同じ意味になるように，次の文の□内に適切な単語を1つ入れなさい。　　　　　　　　　　　　　　　　　　　　　（5点）
　　It is fond of □ on a thin syrup made of sugar and water.

12 eat の過去形を書きなさい。　　　　　　　　　　　　　（5点）

13 次の各語の反意語を書きなさい。　　　　　　　　　　（各5点）
(1) far （　　　　　）　(2) different （　　　　　　）

14 下線部⑨を How で始まる感嘆文にしなさい。　　　　　（5点）

15 次のことを英語であらわしなさい。　　　　　　　　　（5点）
　　私のいとこは私と背の高さが同じです。

得点	評価	基準	A…85点以上　B…84点〜65点　C…64点以下	合格圏	75点

第47日

次の文を読んで，下の各問いに答えなさい。

Early ①☐ the fall the apple tree in Billy's yard was full ②☐ apples.

After school one day some boys came with a basket to help Billy to pick the apples.

"Eat all you want," Billy told the boys. (1)"The apples you eat will be your pay for picking them."

"Oh!" said Jack as he climbed the tree. "We won't want any better pay."

The boys picked ③☐ dark, and they picked before school the next morning.

"We won't pick the apples ④☐ the top of the tree," Billy said.

"Father is afraid ⑤☐ us to climb so high. He pays Tom to climb up to the top and pick the apples there."

Soon Billy's sister started to school. So he told the boys to take some apples and hurry to school. "We don't want to be late," he said. Just then an apple fell off the tree. Down it fell into a basket.

The boys saw the apple in the basket. It was the biggest of all the apples.

Each boy wanted it, but Billy was ⑥☐ one who took it.

The other boys took some apples and ran off to school. All their pockets were filled ⑦☐ nice red apples. Their hands were full, too.

Billy just stayed there to push the big apples into his pocket.

He tried and tried, but that big apple would not go into his small side pocket.

His back pocket was bigger. So Billy tried to push the apple into that ⑧☐.

(2)At first the apple would not go in. But (3)Billy gave it another big push. At last it was in the pocket.

Billy ran all the way to school because he was afraid he would be late. But Billy was not late. He heard the second bell just as he came to his room.

  After the children sat down, they sang. Then Miss Gray told them a story, but Billy never heard the story. He was trying to do something about the apple.

  It made a big bump in his pocket, and he could not sit up very well.

  Soon the children opened their books and began to do their school work. But Billy could not read his book. He was busy ⑨□ to get the apple out of his pocket.

  Billy wiggled this way and ⑩□ way until Miss Gray came near him. He tried not to wiggle again. But he just had to get that apple out somehow.

  When Miss Gray looked at Billy again, he told her about the apple.

  "I am sorry," he said. "But the apple won't come out. Can you help me? You may have to cut my pocket, but I don't care."

  "Oh!" Miss Gray said, "I won't cut your pocket. I'll just cut the apple."

  So Miss Gray cut it and took it out.

  Then no one could call it the biggest apple again.

  (注) bump [bʌmp] 突き当たること，衝突，wiggle [wígl] (からだを) くねくね動かす

≪設　　問≫

1　①〜⑩の□内に入れる語を，下の各グループからえらび，その記号を○でかこみなさい。　　　　　　　　　　　　　　　　　（各5点）

① ｛ア in　イ at　ウ on　エ for ｝
② ｛ア with　イ about　ウ of　エ in ｝
③ ｛ア with　イ until　ウ by　エ to ｝
④ ｛ア against　イ for　ウ of　エ at ｝
⑤ ｛ア to　イ in　ウ of　エ for ｝
⑥ ｛ア a　イ an　ウ the　エ this ｝
⑦ ｛ア at　イ with　ウ of　エ in ｝
⑧ ｛ア one　イ ones　ウ it　エ that ｝
⑨ ｛ア try　イ to try　ウ trying　エ tried ｝
⑩ ｛ア one　イ another　ウ other　エ that ｝

2　次の問いに英語で答えなさい。書いてある語句から始めること。（各5点）
(1) ある日学校が終わってから，少年たちは Billy の庭に何をしにやって来ま

したか。
　　　They came _____.
(2) Gray 先生のお話を，なぜ Billy はきかなかったのですか。
　　　Because _____.
(3) なぜ Billy は学校まで走りつづけましたか。
　　　Because _____.
(4) 少年たちはリンゴが落ちてきたのを見たが，それはどのようなリンゴでしたか。
　　　It was _____.

3 次の訳文のうち正しいものをえらび，記号を○でかこみなさい。　(各5点)
(1) The apples you eat will be your pay for picking them.
　ア．あなたはお金を払ったのだから，そのリンゴをつみとって食べていいでしょう。
　イ．あなたはリンゴを食べていますが，それをつみとってくれた人にお金を払わなければなりません。
　ウ．そのリンゴはつみとる時にお金を払ったから，あなたは食べてもよい。
　エ．あなたが食べるリンゴは，それらをつみとることへのごほうびですよ。
(2) At first the apple would not go in.
　ア．最初はリンゴはポケットの中に入らないでしょう。
　イ．はじめのうちは，リンゴは入ろうとしないでしょう。
　ウ．最初はリンゴはポケットからこぼれるでしょう。
　エ．はじめのうちは，リンゴはどうしてもポケットに入らなかった。
(3) Billy gave it another big push.
　ア．Billy はもう一度強くひっぱりすぎた。
　イ．Billy は再び大きな打撃を与えた。
　ウ．Billy はそれをもう一度強く押しこんだ。
　エ．Billy は別のところでそれを強くひっぱった。

4 (1)～(3)の各単語群の中に，下線部の発音が他の3つと異なるものが1つずつあります。それをえらび，その記号を○でかこみなさい。　(各5点)
(1)　ア．afr<u>ai</u>d　イ．s<u>ai</u>d　ウ．s<u>ay</u>　エ．st<u>ay</u>
(2)　ア．r<u>a</u>n　イ．l<u>a</u>te　ウ．c<u>a</u>me　エ．g<u>a</u>ve
(3)　ア．<u>ear</u>ly　イ．w<u>or</u>k　ウ．h<u>ear</u>d　エ．st<u>or</u>y

得点	評価	基準		合格圏	75点
		A…85点以上　B…84点〜65点　C…64点以下			

第48日

次の文を読んで，下の各問いに答えなさい。

It was about 7 : 45 on a Thursday morning in October. It was rather cold, but the sky was clear. Mrs. Baker was driving her husband to the railway station. Usually, Mr. Baker drove to the station himself and parked the car there. Then he took the train to the city. But today (a)Mrs. Baker needed the car in order to go shopping in the afternoon.

The Bakers lived in a small town near New York. Mr. Baker's office was in the city, and he went there every day by train. They got to the station at five minutes to eight. Mr. Baker said good-bye to his wife and got out of the car.

Mr. Baker's train was to arrive at 7 : 58. He bought a newspaper and reached the platform just as the train stopped. It was on time. Mr. Baker got on the train, sat down, and started to read his newspaper.

After about forty minutes the train stopped at the great railway station. All the people got off the train and walked toward the stairs leading to the street.

His office was about two miles from the station. Sometimes he took a taxi from the station, but most of the time he rode the subway. The subway was noisy and uneasy, but it had two good points: it was fast, and it was cheap.

A subway train came along at once. It was quite crowded, and Mr. Baker had to stand. While he held on to a post with one hand, he opened his newspaper and started to read again. It was difficult for him to talk to, even if he met anyone he knew on the train. Because the train made a big noise as it rushed through the tunnel.

The fourth time the train stopped, Mr. Baker got off. He pushed his way through the crowd, and he went up the stairs, and then he was on the street. There were tall buildings all around.

(b)Mr. Baker entered the building at the corner and waited for an elevator. In a few minutes he got on an elevator with about a dozen other people. When it reached the thirty-fourth floor of the building, Mr. Baker got out. At last he was in his office. He sat down at his desk. It was one minute to nine.

At one o'clock he went out for lunch with two of his friends from the office. They walked to a restaurant not far (A)[____] the office building. They enjoyed (B)[____] outdoors in the bright sunshine. At a quarter past two Mr. Baker went back to his office. ⓒHe stayed there for the rest of the afternoon.

At five o'clock he left his office and began the trip home. He took the elevator down to the street, got on the subway, rode to the railway station, and got on another train. As the train took him out of the city, he thought: "I'm glad tomorrow is Friday. Only one more workday this week. What shall we do this weekend? We (C)[____] waste this good weather, ⓓIt will be nice to go out into the country."

Mrs. Baker was waiting (D)[____] him with the car (E)[____] he got to the station in the town.

(注) park [pɑːrk] 駐車する, subway [sʌ́bwei] 地下鉄, post [poust] 柱, tunnel [tʌ́nl] トンネル, dozen [dʌ́zn] 12, waste [weist] むだにする

≪設　問≫

I　次の8つの文のうち，その内容が上の文の内容と一致しているものには○を，一致していないものには×をつけなさい。　　　　　　　　（各5点）

ア. (　) The day was cold and cloudy.
イ. (　) Mr. Baker's office was in New York City.
ウ. (　) Usually Mrs. Baker drove her husband to the railway station.
エ. (　) When Mr. Baker arrived at the station, he had less than five minutes left before the train arrived.
オ. (　) Mr. Baker usually took the subway to his office because it was cheap and fast.
カ. (　) Even if he met anyone he knew on the subway train, talking with each other wasn't easy because the train was so crowded.
キ. (　) When he got on an elevator, more than twenty people were with him in it.

ク．（　） It took him more than an hour to reach his office from home.

2 本文中の下線部，ⓑ，ⓓの文を読むのに，途中で1か所くぎるとすれば，どこでくぎるのがもっとも適当ですか。その箇所の番号をそれぞれ○でかこみなさい。　　　　　　　　　　　　　　　　　　　　　　　（各5点）

ⓑ Mr. Baker entered the building at the corner and waited for an
　　　1　　　2　　　　3　　4　　　　5　　6　　　7
elevator.

ⓓ It will be nice to go out into the country.
　　1　　2　　3　　4　　5　　6　　7　　8

3 本文中の下線部ⓐ，ⓒの意味を書きなさい。　　　　　　　　（各5点）

ⓐ ＿＿＿＿＿＿＿＿＿＿＿＿＿＿＿＿＿＿＿＿＿＿＿＿＿＿＿＿＿

ⓒ ＿＿＿＿＿＿＿＿＿＿＿＿＿＿＿＿＿＿＿＿＿＿＿＿＿＿＿＿＿

4 本文中の(A)□から(E)□までの中に入れるべきもっとも適当な語を，次から1つずつえらび，その記号を入れなさい。　　　　　　（各5点）

ア．more　イ．to　ウ．which　エ．being　オ．when　カ．been
キ．must　ク．from　ケ．for　コ．mustn't

5 次の(1)〜(3)の各語について，もっとも強く発音する部分の記号を○でかこみなさい。　　　　　　　　　　　　　　　　　　　　　　（各5点）

(1) news-pa-per　　(2) res-tau-rant　　(3) un-eas-y
　　ア　イ　ウ　　　　　ア　イ　ウ　　　　　ア　イ　ウ

得点	評価	基準	A…85点以上　B…84点〜65点　C…64点以下	合格圏	75点

現在完了の用法について

(1) 完了（〜したところ）……already, just, yet などの副詞がよくつく。
　　I have just written a letter. （書き終わったところ）
(2) 経験（〜したことがある）……ever, never, often, before などの付属語がつくことが多い。
　　Have you ever been to London? （行ったことがありますか）
(3) 継続（ずっと〜だ）……since 〜, for 〜 の語句をともなう。
　　He has been ill since last week. （ずっと病気だ）
(4) 結果（〜していま〜だ）……have gone, have come, have lost として用いることが多い。
　　I have lost my pen. （なくしていま持っていない）

第49日

次の文を読んで，下の各問いに答えなさい。

　Daddy hired a car one day and took Alison and John for a long drive out of San Francisco. When they left the big city, they found the road was lined for many miles with orange groves loaded with ①delicious looking fruit.

　"Here's ②something for your notebook, John, my boy," said Daddy. "California produces a lot of oranges, grapefruit, and all citrus fruits."

　"It's the lovely climate, I suppose," said Alison.

　"And something else——gold. They discovered gold in California a hundred years ago and people ③poured in from all over America and from all over the world to get ④fortunes quickly. They were pretty ⑤rough types who came, and for ten years ⑥it was all very ugly, and lawless. But in time ⑦order was established. Anyhow, California has gold and golden sunshine."

　"And the Golden Gate Bridge of San Francisco," said John.

　The road climbed up into mountainous country. After a while Alison said suddenly. "Daddy, look at those trees! Just look at them!"

　⑧"They are the very trees I've wanted you to see," said Daddy. "They're the American redwood. People say that America is a new country, but ⑨it has the oldest living things in the world, these redwood trees. ⑩Some of them are from two to three thousand years old and more than three-hundred feet tall, nearly as high as St. Paul's Cathedral."

　John pointed ahead and said, "Look at that one. There's a tunnel cut into it and the road goes through it."

　"And ⑪we're going to drive through it. ⑫Here we go!"

　(注)　hire [háiər] 借りる，be lined with 〜が並んでいる，grove [grouv] 木立ち，load [loud] 重たくなる，citrus [sítrəs] かんきつ類，climate [kláimit] 気候，establish [istǽbliʃ] 確立する，redwood [rédwud] アメリカ杉，St. Paul's Cathedral [seint pɔ:lz kəθí:drəl] 聖パウロ寺院

≪設　問≫

[1] 次の各問いに英語で答えなさい。　　　　　　　　　（各5点）
(1) Who took Alison and John for a long drive out of San Francisco?

(2) What was discovered in California a hundred years ago?

(3) "Mountainous" is an adjective. What is the noun of the word?

(4) Have you ever seen the Golden Gate Bridge of San Francisco in a picture?

(5) Would you like to visit California in the future?

[2] 下線②，③，④，⑤，⑦，⑧，⑪，⑫の部分の意味として，次にかかげた日本語のうちどれがもっとも適当ですか。1つずつえらんで，その記号を○でかこみなさい。　　　　　　　　　（各5点）

② ア）何か　イ）あること　ウ）多少のもの　エ）価値のあるもの　オ）偉いひと
③ ア）注ぎ込んだ　イ）殺到した　ウ）どしゃぶりに降った　エ）浪費した　オ）流れ出た
④ ア）幸運　イ）幸福　ウ）財産　エ）運命　オ）繁栄
⑤ ア）乱暴な人たち　イ）ずるい人たち　ウ）正直な人たち　エ）かしこい人たち　オ）金もうけのうまい人たち
⑦ ア）注文　イ）順序　ウ）命令　エ）等級　オ）秩序
⑧ ア）それらこそわたしがお前たちに見せてあげたいと思っていた木なんだよ。
　　イ）それらはわたしがほしいと思っていた木だが，お前たちも見たいかね。
　　ウ）お前たちが見ている木はわたしがほしかったものだよ。
　　エ）それらはわたしもお前たちといっしょに見たかった木だよ。
　　オ）それらはわたしたちが見たいと思っていたとてもよい木だ。
⑪ ア）私たちはそこを車で通り抜けるために行くのですよ。
　　イ）私たちはそこを車で通り抜けているところなのですよ。
　　ウ）私たちはそこを車で通り抜けなければならないのですよ。

エ）私たちはそこを車で通り抜けようとしているのですよ。
オ）私たちはそこを車で通り抜けた方がいいでしょう。
⑫　ア）ここを私たちは通ります。
　　イ）そら通るよ。
　　ウ）ここから私たちは行きます。
　　エ）こんなところを通るなんて。
　　オ）さあ出発だ。

3 下線⑥および⑨の it は何をさすか，文中の語で答えなさい。　　（各5点）

⑥ _____

⑨ _____

4 下線①および⑩の部分を日本語にしなさい。　　（各5点）

① _____

⑩ _____

5 次の各語について，もっとも強める部分の記号を〇でかこみなさい。
（各5点）

(1)　sud-den-ly　　(2)　de-li-cious　　(3)　Cal-i-for-nia
　　 ア　イ　ウ　　　　 ア　イ　ウ　　　　 ア　イ　ウ　エ

得点		評価		基準	A…85点以上　B…84点〜65点　C…64点以下	合格圏	75点

「be＋形容詞（または分詞）＋前置詞」の連語

この形の連語は入試によく出されるので，次のようなまとめをしておくことがたいせつ。

be good at（〜がじょうず）　　be fond of（〜が好きだ）
be afraid of（〜を恐れる）　　be full of（〜でいっぱいだ）
be able to（〜できる）　　be proud of（〜を誇りに思う）
be late for（〜におくれる）　　be absent from（〜を欠席する）
be different from（〜とちがう）　　be famous for（〜で有名だ）
be going to（〜しようとしている）　　be covered with（〜でおおわれる）
be interested in（〜に興味がある）　　be known to（〜に知られている）
be made of＋材料　　be made from＋原料（〜から作られる）
be filled with（〜でみたされる）

第50日

次の文を読んで、下の各問いに答えなさい。

A strange thing happened to me last Sunday. The day was so lovely that I decided to go for a leisurely drive in the country.

On the way back home, my motor-car stopped. (ア)I was out of gasoline on a lonely road far from a town. I decided to walk until I found someone who could sell me a gallon or two of gasoline.

I went on (イ)(walk) almost a mile, and I finally found a big house near the road. I was glad to see it because (ウ)it was starting to get dark.

I knocked on the door and a little old lady with long white hair answered. She said, "I haven't (エ)(see) you for a long time. Come in. Tea is almost ready."

"But I only came (オ)for some gasoline," I answered. I couldn't understand what she was talking about.

"Oh, Alfred! Gasoline? You want tea, (カ)_____ you?"

I quickly explained that my car was out of gasoline, but she didn't seem (キ)to hear me. She just kept calling me Alfred and (ク)(talk) about how she wished to see me. She was behaving very strangely. I felt uneasy and wanted to leave. As soon as she went to get the tea, I ran out of the house (ケ)(　　) (　　) (　　) (　　) (　　).

Fortunately, there was another house down the road, and I was able to buy several gallons of gasoline. When I told the man about (コ)my experience, he said, "Oh, that's Miss (サ)Emily. She lives (シ)by herself in that big house. She's peculiar, but (ス)she never hurts anyone. She's still waiting for the man she was going to marry thirty years ago. The day before their wedding he went away and never came back."

(注) leisurely [líːʒərli] 気長に, explain [ikspléin] 説明する, behave [bihéiv] ふるまう, strangely [stréindʒli] 奇妙に, fortunately [fɔ́ːrtʃənitli] 運よく, peculiar [pikjúːljər] 風変わりな

≪設問≫

1 下線部(ア)，(ス)を日本文になおしなさい。　　　　(各5点)
(ア) _____
(ス) _____

2 下線部(イ) (walk) (エ) (see) (ク) (talk) をそれぞれの文にあうよう，適当な形になおしなさい。　　　　(各5点)
(イ) _____　(エ) _____　(ク) _____

3 下線部(ウ)の it と同じ用法を下からえらび，記号を○でかこみなさい。
ア．It is getting warmer day by day.　　　　(5点)
イ．It is already light at half past four in the morning.
ウ．It is wrong to tell a lie.
エ．It is only five minutes' walk.

4 下線部(オ)の for some gasoline と同じ意味をあらわすものを下からえらび，記号を○でかこみなさい。　　　　(5点)
ア．to sell some gasoline
イ．to make some gasoline
ウ．to use some gasoline
エ．to get some gasoline

5 下線部(カ)に適する語を1つ入れなさい。　　　　(5点)
_____

6 下線部(シ)の by herself の意味を書きなさい。　　　　(5点)
_____

7 下線部(キ)の hear me の内容をあらわす英文を本文からぬき出しなさい。
_____　　　　(5点)

8 下線部(ケ)の空所をうめ，「できるだけ速く」という英文にしなさい。(5点)
_____

9 下線部(コ)の my experience (私の経験) の内容をあらわす下の日本文から，正しいものを1つえらび，その記号を○でかこみなさい。　　　　(5点)
ア．車にガソリンを入れてもらうため，ある店に入ったら，そこの老婦人に身上話をきかされ，そのうえお茶をごちそうになった。
イ．あるガソリンスタンドで，そこの老婦人にアルフレッドという人とまちがえられて面くらったが，なんとかお茶をにごして店を出た。

ウ．ガソリンを売りに，ある店に入ったら，そこの老婦人が私の友人アルフレッドを知っていて，思いがけなく話がはずんだ。
エ．車のガソリンがきれて，ガソリンを買いに入った家で，そこの老婦人の言っていることやふるまいがどうもおかしいので，お茶を出される前にすきをみて逃げだした。

10　下線部(サ)の Emily についての下の説明文のうち，本文にあっているものを1つえらび，その記号を○でかこみなさい。　　　　　　　　（5点）
ア．体つきのがっしりした長い白髪の老婦人。
イ．だれにでもお茶をだして世間話をするのが好き。
ウ．30年前結婚したアルフレッドの帰りを待ちつづけている。
エ．私をアルフレッドと思いこんでいる。
オ．道路から奥まった大きな家に住んでいる。
カ．話相手になってくれない人には乱暴する。

11　次の各文を意味をかえずに書きかえるには，下の文の空所にどんな語を入れますか。1語ずつ書き入れなさい。　　　　　　　　　　（各文5点）
(1) ┌ I decided to walk.
　　└ I _____ _____ _____ _____ to walk.
(2) ┌ I was able to buy it.
　　└ I _____ buy it.
(3) ┌ She lived by herself.
　　└ She lived _____.

12　次のことを英語であらわしなさい。　　　　　　　　　　　　（各5点）
(1) 私たちは水をきらせてしまった。

(2) 彼らは3年前に結婚しました。

(3) 私は長い黒い髪をした若い婦人にあった。（with を使って）

(4) 彼はとても親切だったので，みんなにかわいがられた。

得点	評価	基準	A…85点以上　B…84点〜65点　C…64点以下	合格圏	75点

第51日

次の文を読んで，下の各問いに答えなさい。

I always thought that a man who was wise and good would become rich, but this year I have learned that ①this is not always true. I learned this from my teacher. He is both wise and good, but is not rich at all. ②Perhaps he'll be able to get more money if he gives up teaching for business. But he is so proud of being a teacher that he takes pleasure in (ア)helping young people. He stays at school from morning till late afternoon and works very hard. He always smiles at us when (イ)we go to ask him for help. ③He is kinder to us than anyone whom I've ever known. ④I think it must be easier to learn history or mathematics than to learn how to become such a man. He scolds us when we do something wrong, but (ウ)it teaches us to try to do better. He never allows us to do everything (エ)☐ we want. We all wish to study with him as long as possible, but that may be impossible. Some of us may become doctors, some (オ)☐ businessmen, some (オ)☐ engineers, some (オ)☐ writers, but we all want one thing very much―― (カ)to become men like our teacher.

(注) pleasure [pléʒər] 楽しみ, scold [skould] 叱る, allow [əláu] 許す

≪設　問≫

1　――線部①，②，③，④の意味を書きなさい。　　　　　(各5点)

① _____
② _____
③ _____
④ _____

2　下線(イ)の 'we' はだれのことですか。次の中からえらび，その記号を○でかこみなさい。　　　　　(5点)

ア．my teacher and I 　　　イ．my father and I
ウ．my teacher, my father and I 　　　エ．his students
オ．people

3 下線(ウ)の 'it' は何をさしていますか。さしている箇所を英語で書きなさい。　　　　　　　　　　　　　　　　　　　　　　　　（5点）
　_____

4 (エ)の空所に省略されている語を入れなさい。　　（5点）
　_____

5 (オ)にはそれぞれ同じことばが省略されています。それらを書きなさい。
　_____　　　　　　（5点）

6 下線(ア)の 'helping' と同じ使い方の helping を下からえらび，その記号を○でかこみなさい。　　　　　　　　　　　　　　　　　　（5点）
ア．He likes helping poor people.
イ．He was kind enough to lend me a helping hand.
ウ．They are proud of helping each other.
エ．He is helping me to do my homework.

7 下線(カ)と同じ使い方の不定詞を下からえらび，その記号を○でかこみなさい。　　　　　　　　　　　　　　　　　　　　　　　　（5点）
ア．She tried to be more careful.
イ．I went to the station to see him.
ウ．The best way to master English is to go to America.
エ．He was too tired to sleep.

8 下の(1)～(8)の各群から本文の内容にあっている文を1つずつえらび，その記号を○でかこみなさい。　　　　　　　　　　　　　　（各5点）
(1) a．I think that a man who is wise and good will become rich.
　　b．Everyone knows that a man who is wise and good will become rich.
　　c．I think that no one who is wise and good will become rich.
　　d．Some men who are wise and good may become rich.
(2) a．My teacher is wise and good and rich.
　　b．My teacher is rich, but not wise and good.
　　c．My teacher is not rich, though he is wise and good.
　　d．My teacher asked me, "Who is wise and good?"
(3) a．My teacher doesn't have much money because he was a businessman.
　　b．He has a lot of money because he was a businessman.
　　c．He doesn't have much money, and he isn't a businessman.
　　d．He helps students to become teachers.

(4) a. My teacher always scolds.
　b. He never scolds us.
　c. He is sometimes kind to us.
　d. He is very kind to us.
(5) a. It is wrong for our teacher to scold us.
　b. He scolds us when he is wrong.
　c. We scold him when he is wrong.
　d. His scolding is good for us.
(6) a. He doesn't allow us to do everything we want.
　b. He has to do everything we want him to do.
　c. Doing everything we want isn't always good for us.
　d. We aren't happy because we are always scolded.
(7) a. My thinking about wise men has changed.
　b. My thinking about wise men has always been right.
　c. He wants us to be good teachers.
　d. I want to be wise, good, and rich like my teacher.
(8) a. He smiles at us because he stays at school for a long time each day.
　b. He smiles at us even though he works hard all day.
　c. He only smiles while he is at school.
　d. He is still smiling at us.

9　各語について，もっとも強める部分の記号を〇でかこみなさい。（各5点）

(1) busi-ness-man
　　ア　イ　ウ

(2) math-e-mat-ics
　　ア　イ　ウ　エ

次の文を読んで，下の各問いに答えなさい。

She looked round the room. There were a lot of photographs on the walls. They were all of Dr. McCall. One showed him with a gun. He was standing beside a dead animal. Another showed him with a group of Africans. What kind of man was he?

'Don't forget. (1)You must drink a lot of water here, or you'll become ill. Wash all fruit before you eat it. And always (ア) a hat when you go out in the sun.'

(2)Teresa felt that she was back at school. 'Must, must not, do this, don't do that... Was it a mistake to come here and work for Dr. McCall?' she thought.

The doctor suddenly smiled. 'I'm sure we'll work well together, Teresa. Your father and I are very good friends. I want to look after you. Sometimes Africa is a difficult country. Beautiful, interesting, but also dangerous.'

Now she understood. He was just worried about her. But she was eighteen and she was old enough to look after herself. And she had read her father's books about Kenya. She knew a lot.

'Tell me about your work, Dr. McCall.'

He went to the door and looked outside. Then he locked it.

'Now, I'm going to tell you a secret. No one here in the hospital knows anything about it.'

'No one?' Teresa nearly laughed. This was just like a James Bond story.

He spoke quietly. 'I've discovered a medicine woman near Lake Victoria who can prevent a terrible sickness. No one else knows about her. Only me.'

'What is the sickness?' Teresa asked.

'It's river blindness. Many Africans (イ) it when they are babies. Slowly... very slowly they (3)go blind. There are hundreds and thousands of men, women and children with the sickness. Think about it... Thousands of people cannot see.'

'How do they get it?' Teresa felt sad.

'A little fly that lives in rivers bites people. The fly leaves an egg in the bite, and this becomes a tiny worm. This worm gets into the blood and moves through the body... to the feet, legs, head, everywhere. It attacks the eyes and, very slowly, the person goes blind. The eyes become red and tired, and under a microscope you can see silver lines in them. The lines are the sign of river blindness.'

Teresa felt terrible. 'How do the people live?'

'In many villages, nearly everyone is blind. The young children can see. They have to hold the hands of the blind people.'

'That's a very difficult life.'

'Yes, but they help each other. It's more difficult for us. When you live in a city, people don't help each other.'

Dr. McCall took off his glasses. His eyes looked strange, Teresa thought. What was the matter with him? 'Can this medicine woman cure these blind people?' she asked.

'No. She can't cure them. When soneone has river blindness, no doctor or medicine woman can cure it.'

'But what does she do?' asked Teresa.

'She's found a special flower. She gives it to the babies. Then they don't get river blindness.'

Teresa was excited. 'That's wonderful!... But what is my job, doctor?' she asked.

'I can't speak Nandi and you can. I want you to come with me to the forest. You must talk to this medicine woman for me.'

'But why me? Why don't you use a Kenyan?' asked Teresa.

'Because I want it to be a secret. And you don't know anyone here.'

(注) prevent 防ぐ　　a medicine woman 女性のまじない師　　worm 虫
　　　cure 直す　　Nandi ケニア言語のひとつ　　fly ハエ
　　　bite (動) かむ, (名) 傷口

<設　問>

1　本文中の空所(ア), (イ)に入るもっとも適切な語を, 1～6の中から選び, その番号を ( ) に入れなさい。　　　　　　　　　　　　　　　　(各5点)
1. run　2. catch　3. put　4. make　5. wear　6. set
(ア) (　)　　(イ) (　)

2 次の問いに対する答えとなるように，（ ）の中に本文中よりそれぞれもっとも適切な1語を抜き出して入れなさい。　　　（両空所正解で各5点）
(a) Why is the sickness in the story called river blindness?
　（答） Because it is caused by the (　　) of a little (　　) that lives in rivers.
(b) Who helps the blind people of many villages in Kenya?
　（答） The young (　　) do, thinking it is their (　　).
(c) What is the clear sign of river blindness?
　（答） It is (　　) (　　) that appear in the eyes.

3 下線部(1)とほぼ同じ意味になるように（ ）の中にそれぞれ適切な1語を入れなさい。　　　（両空所正解で5点）
You must drink a lot of water here, or you'll become ill.
=(　　) you (　　) drink a lot of water here, you'll become ill.

4 なぜ Teresa は下線部(2)のように感じたのか。それに対するもっとも適切と思われる答えを，次のア〜エより1つ選び，その記号を○でかこみなさい。　　　（5点）
ア．Dr. McCall の下で新たに医学を勉強したいと思ったので
イ．いろいろな注意事項を聞かされて，まるで学生時代に先生から注意を受けているような気がしたので
ウ．再び学校に戻って勉強したいと思ったので
エ．学生時代のように再び勉学の意欲が湧きあがって来るのを感じたので

5 下線部(3)と同じ用法の go を含む文を，次のア〜エの中から1つ選び，その記号を○でかこみなさい。　　　（5点）
ア．There goes the bell.
イ．You have no time to go shopping.
ウ．This highway goes to New York.
エ．Milk goes bad easily in summer.

6 本文中の表現を参考にして，次の日本文とほぼ同じ意味になるように，（ ）の中にそれぞれ適切な1語を入れなさい。（頭文字の与えられているものは，その文字で始まる語を書きなさい。）　　　（両空所正解で5点）
私の息子は，もうこの薬が飲めてもよい年頃だ。
My son is old (　　) to (t　　) this medicine.

7 次の文は Dr. McCall の心中を推測したものである。(1)～(11)の（ ）の中に，それぞれ与えられた頭文字で始まるもっとも適切な1語を入れなさい。

(各5点)

　As Teresa is the daughter of my good friend, I think I should take very good ⁽¹⁾(c　　) of her. First of all, I should give her some important advice about ⁽²⁾(h　　) to live in Africa. She has to drink a lot of water every day. She must also wash any and every kind of fruit when she eats it. What else must I tell her? Oh, I must let her know ⁽³⁾(w　　) a hat when going out is necessary, too. Anyway, I have to teach her Africa is not ⁽⁴⁾(o　　) a beautiful, interesting continent, but also a dangerous one. Well, if she ⁽⁵⁾(k　　) my advice in mind, she will be free ⁽⁶⁾(f　　) African sicknesses and lead a healthy ⁽⁷⁾(l　　). Then she will be a great help to me. Most important of all, she can speak Nandi, the ⁽⁸⁾(l　　) of the Kenyan medicine woman I have to see. This woman has found out a magical flower that can prevent the terrible local illness, river blindness. This sickness has already caused many African people to go blind. I must talk with her about this flower at any price. That's why I need Teresa's help very much. There is another point in asking her to help me. Since she is ⁽⁹⁾(n　　) to this place, she has ⁽¹⁰⁾(f　　) friends here. So there is little chance of her telling other people about my ⁽¹¹⁾(d　　) of this medicine woman. I don't want this fact to be widely known.

---

as の用法

　as にはいろいろな意味があるので，接続詞の問題としてよく入試に出される。
　　<u>As</u> he was ill, he couldn't go. （病気だったので）
　　We sang <u>as</u> we walked home. （家へ歩きながら）
　　Do <u>as</u> I tell you. （私があなたに言うように）
　　He said good-by <u>as</u> the train started. （列車が出たとき）
　　　（注）前置詞として働く as は「～として」という意味。as のあとに文がこないのですぐわかる。
　　He is famous <u>as</u> a pianist. （ピアニストとして）

第53日

次の文を読んで，下の各問いに答えなさい。

A large number of rats once lived in an old farm building. Among them was a young rat (1) Fatty. He was called Fatty because he was so fat. He was very lazy and couldn't ever make up his mind. When other rats used to ask him what he wanted to do, he used to answer, "I don't know."

His uncle did not like to see the young rat so (2), and used to be very (3) with him. He used to say to him, "You ought to be (4) of (5) so lazy. Nobody (6) for lazy people."

And then his aunt used to say, "Dear Fatty, if you don't learn to make up your mind, nobody will ever love you."

The young rat used to listen to them, but never answered. The more his uncle and aunt talked to him, (7)the less the young rat seemed able to decide anything.

The building in which the rats lived was so old that (8)the wind used to shake it every time it blew. (9)The wood was almost too old and weak to support the roof.

The rats began to feel frightened. So the chief of the rats called all the (10)_____ together and (11)they held a meeting. After some discussion it was decided to (12)_____ a small party to find a newer and safer (13)_____ to live in.

The party came back the next day and said that they had found a splendid new home not far distant. There would be plenty of (14)_____ for them all, and they would be able to live there in safety and comfort.

The chief was very pleased to hear the good news, and said, "(15)There's nothing to prevent us from moving into our new home tonight. Are you all willing to start?"

All the rats said that they were willing to start that night, and got ready to leave.

All the rats except Fatty were standing in a long line ready to start their journey. Fatty was not quite in the line, and yet he was not quite out of it; he was just standing beside it.

"Well, Fatty, aren't you coming with us?" asked the chief.

"I can't exactly make up my mind," answered Fatty. "It may be rather dangerous to stay here. I don't quite know what to do."

"Then come with us, you silly fellow!" said the chief.

"But the place may not fall down just yet," answered Fatty. "Besides, I feel rather sleepy. I think (16)I would rather go back to my hole and enjoy a little rest."

"In that case we must go without you," said the chief. "We dare not wait any longer. Either you are coming with us or you are staying here." Then he gave the order: "Forward! Quick march!"

So the whole company of rats marched off towards their new home, and Fatty watched them (17)(1) they were (2) of (3).

That night there was a terrible storm, and suddenly the old building fell down.

The next morning was bright and sunny. The farmer and his men came to see what had happened. They thought it strange not to see any rats there. The farmer said, "This place used to be full of rats; I wonder where they've all gone."

A few moments later one of the men saw a young rat (18)(1. lie 2. lain 3. lying 4. lay 5. laid 6. laying) close to a heap of stones. It was quite dead. It was not quite in its hole and not quite out of it. You can easily guess which rat this was.

So you see, the young rat was killed because (19)(he/ his/ the/ to/ up/ wouldn't/ make/ take/ mind/ trouble). (20)(he/ his/ it/ own/ that/ was/ died/ fault).

≪設　　問≫

☐1　空所(1), (5), (6)に補うべき適切な語形の動詞を書きなさい。　　（各5点）
　　(1) _____　　(5) _____　　(6) _____

☐2　空所(2), (3), (4)に補うべき適切な形容詞を次から選び、その記号を記入しなさい。　　（各5点）
　　　　A. angry　　B. ashamed　　C. helpless
　　(2) (　)　　(3) (　)　　(4) (　)

3　下線部(7)を和訳しなさい。　　　　　　　　　　　　　　（5点）

4　下線部(8), (9), (11), (15)を次のように書きかえた場合に，空所に補う適語を記入しなさい。　　　　　　　　　　　　　　　　　　　　　（各5点）
(8)　(　　　) the wind blew, it used to shake it.
(9)　The wood was so old and weak that it could (　　　) support the roof.
(11)　a meeting (　　　) place.
(15)　There's nothing to make it (　　　) for us to move into our new home tonight.

5　空所(10), (12), (13), (14)と，次の(10), (12), (13), (14)の空所に共通して補うことのできる適語をそれぞれ記入しなさい。　　　　　　　　　　　（各5点）
(10)　A man is known by the ＿＿＿＿＿ he keeps.
(12)　He used to ＿＿＿＿＿ his son for the doctor.
(13)　In that city buses will soon take the ＿＿＿＿＿ of streetcars.
(14)　He made ＿＿＿＿＿ for an old man on the crowded train.

6　下線部(16)から判断して，空所に3語を補って，そのときの Fatty の気持ちを要約する次の文を完成しなさい。　　　　　　　（3語で5点）
　　I would rather (　　　) (　　　) (　　　).

7　下線部(17)が「彼らが見えなくなるまで」という意味になるように，各空所に補うべき適語を記入しなさい。　　　　　　　　　　　（3語で5点）
(1) ＿＿＿＿＿　　(2) ＿＿＿＿＿　　(3) ＿＿＿＿＿

8　(18)のかっこ内のもっとも適切な語の番号を記入しなさい。　（5点）
　　　　　　　　　　　　　　　　　　　　　　　　（　　　）

9　(19), (20)のかっこ内の語を文意が通るように並べかえた場合に，それぞれ5番目にくる語を書きなさい。なお，文頭にくる語も小文字で示してあります。
　　　　　　　　　　　　　　　　　　　　　　　　　　（各5点）
(19) ＿＿＿＿＿　　(20) ＿＿＿＿＿

| 得点 | | 評価 | | 基準 | A…85点以上　B…84点〜65点　C…64点以下 | 合格圏 | 75点 |

第54日

次の文を読んで，下の各問いに答えなさい。

After Mozart's death, Beethoven studied under Haydn, but Haydn did not like him. Beethoven [①] from a poor home. His father drank until the end of his life and was now dead. His mother was dead too. ②He had little money of his own. But Vienna was a rich place, and ③its people were not like Beethoven. He did not understand or like them. When they spoke gently, he did not. When they took off their hats to great men in the streets, [④].

He was never afraid of ⑤showing his feelings. Once when he was playing at a rich man's house, one of the listeners, a man of good family, was talking to a girl. He liked girls more than music, and he did not stop when Beethoven started to play. The voice was not a quiet one, and ⑥Beethoven could hear well in those days.

The music stopped in the middle and Beethoven stood up. "I do not play for animals of this kind!" he cried. "No! ⑦Not for animals!" Then he walked out.

To make money, he had to teach, and in the great houses he taught numbers of young ladies who wished to play; but of course they were often careless because music was not important to them. When they played badly, their teacher did not hide ⑧the truth. He told them openly that they were playing badly, that they must never hope to play well, and that he was wasting his time. ⑨Sometimes he took the music from the hand of the poor girls, pulled it [⑩] pieces, threw the pieces on the floor, and jumped on them. Then he walked out of the house, and ⑪came back only when he wanted to come. Their wishes were nothing to him.

Even in those days the world knew that he was a great man, but he was also [⑫]. Once he paid for a dinner which he did not order and did not eat. [⑬] he paid. Sometimes, when he went out to dinner, he thought that his place at the table was too low. Then he grew very angry and said that he did not want to be thought a servant. Why was he not a gentler and quieter man?

　He was sick. In early life he did not always have enough ⑭to eat and he was not as strong as other men. Often at his father's house he needed a doctor ; ⑮but a visit to a doctor in those days cost money, and he did not go. He had other troubles.

　He began to lose his hearing. In 1796 he began to notice it. 〔 ⑯ 〕 he could not hear much. When he was fifty, he could hear nothing at all. But he never gave up music. ⑰His whole life was given to music: there was nothing else in it.

≪設　　問≫

1　〔①〕に入るもっとも適当な語または語句を選び，その記号を〇でかこみなさい。　　　　　　　　　　　　　　　　　　　　　　（5点）
　ア．is　　　　　　イ．came　　　　　ウ．studied music
　エ．was born　　　オ．started

2　下線部②の英文の訳としてもっとも適当なものを選び，その記号を〇でかこみなさい。　　　　　　　　　　　　　　　　　　　　　　（5点）
　ア．彼には少しばかり自分のお金があった。
　イ．彼がもっていたわずかなお金は自分のものであった。
　ウ．彼には自分のお金はほとんどなかった。
　エ．彼には母親が残してくれたお金が少しありました。
　オ．彼は自分のお金はほとんどなくしてしまいました。

3　下線部③の英文と同じ意味を表す文を選び，その記号を〇でかこみなさい。　　　　　　　　　　　　　　　　　　　　　　　　　　（5点）
　ア．Its people were not interested in Beethoven.
　イ．Its people didn't want to be friends with Beethoven.
　ウ．Its people were surprised that Beethoven was very poor.
　エ．Its people were quite different from Beethoven.
　オ．Its people didn't like Beethoven.

4　〔④〕に入るもっとも適当な英文を選び，その記号を〇でかこみなさい。　　　　　　　　　　　　　　　　　　　　　　　　　　　（5点）
　ア．Beethoven liked to take off his hat.
　イ．Beethoven didn't have any hat.

ウ．Beethoven kept his hat on his head.
エ．Beethoven ran away with his hat on.
オ．Beethoven took off his hat too.

5 下線部⑤の showing と同じ働きをしている 〜ing 形を含んでいる文を選び，その記号を〇でかこみなさい。　　　　　　　　　　（5点）
ア．I heard my sister playing the guitar.
イ．He stood talking with his sisters.
ウ．He was cleaning his room when the phone rang.
エ．He spent his vacation visiting many famous places in Kyoto.
オ．When it got dark, they stopped playing in the garden.

6 下線部⑥の英文の訳としてもっとも適当なものを選び，その記号を〇でかこみなさい。　　　　　　　　　　（5点）
ア．ベートーベンはその当時音楽的にすぐれた耳をもっていた。
イ．ベートーベンはその頃はよく耳が聞こえた。
ウ．ベートーベンはその頃人の話はよく聞こえた。
エ．ベートーベンはその日はよく人の話が聞こえた。
オ．ベートーベンはその当時人の話を聞くのがうまかった。

7 下線部⑦の animals が指している語句として適当なものを選び，その記号を〇でかこみなさい。　　　　　　　　　　（5点）
ア．the listeners
イ．a man of good family
ウ．a girl
エ．the girls
オ．a girl and a man of good family

8 下線部⑧の the truth の表す内容としてもっとも適当なものを選び，その記号を〇でかこみなさい。　　　　　　　　　　（5点）
ア．お金をかせぐためにしかたなく音楽を教えていること。
イ．若い女性達にとって音楽など大切ではないということ。
ウ．若い女性達が大変不注意であること。
エ．ピアノの演奏が下手なこと。
オ．上手になろうとする意欲が全くないこと。

9 下線部⑨の英文の訳としてもっとも適当なものを選び，その記号を〇でかこみなさい。　　　　　　　　　　（5点）
ア．彼は時々かわいそうに娘たちの手から楽譜を取り上げてしまった。
イ．彼は時々貧乏な娘たちの手から音楽をうばってしまった。

ウ．彼は時々貧乏な娘の手から楽譜をうばってしまった。
エ．彼は時々かわいそうにも，娘たちから音楽を取り上げてしまった。
オ．彼は残念なことに，娘たちには音楽などわからないと思った。

10 〔 ⑩ 〕に入るもっとも適当な前置詞を選び，その記号を○でかこみなさい。　　　　　　　　　　　　　　　　　　　　　　　　　　　　　（5点）
ア．from　　　　　イ．after　　　　　ウ．for
エ．under　　　　オ．to

11 下線部⑪にある came back とは，具体的にはどこへ戻ってきたのか，もっとも適当なものを選び，その記号を○でかこみなさい。（5点）
ア．Beethoven's house
イ．the house of a poor girl
ウ．their teacher's house
エ．one of the great houses
オ．the house which he left angrily

12 〔 ⑫ 〕に入る語句としてもっとも適当なものを選び，その記号を○でかこみなさい。　　　　　　　　　　　　　　　　　　　　　　　　　　（5点）
ア．a wealthy man
イ．a strong man
ウ．a strange man
エ．an important man
オ．a quiet man

13 〔 ⑬ 〕に入る英文としてもっとも適当なものを選び，その記号を○でかこみなさい。　　　　　　　　　　　　　　　　　　　　　　　　　　（5点）
ア．It was necessary to tell him not to pay:
イ．It was impossible to tell him not to pay:
ウ．It was useful to tell him not to pay:
エ．It was possible to tell him not to pay:
オ．It was strange to tell him not to pay:

14 下線部⑭の to eat と同じ用法の不定詞を含んでいる文を選び，その記号を○でかこみなさい。　　　　　　　　　　　　　　　　　　　　　（5点）
ア．He came to Tokyo to find a good job.
イ．He was tall enough to touch the ceiling.
ウ．He was too old to work here with us.
エ．He wanted to be respected by many people.
オ．Last year he bought a large house to live in.

[15] 下線部⑮の英文と同じ意味を表す文を選び,その記号を○でかこみなさい。
(5点)

ア．Doctors needed a lot of money in those days.
イ．Doctors wanted to make much money in those days.
ウ．Poor people didn't go to see a doctor in those days.
エ．Much money was needed to visit a doctor in those days.
オ．He had to borrow money from his friends in those days.

[16] 〔 ⑯ 〕に入る語句として不適当なものを選び,その記号を○でかこみなさい。
(5点)

ア．When he was forty,
イ．When he was forty years old,
ウ．At the year of forty
エ．At the age of forty
オ．At forty

[17] 下線部⑰の英文の訳としてもっとも適当なものを選び,その記号を○でかこみなさい。
(5点)

ア．彼の生活全体が作曲の材料になった。
イ．彼の生活全体が音楽と深く結びつけられていた。
ウ．彼は人間の生活全体を音楽で表現した。
エ．彼の一生は音楽にささげられた。
オ．彼は聴力を回復するために命をすててもよいと思った。

[18] 次の8組の単語のうち,上下の下線部の発音がちがうものを3組選び,それらの記号を○でかこみなさい。
(各5点)

ア．{ d__ead / gr__eat }　イ．{ h__ome / sp__oke }　ウ．{ st__ood / t__ook }　エ．{ lik__ed / want__ed }

オ．{ m__oney / n__othing }　カ．{ t__aught / th__ought }　キ．{ en__ough / h__ouse }　ク．{ l__ose / tr__uth }

| 得点 | | 評価 | | 基準 | A…85点以上　B…84点～65点　C…64点以下 | 合格圏 | 75点 |

第55日

次の文を読んで，下の各問いに答えなさい。

"Wow! Don't drive so fast, Dad," said Meg from the back seat. Her dad was driving his car at the speed of 100 kilometers an hour. Their car passed many other cars. It was fun to drive on the Meishin Highway, but Meg thought it was dangerous (1. go) so fast. It was a fine day, and in the city everyone looked so happy. Some girls (2. dress) in kimono were smiling. Gentlemen in kimono could not (3. see). "When you were a baby," said Meg's dad to her, "(ア)flying, in, kites, many, so, there, the sky, were, but not now." He was fond of flying kites on the rice field many years ago when he was a boy. "Perhaps kids these days like (イ)better, computer games, games, much, playing, outside, than," said her mom. "Yes," said her dad, "Today's paper 〔 あ 〕 kids' eyesight* is getting worse than before. But Meg, you are all right, aren't you?" "I think I am. Half of my friends wear glasses, though." It was the second day of the new year. They left home at a quarter to ten. After (4. visit) the Heian Shrine, they 〔 い 〕 the Meishin Highway. Her mom and Meg liked shopping so much that they were going to Harborland in Kobe City. There you can buy many things. (ウ)あなたはたくさんの食べ物を食べることができ，また映画も見ることができる. Her dad only drove today. "But that's OK. I can enjoy (5. drive). And in the evening we'll have a big dinner. Right, ladies? Mom, could you 〔 う 〕 me a can of oolong tea, please?" Meg's dad cannot move his legs because three years ago he had a car accident. Since then he has been using a wheelchair* in his everyday life. Well then, can he drive a car? Sure, he can. His car is automatic, and also it is specially made, so (エ)彼は足を使わなくてもよい. But he uses both his hands when he drives a car.

"I'm gald I can use both my hands," said her dad.

"Me, too. Well, I'm sure I'll be ①(a   ) to drive a car before I get into college. But I won't drive too fast like someone does."

"OK. OK. I'll ②(s   ) down. Is it good enough, my princess?"

"Yes, Dad. That's good enough. You are not a bad ③(d   )."
"Thanks a ④(l   ), my dear lady."
"You're ⑤(w   ). Mom, are you sleeping?"
"(カ)神戸に来るのはこれが初めてだわ！ My dream 〔 え 〕 true!" Meg 〔 お 〕 so happy when they finally arrived at Harborland. They drove 85 kilometers, and reached there at half past eleven. "Look! How beautiful! Mom, are you ready to go shopping?"

(注) eyesight 視力　wheelchair 車イス

≪設　問≫

1　〔あ〕〜〔お〕に下記の中から最も適当な単語を選び，文意に合うように語形を変化させなさい。　　　　　　　　　　　　　　　　　（各5点）
　【come, get, say, seem, take】
　〔あ〕_____　〔い〕_____　〔う〕_____
　〔え〕_____　〔お〕_____

2　(1)〜(5)の動詞を適当な形に変化させなさい。　　　　　（各5点）
　(1)_____　(2)_____　(3)_____
　(4)_____　(5)_____

3　父親とメグの会話の中で，①〜⑤の(　)内に入れる単語を完成しなさい。それぞれには入れるべき単語の頭文字を示してあります。　　（各5点）
　①_____　②_____　③_____
　④_____　⑤_____

4　文意に合うように～～(ア), (イ)の語を並べかえなさい。　（各5点）
　(ア)_____
　(イ)_____

5　(ウ), (エ), (オ)を英語になおしなさい。　　　　　　　　（各5点）
　(ウ)_____
　(エ)_____
　(オ)_____

| 得点 | | 評価 | | 基準 | A…85点以上　B…84点〜65点　C…64点以下 | 合格圏 | 75点 |

第56日

次の文を読んで，下の各問いに答えなさい。

Saipan——an island full of bright sunshine and *tropical breezes from the deep blue sea——is at the same time, an island with many unhappy memories and a sad history for Japanese. For most young Japanese who have never experienced war, Saipan is the nearest tropical island from Japan. Young people go there to have a pleasant time or to spend their vacation. However, to those Japanese who experienced war, Saipan means (1)something more than the nearest vacation area.

Many Japanese tourists visit Saipan to see the sights every year, mainly young people and newly 《ⓐ marry》 couples. Why do Japanese tourists go to Saipan? What *attraction does Saipan have?

In the first place, we can say that it is not far away and near enough to visit (①). So, more and more Japanese tourists go to Saipan.

Next, Saipan is very well liked by Japanese because it is a southern island. In (ア) words, Saipan is just like a paradise. It offers us a deep-blue sea, a sea floor covered with *coral reef, a clear and blue sky, a bright and 《ⓑ shine》 sun, unusual tropical fruit, and so on. All of these things seem to be full of natural beauty, life and freshness. These attractions are often written about in Japanese magazines, and known to most Japanese. (2)They are very popular with young men and women.

However, Saipan has only those attractions, doesn't it? (A)_____. Saipan must have other attractions. Of course, Japanese who have learned their history, know that some of the most terrible fighting of World War II happened in Saipan about 50 years ago. Even today, we can see several old scenes of fighting in Saipan. For example, "Banzai *Cliff" is known all over the world. Many Japanese people jumped (イ) the ocean to die as they shouted "Banzai!" Those places teach us that war is very painful and useless.

During World War II, thousands of Japanese lives were lost in

Saipan. Many Japanese, both soldiers and ordinary people, were in Saipan in the middle of the war. The war (②) ended with the defeat of Japan. In Saipan, a lot of Japanese died either during the war or by killing (ウ) on July 7th, 1944. So, for those Japanese who experienced war in Saipan, it is an island which means pain and sorrow: many people lost their families or friends in Saipan.

Then we can say that Japanese people, (③) older people, go to Saipan (B)_____. When they stand on the ground in Saipan, what do they feel and think? What will they feel when they stand on "Banzai Cliff"? I have heard that some people go to Saipan to pick up the *bones of their dead family members or those of their friends which 《ⓒ bury》 deep in the land of Saipan. Indeed some Japanese go to Saipan to show their respect for those (C)_____.

Well, as I am writing this, I feel like 《ⓓ go》 to Saipan again. I hope I have a chance to visit this beautiful place once more. And one more thing, I hope you experience Saipan for yourself. Last of all, don't forget 《ⓔ have》 a lot of fun there!

(注) tropical 熱帯の　attraction 魅力　coral reef 珊瑚礁（さんごしょう）
　　 cliff 崖（がけ）　bone 骨

≪設　問≫

[1]　《ⓐ》〜《ⓔ》の動詞をそれぞれ適切な形に変えなさい。　　　（各5点）
　ⓐ _____　　ⓑ _____　　ⓒ _____
　ⓓ _____　　ⓔ _____

[2]　(①)〜(③)に入る適切なものを次のア〜カよりそれぞれ1つ選び，記号で答えなさい。　　　　　　　　　　　　　　　　　　　　　　（各5点）
　ア．happily　　　イ．early　　　ウ．easily
　エ．especially　　オ．exactly　　カ．finally
　① (　　)　② (　　)　③ (　　)

[3]　(ア)〜(ウ)の空所に適語を入れなさい。　　　（各5点）
　(ア) _____　(イ) _____　(ウ) _____

[4]　下線部 (1)something (2)They の内容を具体的に表現しているものをア〜エよりそれぞれ1つ選び，記号を〇でかこみなさい。　　　（各5点）

(1) ア．a place with sad memories
　　イ．an island which has many varieties of tropical fruits
　　ウ．a place that is always crowded
　　エ．an island which is still filled with Japanese cries of "Banzai"
(2) ア．Japanese magazines about Saipan
　　イ．Most Japanese who visit the island
　　ウ．The people who live on the island
　　エ．The various attractions of Saipan

[5] 文脈から考えて，(A)◯◯◯〜(C)◯◯◯に入る適切なものをア〜エよりそれぞれ1つ選び，記号を◯でかこみなさい。　　　　　（各5点）

(A) ア．Yes, it does
　　イ．Yes, it doesn't
　　ウ．No, it doesn't
　　エ．No, it does
(B) ア．because they want to forget the war
　　イ．because they like to go to the island
　　ウ．because they went there in their youth
　　エ．because they remember the war
(C) ア．people who lost their lives in the war
　　イ．local people who were kind to them
　　ウ．people who are having a hard time
　　エ．Japanese who decided to live in Saipan

[6] 本文の内容に一致するものをア〜クより3つ選び，記号を◯でかこみなさい。　　　　　（各5点）

ア．One of Saipan's good points is the lovely weather.
イ．The old fighting places in Saipan are almost forgotten.
ウ．During World War II, only the soldiers were killed in Saipan.
エ．Some people don't go to Saipan only for the beaches.
オ．Saipan is not very popular with Japanese because Japan was defeated in the war.
カ．"Banzai Cliff" is a famous place because you can enjoy the sunrise from there.
キ．Around half a century ago, some very terrible fighting happened in Saipan.
ク．People born after the war have unhappy memories of Saipan.

[7] 次の6つの単語のうち，アクセントの位置が1つだけ他とちがっているも

のがあります。その語の記号を○でかこみなさい。　　　　　　（5点）
　　ア．paradise　　イ．history　　ウ．memory　　エ．natural
　　オ．magazine　　カ．family

得点		評価		基準	A…85点以上　B…84点～65点　C…64点以下	合格圏	75点

入試によく出る書きかえ問題

　意味をかえないで，書きかえる問題がもっとも出題率が高く，重要である。この長文問題集から，この種の問題をひろってまとめてみるだけでも相当な効果がある。ここにもいくつか例を出してみよう。
(1)　I am in good health. ＝I am quite healthy.
(2)　He was not present. ＝He was absent.
(3)　He is a good tennis player. ＝He plays tennis well.
(4)　She fears fire. ＝She is afraid of fire.
(5)　A test in English will be given next week. ＝We will have a test in English next week.
(6)　She is rich enough to buy a piano. ＝She can buy a piano as she is rich.

第57日

次の文を読んで，下の各問いに答えなさい。

From the time Galileo Galilei was a little boy, he thought about the stars and wondered about them. Galileo's father allowed him to stay up late to look at the sky filled (a) thousands of stars. But even his father couldn't answer all of his questions.

"What are the stars made (b)? Where did they come from? Will they go away?"

His father laughed. "(1)Always asking questions, aren't you? When you are a student, you will read the books of those who are wise. (2)There you will find some of the answers."

Galileo was a very good student. (3)When he was seventeen years old, he went from Florence, Italy, to the city of Pisa to study (4)medicine. Galileo liked to ask questions about many things he saw around him. He soon understood that he did not want to be a doctor. He knew he wanted to be a scientist, but he would take no man's word (c) *proof. Galileo became the first great scientist to *rely, above all, on his own experiments.

In 1589, Galileo became a professor of mathematics at the University of Pisa, but he kept on with his experiments. At that time he was always asking himself. What happens to *objects (5)as they fall? Do they fall at the same speed? Do they speed up? Can the speed be *measured? In order to be certain of his answers, Galileo thought he must slow down the fall. (6)How?

Then an idea came to him. How about rolling a ball down a slope? If you can measure its speed, you can (7)(something, information, for, down, use, straight, the, falls, that). After timing the speed of a rolling ball (8)again and again, Galileo worked out two *laws of motion. The first law he found is that (9)the longer something takes to fall, the faster it will go. The second law he found is that the farther something has to drop, the faster it will fall. This is because its speed is always becoming higher.

In 1604, something happened that changed Galileo's life. A new star *appeared in the sky. It *glowed yellow, purple, red, and white. It was so bright that (10)(　　) (　　) (　　) (　　) (　　) (　　) (　　). The star shone for a year and a half. Then it *faded away. People who lived at that time did not think the *universe could change. They thought that new stars could not appear. Galileo did not *agree with the people who thought that the universe did not change. Everyone wondered how (11)(certain, far, everything, he, so, could, when, be, away, was).

In 1609, Galileo built his own telescope. It brought things three times closer to the earth. (12)This made it easier for Galileo to see things in the universe. Later he built another telescope that brought things in the universe thirty times closer to the earth. Then people could see parts of the sky unknown to them until that time.

Galileo made many discoveries with the new telescope. For example, he found that *the Milky Way was not a cloud, but a great *cluster of stars. Each star was (A) small to be seen with the eye alone.

One night, while looking through his telescope, Galileo discovered three small objects. They seemed to be three small stars, but unlike stars, they kept moving from one side of the planet to the other. A few weeks later Galileo found a fourth little body near (13)the others. He said to himself, "I have never seen a star that moves this way before." Galileo discovered that these were (B) stars at all. They were moons traveling around *Jupiter just as our moon goes around the earth.

Galileo returned to Florence. He began talking about another discovery. Galileo found that the planet *Venus seems to change its shape. There could be only one *explanation. Venus was not going around the earth. It circled the sun! (14)This was proof that Copernicus was right. Copernicus was the first man in modern times to *state that the earth went around the sun. Galileo was one of the few people who believed Copernicus.

To tell the world about his new discoveries Galileo wrote a book called 'The Two Chief Systems'. He wrote (d) Italian, the language of the people, so that every man and woman would understand.

　　(注)　proof 証拠　　rely on 信頼する　　object 物体　　measure 測る

laws of motion 運動の法則　appear 現れる　glow 輝く
fade しだいに消える　universe 宇宙　agree 同意見である
the Milky Way 天の川　cluster かたまり　Jupiter 木星
Venus 金星　explanation 説明　state 述べる

≪設　問≫

[1] 空所(a)から(d)に適当な前置詞を入れなさい。　　（各5点）
　(a) ＿＿＿＿　(b) ＿＿＿＿　(c) ＿＿＿＿　(d) ＿＿＿＿

[2] (A), (B)に適当な1語を入れなさい。　　（各5点）
A. ＿＿＿＿＿　B. ＿＿＿＿＿

[3] 下線部(1)を完全な文にするために，空所に適語を補いなさい。（5点）
　　（　）（　） always asking questions

[4] 下線部(2)はどこか。日本語で答えなさい。　　（5点）
＿＿＿＿＿＿＿＿＿＿＿＿＿＿＿＿＿＿＿＿＿＿＿＿＿＿＿＿

[5] 下線部(3)を次のように書きかえるために，空所に適語を補いなさい。（5点）
　＝At the (　　) of seventeen

[6] 下線部(4)はどういう意味か。文脈から判断して答えなさい。（5点）
＿＿＿＿＿＿＿

[7] 下線部(5)と同じ用法のものを1つ選び，番号を○でかこみなさい。（5点）
1. He is very careless, as this letter shows.
2. I cannot buy the book, as I have no money with me.
3. He was not so clever as his father was.
4. We can enjoy the view as we walk along.

[8] 下線部(6)の具体策としてガリレオはどのような方法をとったか。日本語で説明しなさい。　　（5点）
＿＿＿＿＿＿＿＿＿＿＿＿＿＿＿＿＿＿＿＿＿＿＿＿＿＿＿＿

[9] 下線部(7)のカッコ内の語を並べかえて，次の日本文の意味を表す英文にしなさい。　　（5点）
　　「その情報をまっすぐに落ちる物に対して利用する」
＿＿＿＿＿＿＿＿＿＿＿＿＿＿＿＿＿＿＿＿＿＿＿＿＿＿＿＿

[10] 下線部(8)を同じ意味を表す2語の英語にしなさい。　　（5点）
＿＿＿＿＿＿＿＿＿＿＿＿＿＿

[11] 下線部(9)の英文を次の例文を参考にして日本文にしなさい。（5点）

The older he grew, the weaker his memory became.
「年をとればとるほど，ますます彼の記憶力は弱くなった」

---

[12] 下線部(10)が「昼間もそれは見ることができた」という意味を表すよう，7語の英文を補いなさい。ただし，it で書きはじめること。　　(5点)

---

[13] 下線部(11)のカッコ内の語を並べかえて，意味の通る英文にしなさい。(5点)

---

[14] 下線部(12)の英文を日本文に訳しなさい。　　(5点)

---

[15] 下線部(13)は何をさしているか。本文中の3語で答えなさい。　　(5点)

---

[16] 下線部(14)の内容を具体的に日本語で説明しなさい。　　(5点)

得点		評価		基準	A…85点以上　B…84〜65点　C…64点以下	合格圏	75点

まちがえやすい発音

次の単語の発音はまぎらわしいので，上下をよく比較しておこう。

- saw [sɔ:] 見た
- so [sou] そう
- cold [kould] 寒い
- called [kɔ:ld] 呼んだ
- say [sei] 言う
- says [sez] say の3単現
- heart [hɑ:rt] 心
- hurt [hə:rt] 傷つける
- though [ðou] けれども
- through [θru:] 〜を通って
- want [wɑ(ɔ)nt] ほしい
- won't [wount] =will not
- fond [fɑ(ɔ)nd] 好んで
- found [faund] 見つけた
- done [dʌn] do の過去分詞
- down [daun] 下へ
- quite [kwait] まったく
- quiet [kwáiət] 静かな
- drive [draiv] 運転する
- driven [drívn] drive の過去分詞

第58日

次の英文を読んで，下の各問いに答えなさい。

Sachiko doesn't have much time ア)to talk with her family, as she is busy these days. She has a younger brother, Takashi. She thinks her mom is taking too much care (a) him. It is true that Takashi is small, but is ①that the only reason? Perhaps (A)タカシの方が彼女より大切なんだ, Sachiko thinks. Dad and Mom always say ②Takashi is so clever that he will grow up and become great.

One summer evening, when she was reading, she found that a bird was chirping. She thought perhaps it was on the balcony. The bird chirped uneasily, so she finally looked out of the window. She found a small swallow there. "Oh, it's cute, but (B)どうしてこんな所にいるのかしら" ③She was sure that it was a bird that just left its nest. It was chirping in the dark イ)to call its mother. But its parent was nowhere around there.

"Mom and Dad, look! There is a baby bird on the balcony. What can I do (b) it?" Her mother, father, and brother Takashi came. "It got separated from its parents, I'm sorry," said Dad. "The bird looks very uneasy and delicate. Can't we help it?" said Sachiko. Mom said, "But (c)それをつかまえてはいけません. Wild birds will be much weaker if we touch them. Let's leave it alone; this will be a good place ウ)to stay for the night. Tomorrow morning, I will give it food and water."

The next day, when they got up early (c) the morning, they were surprised to hear that two parent birds and two young birds were chirping. They looked like big brothers of the small swallow. The parents called the small one and then circled above the balcony to help it to take off. The small one wanted エ)to go to the parents and brothers, but it was too afraid to take off. It chirped very loudly to ask for help. The parents wanted it to take off, while they were calling and circling. Finally, it took off and flew away (d) its family.

They were very happy オ)to see it. "Each family member is very important. ④It is true even for the animals," said Mom. Dad said, "I would like カ)to praise the smallest one. It tried very hard to follow the other members. Everyone has to try hard to be a good family member." Takashi said, "Do you remember the time we went on a hike, Sachiko? When I was five years old and had trouble going up the hill, you helped me and waited for me to go up. And when I finally made ⑤it, you praised me." Mom said, "Yes, Sachiko has always been a good sister." Dad said, "I am glad that I have such a warmhearted daughter." Sachiko was surprised but happy to hear those words. Each one is important, and each one should try to be good to others. She repeated ⑥these words again and again.

≪設　問≫

1 下線部ア)〜カ)の「to＋動詞の原型」には2つずつ同じ使い方のものがある。それらを3つのグループに分けて，記号で答えなさい。　　　　（各5点）
（　　）と（　　），（　　）と（　　），（　　）と（　　）

2 (a)〜(d)に適当な語を入れなさい。　　　　（各5点）
(a)＿＿＿＿　(b)＿＿＿＿　(c)＿＿＿＿　(d)＿＿＿＿

3 二重下線部①，④，⑤，⑥の具体的な内容を日本語で答えなさい。
　　　　（各5点）
①（　　　　　　　　　　　　　　　　　　　　　）
④（　　　　　　　　　　　　　　　　　　　　　）
⑤（　　　　　　　　　　　　　　　　　　　　　）
⑥（　　　　　　　　　　　　　　　　　　　　　）

4 下線部②，③を日本語にしなさい。　　　　（各5点）
②（　　　　　　　　　　　　　　　　　　　　　）
③（　　　　　　　　　　　　　　　　　　　　　）

5 点線部(A)〜(C)を英語にしなさい。　　　　（各5点）
(A)＿＿＿＿＿＿＿＿＿＿＿＿＿＿＿＿＿＿＿＿＿＿
(B)＿＿＿＿＿＿＿＿＿＿＿＿＿＿＿＿＿＿＿＿＿＿
(C)＿＿＿＿＿＿＿＿＿＿＿＿＿＿＿＿＿＿＿＿＿＿

6 本文の内容に一致するものを2つ選び，記号で答えなさい。　（各5点）
(a) Sachiko was so busy that she did not want to be taken care of by her parents.
(b) Sachiko thought that the baby bird left alone in the dark was calling its parent.
(c) Sachiko was worried that the baby bird chirping so hard was getting weaker after dark.
(d) Sachiko's parents think that she hasn't been a good sister to Takashi.
(e) It was too difficult for the parents of the baby bird to take it with them.
(f) When the parents came, the baby bird tried very hard to fly and finally succeeded.

(　)(　)

7 (1), (2)の下線部の発音と同じ音をもつ語を（ 　 ）内から1つ選び，記号で答えなさい。　（各5点）
(1) l<u>ou</u>dly（ア．sh<u>ou</u>ld　イ．tr<u>ou</u>ble　ウ．f<u>ou</u>nd　エ．t<u>ou</u>ch　オ．th<u>ou</u>ght）
(2) w<u>ar</u>m（ア．d<u>ar</u>k　イ．b<u>ir</u>d　ウ．h<u>ear</u>t　エ．w<u>or</u>d　オ．m<u>or</u>ning）

(1)(　) (2)(　)

得点		評価		基準	A…85点以上　B…84点〜65点　C…64点以下	合格圏	75点

よく使われることわざ

A friend in need is a friend indeed.（困ったときの友は真の友。）
Honesty is the best policy.（正直は最善の政策。）
Necessity is the mother of invention.（必要は発明の母。）
Rome was not built in a day.（ローマは一日にして成らず。）
Well begun is half done.（初めよければ事半ば成る。）
When in Rome, do as Romans do.（郷に入れば，郷にしたがえ。）
Where there's a will, there's a way.（精神一到何事かならざらん。）

第59日

次の文を読んで，下の各問いに答えなさい。

When Susan became blind in a car accident, she was suddenly thrown into a world of darkness, anger, frustration and *self-pity.

Once a strongly independent woman, Susan became powerless and needed help from everyone around her. (1)"How could this have happened to me?" she thought to herself day after day. But no matter (2) much she cried or prayed, she knew the painful truth——her sight was never going to return. And all she had to depend (3) was her husband Mark.

When Susan first lost her sight, Mark watched her sink into *despair and decided to help his wife get the strength and pride she needed to become independent again. He knew this was the most difficult problem he would ever face.

Finally, Susan felt ready to return to her job, but how would she get there? She used to take the bus, but now she was (4) frightened that she couldn't go around the city by herself. Mark volunteered to drive her to work every day, even though they worked at *opposite ends of the city. At first, (5)this comforted Susan and met Mark's need to protect his sightless wife who was so worried about performing the easiest task.

Soon, however, Mark realized that this arrangement wasn't working——it was troublesome and expensive. "Susan will have to start taking the bus again," he said to himself. He *hesitated to say it. She was still so delicate, so angry. How would she react?

Just (6)as Mark imagined, Susan was *horrified at the idea of taking the bus again. (7)"I'm blind!" she responded bitterly. "How am I supposed to know where I'm going? I feel like you don't care about me." Mark's heart broke (8)to hear these words, but he knew what had to be done. He promised Susan that every morning and evening he would ride the bus with her until she got used to it.

And that is exactly what happened. For two weeks, Mark went with Susan to and from work every day. He taught her how to use her other senses to know where she was. He asked the bus drivers to watch out for her and save her a seat. Every morning they went to Susan's office together, and Mark would take a taxi back to his office.

Although this arrangement was (9) more expensive and tiring than the earlier one, (10)Mark knew it was only a matter of time before Susan would be able to ride the bus on her own. He believed in her, in the Susan he used to know before she'd lost her sight, who wasn't afraid of any challenge and who would never give up.

Finally, Susan decided that she was ready to go to work on her own.

Monday morning arrived, and before she left, she threw her arms around Mark. Her eyes were filled with tears of thanks for his kindness, his patience, and his love. She said good-bye, and for the first time, they went their separate ways.

Monday, Tuesday, Wednesday, Thursday... Every day on her own went perfectly, and Susan had never felt better. She was doing it! She was going to work all by herself!

On Friday morning, Susan took the bus to work as usual. As she was getting off the bus, the driver said, "Boy, I sure *envy you." Wondering (11) the driver was speaking to her or not, she asked him, "Why do you say that you envy me?" He responded, "It must be so good to be taken care (12) and protected like you are."

Susan had no idea what the driver was talking about, and asked again, "What do you mean?" He answered, "You know, every morning for the past week, a fine looking gentleman has been standing across the corner watching you when you get off the bus. He makes sure you cross the street safely and he watches you until you enter your office building. You are one lucky lady."

Tears of happiness ran down Susan's *cheeks, for she had always felt Mark's presence, even though she couldn't see him. She was lucky, so lucky, for he had given her a gift more powerful than sight, a gift she didn't need to see to believe――the gift of love that can bring light where there had been darkness.

(注) *self-pity 自分に対するあわれみ、*despair 絶望、*opposite 反対側の、*hesitate ためらう、*horrify こわがらせる、*envy うらやむ、*cheek ほお

<設 問>

1 次の英文は本文の内容を要約したものである。本文の内容と一致するように，(1)〜(8)の空所に下のわく内から適する語を選び，最も適切な形にかえて書きなおしなさい。
(各5点)

　Susan was once an independent woman. When she became blind, she was (1) with despair. Having gone through a lot of hardships, she felt ready to return to work. Still, she was frightened to take the bus by herself, so Mark (2) her to work every day. At first, this seemed to work well, but it soon (3) out to be troublesome and expensive. Then, Mark suggested that Susan should start taking the bus by herself again, but she was very afraid of it. Every morning and evening he (4) the bus together with her. They found out, however, that it was difficult to continue. Finally, Susan (5) up her mind to take the bus on her own. Every day passed by without any problem.

　One day, the bus driver told Susan that he envied her. She asked him what he (6). He responded that every morning a gentleman stood across the corner (7) out for her until she reached her office. She, then, understood the deepest love he had (8) for her since she lost her sight.

| drive, feel, fill, make, mean, ride, turn, watch |

(1)_____　(2)_____　(3)_____　(4)_____
(5)_____　(6)_____　(7)_____　(8)_____

2 下線部(1), (5), (7), (10)のそれぞれについて，質問に対する最も適切な答えをア〜エの中から1つ選び，その記号を○でかこみなさい。　(各5点)

(1) Why did Susan think to herself day after day, "How could this have happened to me?"?
　ア．Because she wanted to know why the accident happened to her.
　イ．Because she was expecting to recover her sight.
　ウ．Because she needed to know how the accident happened to her.
　エ．Because she was greatly disappointed at her unfortunate situation.

(5) Why was Susan comforted by this?
ア．Because she had more time to share with Mark than before the accident.
イ．Because she realized Mark would happily take her all the way to her office.
ウ．Because she was able to take the bus without any help.
エ．Because she felt more comfortable in her new office.

(7) Why did Susan respond bitterly to Mark?
ア．Because she did not understand why he would put her into a more difficult situation.
イ．Because she did not like the way he spoke to her.
ウ．Because she did not feel like going out together with him anymore.
エ．Because she did not want to go to her office in his car again.

(10) Why did Mark know it was only a matter of time?
ア．Because he knew that this arrangement was too expensive to continue.
イ．Because he believed that one day Susan would recover her sight again.
ウ．Because he believed that Susan would never run away from the challenge.
エ．Because he was sure that Susan would be able to walk as quickly as before.

3　本文中の空所(2), (3), (4), (9), (11), (12)に入る最も適切な語をア～エの中から1つ選び，その記号を○でかこみなさい。　　　　　　　　（各5点）

(2)	ア．how	イ．what	ウ．when	エ．where
(3)	ア．in	イ．on	ウ．to	エ．for
(4)	ア．so	イ．too	ウ．such	エ．much
(9)	ア．well	イ．very	ウ．much	エ．great
(11)	ア．what	イ．that	ウ．which	エ．whether
(12)	ア．by	イ．of	ウ．for	エ．after

4 下線部(6)と同じ意味で使われている 'as' を含む文をア〜エの中から1つ選び，その記号を○でかこみなさい。　　　　　　　　　　（5点）
ア．Tom passed the exam, as I thought he would.
イ．As a child, Kate lived in Boston.
ウ．I cannot buy it, as I have no money.
エ．As we went up, the air grew colder.

5 下線部(8)と同じ用法の不定詞を含む文をア〜エの中から1つ選び，その記号を○でかこみなさい。　　　　　　　　　　（5点）
ア．What is the best way to learn English?
イ．It was impossible to go there.
ウ．Don't forget to mail this letter.
エ．I was very glad to see you again.

得点		評価		基準	A…85点以上　B…84〜65点　C…64点以下	合格圏	75点

第60日

次の英文を読んで，下の設問に答えなさい。

　Before an earthquake happens, animals sometimes act strangely. Dogs bark and bark, and horses kick at barn* walls. Cats look at things that we cannot see, or they run about here and there. They look like they are mad with fear. People the world over have seen animals do such things. The animals seem to know that something is going to happen.

　One woman's pet turtle* suddenly laid an egg. It had never done that before. The next day there was a quake. After the quake, the turtle ate its egg! A man woke up hungry one night, and so he got ①eat / get / to / to / up / something. He saw that his pet fish on the table in the kitchen were jumping. Two fish even jumped straight out of the bowl! A few hours later a quake (　1　) the town. In Alaska some brown bears woke up earlier than usual from their winter sleep, and came ⓐ(run) out of their holes. No one had ever seen them ②do that. A day later there was a quake.

　At times there are quakes under the sea. Then a great wall of water may wash over the land. Animals seem to sense ③the danger. In one place the birds (　2　) away from the water. Cows ran away from their fields near the sea, and they moved to the hills. Soon the fields were flooded.

　Some places have ⓑ(many) quakes than others have. People who live in ④those places have learned to watch their pets. In a town in China some years ago the animals seemed to go wild. Chickens ran up and down. Dogs did not stop (　3　). ⓒ(Mouse) and rats ran out of their holes. The people of the town saw these things, and they all (　4　) their homes. Two days later a big quake hit. Most of the houses (　5　) down; it was lucky that no one was in them, and no one was hurt. Many lives were saved by the wildness of the animals.

　People who study earthquakes would like to know what the animals know. It is not magic. Cats and dogs may feel the ground move in

ways that people can't. ⑤Animals may hear sounds that tell them something is wrong, and when they feel a sudden fear, animals act in a strange way. ⑥people / animals / earthquakes / learn / may / help / about. Someday we may be able to tell when a quake is going to strike, and that may save our lives as ⑦it once did in China.
　（注）　barn*：家畜小屋　　turtle*：亀

≪設　問≫

1　空所（1）〜（5）に入れる最も適切な語を次の語群から1つずつ選び，正しい語形に変えて記入しなさい。　　　　　　　　　　　　　　　　（各5点）
　　bark　　do　　fall　　fly　　leave　　strike　　take
　（1）＿＿＿＿＿＿　　（2）＿＿＿＿＿＿　　（3）＿＿＿＿＿＿
　（4）＿＿＿＿＿＿　　（5）＿＿＿＿＿＿

2　下線部②，③，④の具体的内容を日本語で書きなさい。　　　（各5点）
　②　（　　　　　　　　　　　　　　　　　　　　　　　　　　）
　③　（　　　　　　　　　　　　　　　　　　　　　　　　　　）
　④　（　　　　　　　　　　　　　　　　　　　　　　　　　　）

3　下線部⑤を日本語に直しなさい。　　　　　　　　　　　　　　（5点）
（　　　　　　　　　　　　　　　　　　　　　　　　　　　　　　）

4　下線部①，⑥を文脈に合うように並べかえなさい。ただし，大文字も小文字で書いてあります。　　　　　　　　　　　　　　　　　　　　　（各5点）
　①　＿＿＿＿＿＿＿＿＿＿＿＿＿＿＿＿＿＿＿＿＿＿＿＿＿＿＿＿＿＿＿
　⑥　＿＿＿＿＿＿＿＿＿＿＿＿＿＿＿＿＿＿＿＿＿＿＿＿＿＿＿＿＿＿＿

5　下線部⑦の内容を表すように，次の英文の空所に適切な一語（本文中の語）を記入しなさい。　　　　　　　　　　　　　　　　　　　　　　　（各5点）
　　The people in a Chinese town were (　a　), because they saw the (　b　) acts of their pets (　c　) the quake happened, and rushed out of their homes.
　（a）＿＿＿＿＿＿　　（b）＿＿＿＿＿＿　　（c）＿＿＿＿＿＿

6 ⓐ，ⓑ，ⓒの（　）内の語を正しい形になおしなさい。　（各5点）
ⓐ_____　ⓑ_____　ⓒ_____

7 次の(1)～(3)の語の下線部と同じ発音をもつ語を（　）内から1つずつ選び，記号を○でかこみなさい。　（各5点）

(1) h<u>a</u>ppen　（ア．w<u>a</u>sh　イ．j<u>u</u>mp　ウ．str<u>a</u>nge　エ．m<u>a</u>gic　オ．w<u>a</u>ter）

(2) fl<u>oo</u>d　（ア．st<u>oo</u>d　イ．m<u>oo</u>n　ウ．t<u>oo</u>k　エ．c<u>oo</u>l　オ．bl<u>oo</u>d）

(3) d<u>o</u>ne　（ア．w<u>o</u>ke　イ．m<u>o</u>ve　ウ．l<u>u</u>cky　エ．st<u>o</u>p　オ．d<u>o</u>）

新版 ブランアップ英語長文問題60日完成

2002年4月20日　初版発行
2019年3月10日　8刷発行

著　者　白　田　勇　吉
発行者　竹　下　晴　信
印刷所　中央精版印刷株式会社
製本所　有限会社　友晃社製本

発行所　株式会社　評　論　社
（〒162-0815）東京都新宿区筑土八幡町2-21
電話 営業(03)3260-9409 FAX(03)3260-9408
　　 編集(03)3260-9406 振替 00180-1-7294

ISBN978-4-566-03580-5　落丁・乱丁本は本社にておとりかえいたします。

高校受験 英語長文問題 60日完成 新版

解答編

評論社

解　答

Ａコース

第１日

【出題傾向】 中学２年前期程度の対話文を通して，文の書きかえ，語句の意味，省略部分の補充，内容の真偽，アクセント，和文英訳の基礎的な力をみる。

解説
1 Ⓐ 「〜から落ちた」という表現にする。　Ⓑ 「２週または３週」とすればよい。
2 前の文の fell が過去形なので，それに合わせる。
3 「ええ」という表現に注意。　4 「２日前」→「おととい」
5 will＝be going to
6 will のあとにそれぞれ can, must の代用語句を使う。
7 すぐ前の問いの動詞に合わせればよい。
8 「じょうずに〜する」という表現に書きかえる。
11 (1) er をそのままつけられない。(2)「うで」(3)「海」という語を入れる。
12 (3) soon は文の終わりかまたは始めにおく。

意味
エレン： ディックはどこにいるの？　見えないけれども。
ジョージ： きみ，知らないの？
エレン： ええ，知らないわ。なにかあったの？
ジョージ： 彼は２日前木から落ちて，脚を折ってしまったんだよ。
エレン： それはまずいわね。彼はバスケットボール・チームの一員でしょう。
ジョージ： そうだよ。それであしたは試合なんだよ。でもディックは出られないね。２週間ないし３週間，家にじっとしていなければならないんだ。
エレン： だれがディックの代わりに出るの？
ジョージ： トムだよ。彼もバスケットボールがじょうずだからね。
エレン： あなた，その試合に勝てると思う？
ジョージ： そうさ，きっと勝てるよ。

解答
1 Ⓐ of Ⓑ or　2 broke　3 No, I don't.　4 yesterday
5 are to
6 ④ Dick will not (won't) be able to play.　⑤ He will have to stay at home.
7 ウ　8 play well　9 イとオ　10 (1) mor (2) bas

11　(1) swimmer　(2) arm　(3) sea
12　(1) Do you think it will rain tomorrow ?　(2) Did your father stay at home last night ?（または Was your father at home last night ?）　(3) He will be able to swim soon. (soon を文のはじめ，または will のあとにおいてもよい。)

第2日

【出題傾向】　やさしい手紙文を通して，未来の文の和訳と英訳，英問英答，内容の真偽，発音・アクセントなどについて問いが出されている。

[解説]　1　ⓐ「うれしい」ということばを入れる。ⓑ 間接目的語（you）をうしろにまわした場合，必要な前置詞は？　ⓒ「好きだ」ということばを完成する。ⓓ 前置詞を入れる。
2　③ 相手に好意的にすすめているので，疑問文でも some を使ってある。
6　無声音（いきだけの音）のあとの s は [s]，有声音（こえを出す音）のあとの s は [z]
8　(1) be very kind to～　(2) Shall I～?　(3) Will you～? を使う。

[意味]
　　　　　　　　　カリフォルニア州，ロスアンゼルス，5番街，イースト7番地
　　　　　　　　　　1981年，9月10日
親愛なる和子さんへ
　ぼくはあなたからの手紙と切手をもらってたいへんうれしいです。ぼくは切手がたいへん気に入っています。いま，ぼくはこちらの切手をいくつかあなたに送るつもりです。気に入ってもらえれば幸いです。これからもときどきもっと切手を送るつもりです。
　ぼくにあなた自身のことを伝えてください。兄弟がありますか。ぼくには2人あります。あなたの兄さんはあなたをいじめますか。ぼくの兄たちは毎日のようにぼくをいじめますが，たまに親切であったり，よかったりすることもあります。あなたは音楽が好きですか。ぼくたちはみんな好きです。ですからたくさんのレコードをもっています。あなたにいく枚か送ってあげましょうか。切手のお礼をもう一度いいます。
　すぐに返事をください。
　　　　　　　　　　　　　　　　　　　　　　　　　あなたの友だちの
　　　　　　　　　　　　　　　　　　　　　　　　　　　　　　ビルより

[解答]　1　ⓐ glad または happy　ⓑ to　ⓒ fond　ⓓ for
2　① 切手を気に入ってもらえれば幸いです。　②（これからも）ときどき切手をもっと送るつもりです。　③ あなたにいく枚か（レコードを）送りましょうか。
3　イ，オ，キ　　4　I am going to send you more from time to time.
5　(1) He has two (brothers).　(2) No, they aren't.　(3) Yes, he will.
6　ウ　　7　アとエ
8　(1) He is very kind to us.　(2) Shall I show you my album ? (Shall I show

my album to you ?) (3) Will you send me your picture (photo) ? (Will you send your picture to me?)

第3日

【出題傾向】 助動詞を中心に，動詞の変化，比較，形容詞・副詞などの知識をためす問いが多い。2年前期の実力があれば十分こなせる問題。

[解説] ②　① 比較級に　② 〜ing 形に　③ 過去形に
③　(B) よろしい　(C) ねばならない
④　「きみはたいへん早くおきたね」という文にする。
⑤　be fond of＝like
⑥　always は一般動詞なら前，be 動詞ならあとにおく。
⑦　homework は複数にできない名詞なので注意。
⑧　「いつ」宿題をやるかを問題にしている文。
⑨　(1) [e]　(2) [A] の音をえらぶ。
⑪　(1)「おそい（く）」(2)「たずねる」をそれぞれ書けばよい。
⑫　(1) May I〜? で文を始める。(2) must の過去形の had to を使う。

[意味] ネッドはたいへんスポーツが好きです。彼は日曜日には野球をします。この前の日曜日，彼はいつもより早く起きました。彼は顔を洗って，居間へおりて行きました。
　彼のお父さんは新聞を読んでいました。彼はネッドを見て言いました。「ああ，ネッドか。けさはずいぶん早く起きたね。野球をするのかい。」
　「ええ，そうです。」とネッドが言いました。
　ネッドは台所へ入って行きました。彼のお母さんは朝食をつくっていました。彼女は言いました。「ネッド，午前中は野球をしていいわ。でもおひる前にもどってこなければいけないわ。あなたにはきょうたくさん宿題があるからね。」
　「わかったよ，お母さん。ぼくは午後宿題をやりますよ。」とネッドが答えました。彼は朝食をたべてから，グローブとバットをもって出かけました。

[解答] ①　ウ　②　① earlier　② reading　③ ate
③　Ⓐ am　Ⓑ may　Ⓒ must　④　You got up so early
⑤　likes much　⑥　ア　⑦　エ　⑧　ク　⑨　(1) イ (2) ア
⑩　ウ，カ　⑪　(1) late (2) ask
⑫　(1) May I use your pencil ?
　(2) I had to do my homework before supper (dinner).

第4日

【出題傾向】 英文としてはやさしいほう。動詞の変化と不定詞の知識をためす問題が多く

解説 ① ①，③，④ それぞれ過去形にすればよい。
② 「のがれようとした」をえらぶ。
③ (4) Because～．でうける。
④ ④は形容詞的用法　⑧は「目的」を示す副詞的用法（～するために）⑥は「原因」をあらわす副詞的用法（～して）
⑤ too は「あまりに～すぎる」
⑥ この poor は rich（金持ちの）と対照した意味ではない。
⑨ (1)「なにか飲みもの」something to drink　(2) asked her to～ の型を使う。
(3)「悲しかった」was sad

意味 きのう，トムは昼食後する仕事がありませんでした。そこでお父さんが彼に数冊の本を買うために書店へ行ってきてほしいとたのみました。彼はバスの停留所へと急ぎ，3時にそこへつきました。バスを待っていたとき，彼は1ぴきの小犬を見ました。その犬は通りを渡ろうとしていました。
　ちょうどその時，1台の自動車がすばやく走ってきました。小犬は逃がれようとしました。しかしおそすぎました。小犬は倒れ，動かなくなりました。
　「かわいそうに．！」と彼はさけびました。ところがよく見てください。とつぜん小犬は立ちあがって，去って行きました。
　彼は小犬が無事だったのに気がついて，たいへんうれしくなりました。

解答 ① ① hurried ② waiting ③ fell ④ stood　② イ
③ (1) No, he wasn't. (2) No, he didn't. (3) He saw a little dog.
(4) Because he found (that) the little dog was safe.
④ Ⓐ イ Ⓑ エ Ⓒ ア　⑤ おそすぎた。　⑥ c　⑦ イとカ
⑧ ウ
⑨ (1) Give me something to drink, please. (Please give me～．でもよい。)
(2) We asked her to play the piano. (3) I was sad to read the letter.

第5日

【出題傾向】 日常の話題をあつかったやさしい問題。動詞の活用，語順を正す，反意語，同意語，発音，アクセントなどについて設問が出されている。発音記号が一とおり読めるようにしておく必要がある。

解説 ① ② 過去進行形をつくる。
② Ⓐ What a～！Ⓑ Can I～？と感嘆文，疑問文を作る。
③ 「わかりました。」ということばをえらぶ。
⑧ don't, know はそれぞれ [ou] と二重母音で，[ɔː] とのばすのはまちがい。
⑪ 接続詞 when を使って，文をむすぶ。本文1行目～2行目の文を参考にする。

> 〔意味〕 ある日，トムと彼のお父さんは散歩にでかけました。彼らがいなか道を歩いていたとき，トムは自分の前になにかを見ました。彼はそのほうへ走って行って，立ち止まり，大声をあげました。
> トム： お父さん，見て。かえるがいるよ。なんて大きいかえるなんだろう。
> 父： うん，とても大きいね。
> トム： ほら，はねている。おもしろいじゃない？ 家へもって帰っていい？ ペットとしてかえるをかってみたいの。
> 父： いや，トム，いけないね。もう犬とねこの2匹のペットをもっているんだから。2匹いれば十分だよ，トム。それにかえるにはどのようにして，たべものを見つけてやれるの？ かえるが何を食べるか知らないんだろう？ もしかえるをかえば，すぐに死んでしまうよ。
> トム： そうだね。お父さん，行こうよ。

〔解答〕　**1**　① went　② walking　③ stopped
2　Ⓐ What a big frog he is !　Ⓑ Can I bring him home ?　**3**　エ
4　ア　**5**　(1) オとカ　(2) エとク　**6**　イとエ　**7**　ウとオ
8　イ　**9**　(1) イ　(2) オ　(3) ウ　(4) ア　**10**　A frog was seen by Tom.
11　When I was walking along the street, I saw his car.

第6日

【出題傾向】　買物風景をあつかったものなので，内容は別にむずかしくはないが，記述問題が多いので，スペリングに正確さがないと十分な得点がえられない。

〔解説〕　**1**　⑦ 間接目的語と直接目的語とを入れかえたときに必要な前置詞は？
④，⑨ それぞれ適当な冠詞を入れる。
2　① 目的格　② 複数にする。　**4**　名詞 (man) があるので what を使う。
6　(1) [z] 以外　(2) [ʌ] 以外の音をえらべばよい。　(3) 発音する gh をさがす。
9　(1) 魚釣りに行く→go fishing　(2) むずかしすぎる→too difficult

> 〔意味〕　スミス氏はときどき奥さんと買物に行きます。
> 　ある土曜日，2人はそろってスミス氏の新しい冬のコートを買うために店へ出かけました。店員がスミス氏にいく着かの大きい茶色のコートを見せました。スミス氏が大きかったからです。彼はその中の1着がたいへん気に入りました。しかし彼はその値段が高すぎると思いました。ほかのものは少し小さすぎました。そこで彼はいくつかの黒のコートを着てみました。そしてらくに着られるのが1着ありました。彼は奥さんに言いました。「ヘレン，このコートはいいかね。」「ええ，いいですとも。あなたにお似合いですよ。」と彼女が答えました。スミス氏は少しの間どうしようかと考えていました。それから「よし。ではそれを買おう。」と彼は言いました。

|解答| 1 ⑦ to ⑦ The ⑦ a   2 ① him ② coats
3 (1) No didn't (2) Because expensive (3) It Saturday
4 What a big man he was!   5 thinks is   6 (1) ウ (2) ア (3) イ
7 (1) autumn (または fall) (2) Thursday (3) tomorrow
8 (1) woman (2) husband
9 (1) He often goes fishing with his brother.
(2) I think (that) this book is too difficult.

第7日

【出題傾向】 対話文の流れをしっかりとらえられるかどうかを軸に，英問英答，部分訳，前置詞の補充，発音，語形変化の問題が加えられている。

|解説| 1 イ．I'm never careless.（決して気をゆるめたことがない。）
オ．I'll be right down.（すぐおりて行きます。）
カ．I'll be right over.（すぐそちらへ行きます。）
2 ⑦「～をきく」という慣用句を作る。 ⑦ 乗物の前に使う前置詞は？
3 (1) 主語＋did で答えをまとめる。
4 過去の進行形を作る。put は putting となる。
6 not always いつも～とはかぎらない（一部否定）

|意味| ケイトはダンスへ行くために身じたくをしていました。姉のメアリはピアノをひいていました。メアリは美しくひいていました。とつぜん電話がなりました。お母さんが出ました。
「ケイト，ジムくんがあなたに話がしたいんですって。電話口へこられる？」とお母さんが声をかけました。
「ええ，お母さん，すぐおりて行くわ。」とケイトが答えました。彼女は上着をきて，急いで階段をおりてきました。
「メアリ，静かにひいてください。ジムは電話ではっきり口をきかないのです。」と彼女が言いました。
「たぶんあなたが彼のいうことをよくきかないからでしょう。」とメアリがいいました。しかし彼女はもっと静かにひき始めました。
「もしもし，ジム」とケイトが言いました。
「もしもし，ケイト。用意ができた？」
「もう少しのところ。あと15分で完了よ。」とケイトが言いました。
「わかった。ぼくは車で15分あればそちらへかんたんに行かれるよ。」とジムが言いました。
「あまり飛ばして運転しないでね。」
「心配いらないよ。注意して運転するから。」とジムが言いました。「たぶんぼくだって，いつもゆっくり運転してるとはいえないけど，けっしてゆだんなんかしないから。」

「わかったわ，ジム。あなたがここへつくまでに出られる準備をしておくわ。」
「オー・ケー，すぐにそっちへ行くよ。」とジムが答えました。

[解答] [1] ①オ ②ウ ③ア ④イ ⑤エ ⑥カ [2] ㋐ to ㋑ by
[3] (1) mother did (2) called Kate (3) No wasn't
[4] She was putting on her robe.
[5] 15分あればかんたんにそこへ行けます。 [6] ウ
[7] (1) ア (2) ウ (3) イ [8] (1) spoke (2) hear (3) easy

第8日

【出題傾向】 会話体独特の表現と，道案内の英語についての知識が十分かどうかで得点がきまるような問題。

[解説] [1] Ⓐ「あなたの家族」を1語であらわしたものを使う。 Ⓑ「いつもと同じ」とする。 Ⓒ「どうしたらそこへ行けますか」という文にする。
[2] ㋐ How about ～ing～? で「…してはどうだろう」というきまった表現になる。
[3] 肯定文に使われる anything は「何か」という意味ではない。
[7] miss は「見のがす」の意味。
[9] 道案内の部分の英語をよく読むこと。
[10] (1) [ɔ:] (2) [ə:] (3) [ei] (4) [ʌ] (5) [ou] の音をそれぞれえらぶ。

[意味] ジョン： こんにちは，ビル。
ビル： こんにちは，ジョン。ご家族はいかが。
ジョン： おかげさまで元気です。ところであなたのほうは？
ビル： 相変わらずです。いまどこへお出かけですか。
ジョン： きょうは娘の誕生日なんです。娘はあまいものならなんでも好きなんです。わたしはなにかあまいものを家へもって帰ろうと思っていました。
ビル： 英国のチョコレートを買われてはいかがですか。ここからあまり遠くないところによいお菓子屋があります。
ジョン： そうですか。どうしたらその店へ行けますか。
ビル： 2丁ほどまっすぐ先へ行きなさい。信号の手前で右へ曲がってください。郵便局と反対側にあります。
ジョン： 通りのどちら側ですか。
ビル： こちら側です。進行方向右側です。見おとすことはありません。
ジョン： ありがとう。わたしはあまり買物に出歩かないので，町のこのあたりの地理はなにも知りません。

[解答] [1] Ⓐイ Ⓑウ Ⓒオ [2] ㋐ getting ㋑ shopping [3] ア
[4] would [5] オ [6] candy shop
[7] 見おとすことはありません。 [8] エ [9] (1) Ⓓ (2) Ⓒ
[10] (1) オ (2) イ (3) ウ (4) オ (5) エ [11] (1) left (2) near

第9日

【出題傾向】 内容のおもしろい話。受動態と不定詞の知識をためす設問が中心なので，結果があまりよくない場合は，関係する単元をもう一度見なおしてみる必要がある。

[解説] ① ⑦，④ 過去分詞，現在分詞になおして，それぞれ受動態，進行形を作る。
② 「それをきいておどろいた。」という文にする。
③ ① was awaked by～に目をさまされた ② something good to eat なにかおいしい食べもの ③ asked it to be～それに……になるようにたのんだ ⑤ No gentleman～紳士はだれも……しない
⑥ 「～して」と「原因」をあらわす副詞的用法をえらぶ。
⑦ (1) a black and white cat は「白と黒のぶちのねこ」で1匹であることに注意。
⑩ (2) 食べられるでしょう will be eaten

[意味] むかし，白と黒のまざった1匹のねこがいました。彼はトムという名をつけられました。ある日彼は森の中の木の下で眠っていました。とつぜん彼は鳥の声で目をさまされました。そのとき彼はたいへん空腹でした。彼はなにかおいしいたべものを食べたいと思いました。

　彼はあたりを見まわしました。彼は青い空を見上げたり，みどりの草を見おろしたりしました。なにかが木の中で動きました。それはすずめでした。

　彼はすずめにむかって話しかけ，友だちになってくれるようにたのみました。すずめが近づいてきたとき，彼はつかまえました。彼はすずめを食べようとしました。すずめは「紳士というものはだれも顔を洗い終わるまで食事に手を出さないのです。」と言いました。

　ねこはそのことをきいておどろきました。彼は足で顔を洗い始めました。その間にすずめは飛び去りました。

　ねこはごちそうを失って残念でたまらず，「わたしは今後生きているかぎり，はじめに食事をして，あとで顔を洗うことにしよう。」といいました。

[解答] ① ⑦ named ④ sleeping ② was surprised to hear that
③ ① 彼は鳥の歌声で目をさまされた。 ② 彼はなにかおいしい食べものをたべたかった。 ③ それ（すずめ）に彼と友だちになってくれるようにたのんだ。 ⑤ 紳士たるものは顔を洗い終わるまで，食事に手を出さないものである。
④ The sparrow was caught by him. ⑤ ア ⑥ ア
⑦ (1) There was one. (2) No, he couldn't. (3) He was sad.
⑧ ウ，カ，ク ⑨ ウ，オ
⑩ (1) The car was washed by him. (2) This cake will be eaten by them.

第10日

【出題傾向】 比較的やさしい英文手紙を通して，現在完了を軸に，英問英答，内容の真

偽，発音，和文英訳などの問題が出されている。発音記号が読めるかどうかも得点にえいきょうする。

[解説] 1 Ⓐ「～以来」Ⓑ 前置詞を入れ，「～で有名だ」とする。
2 ② 現在完了を作る。
3 (ア) catch cold かぜをひく (イ) この現在完了は「経験」をあらわす。
5 名詞がないので How～！の文にする。
7 (1)の問いの意味「ジョージはどこへ行っていましたか。」(2) How long～?「どのくらい……でしたか。」3日前にねこんだので，きょうを入れると4日間になる。
(3) Because で文を始める。
9 (1), (2)とも現在完了の文を完成する。

[意味] 親愛なるナンシーへ
　すぐに返事を書かなくてすみませんでした。ぼくは3日前京都からもどってきました。でも京都から帰る列車の中でかぜをひいてしまい，それ以来病気でねこんでいます。ぼくはいまベッドの中でこの手紙を書いています。
　京都は古いお寺や神社で有名です。しかしあなたが前にそこへ行かれたことがあるという話はきいていません。そこでぼくはあなたにいく枚かの絵はがきを送るつもりです。
　それらを気に入ってくだされば幸いです。
　この前のあなたの手紙の中に「私はとても一生けんめい勉強した。」と書いてありましたね。ぼくはそれを読んでたいへんうれしかったのです。
　さて，ここでこの手紙をおしまいにしようと思います。
　できるだけすぐにお手紙ください。
　　　　　　　　　　　　　　　　　　　　あなたの友だちの
　　　　　　　　　　　　　　　　　　　　　　ジョージより

[解答] 1 Ⓐ since Ⓑ for　2 ① writing ② studied
3 (ア) 京都から帰りの列車の中でかぜをひいた。(イ) あなたは前にそこへ行ったことがある。(「そこにいたことがある」としてもよい。)
4 イ，ウ　5 How glad I was to read it !　6 ア
7 (1) He has been to Kyoto. (2) He has been sick in bed for four days.
(3) Because he was sick. または Because he caught cold.
8 (1) ア (2) イ (3) ウ (4) ウ (5) ウ
9 (1) has been busy (2) ever been to

第11日

【出題傾向】 対話文を通して，内容の把握，部分訳，空所補充，不定詞の用法，発音関係の問題が出されている。

[解説] 1 前の文で述べたことに対する問い。現在完了の疑問文をえらぶ。

2 what to〜「何を〜すべきか」 3 その内容を問題にしている。
4 前に何を提案しているかをつかむ。 5 in a few minutes「2，3分たつと」
6 父のじゃまになるかを確かめている。 8 不定詞の形容詞的用法をえらぶ。
9 don't have to〜「〜しなくてもよい」を使う。
12 (1) [ou] (2) [t] (3) [z] 以外の音をえらぶ。

[意味] ブラウン夫人： あなたは宿題が終わりましたか。
ジャック： いいえ，まだ始めていないんです。
ブラウン夫人： なぜ始めなかったの。
ジャック： 何を書けばよいのかわからないんです。
ブラウン夫人： あした学校で何をするの？
ジャック： お話をするんです。先生はぼくたちに物語を1つもってくるようにと言ったんだけど，ぼくは知らないんです。
フレッド： ラジオがいいよ。ラジオからいいのを得られるだろう。
ジャック： それはいい考えだ。
ケイト： あら，フランクおじさんが2，3分たつとお話をするわ。
ジャック： うん，彼が助けてくれるだろう。おかあさん，どうぞすぐラジオをつけてください。
ブラウン夫人： でもおとうさんが読書していますよ。
ジャック： おとうさん，ラジオをかけてもいいですか。
ブラウン氏： うん，いいよ。ラジオのほうがこの新聞よりおもしろいだろう。それを聞こう。
フレッド： ぼくは少し手紙を書かなければならない。
ジャック： 君は聞かなくてもいいよ。
フレッド： いいとも，ぼくは行って，自分の部屋で手紙を書くよ。

[解答] 1 ア 2 私は何を書いていいのかわからない。 3 good
4 エ 5 2，3分したら，フランクおじさんがお話をするでしょう。
6 ア 7 ウ 8 ウ 9 ウイエア 10 (1) Jack (2) Fred
11 5人 12 (1) ウ (2) イ (3) エ 13 ⓐ 14 ウ，キ
15 (1) He didn't know what to do. (2) May I turn off the radio?

第12日

【出題傾向】 人が集団として生活する村，町，都市がどのように生まれたかを述べた文。設問として適語の選択，文の書きかえ，和文英訳，部分訳，アクセント，同音異義語，内容真偽，主題選択，空所補充などがある。

[解説] 1 ①「〜の中に」 ⑦ to＋原形（不定詞） ⑩ people は複数を示す名詞
2 did〜動詞の原形にもどす。 3 過去の be 動詞と前置詞を入れる。
4 fe を v にかえて es 5 doesn't have to〜を使う。

|7| began to use「使い始めた」, life in the villages「村の生活」
|8| 能動態の文に。
|13| ① 現在完了形に ②「〜まで」 ③ 仮主語 ④ 関係代名詞

[意味] あなたは都市に住んでいますか。都市がどのようにして出来はじめたかご存知ですか。
　昔，世界にはほんの数千人しか人がいませんでした。これらの人々はいろいろ場所をかえて移動し，食用として動物の狩りをしました。これらの人々が食物を作ることを知ると，彼らの生活は変わりました。彼らはもはや食物をもとめて外へ出かける必要がなくなりました。彼らは一つの場所にとどまって，食物を手に入れることができました。
　人々はたがいに近くに住み始めました。そこで最初の村が生まれたわけです。多くの人々が村で仕事をするためにやって来ました。これらの村はとても大きく成長しました。
　人々が機械を使い始めたとき，村の生活は再び変わりました。工場が建てられました。もっと，もっと多くの人々が工場の近くに住みました。都市はとても大きく発展しました。
　今日，人々の中には小さい町へもどろうとしているものもいます。あなたはなぜかその理由が言えますか。

[解答] |1| ① in ⑦ work ⑩ are　|2| did, begin　|3| were, in
|4| lives　|5| My brother doesn't have to go to school today.
|6| food　|7| 人々が機械を使い始めたとき，村の生活はまた変わった。
|8| People built factories.　|9| エ, ク　|10| イ, キ　|11| エ
|12| ウ　|13| ① have ② till ③ It ④ who（または that）

第13日

【出題傾向】　今まで練習してきた文よりやや長いが，文そのものは2年終了程度で理解できるものばかりである。設問の中心は，助動詞，受動態，目的語を2つもつ文，語いについてである。

[解説] |2| ② この most は「たいていの」という意味。③ may は「かもしれない」
|3| ア．take care of〜…の世話をする　イ．as は「〜のように」
|4| ⑧ would like to〜…したい
|5| 「こわれた窓」→broken window と同じ考え方
|6| (1) some bread は単数にあつかう。(3) 間接目的語をうしろにまわすと，その前に to が必要。
|7| 「よくなる」という意味の well をさがす。
|8| (3) 否定の接頭語として un をつかえばよい。
|9| (1) [ou] (2) [u] 以外の音をえらぶ。

> [意味] ある朝ジェインは外の雪の中に数羽の小鳥がいるのを見ました。
> 「あっ，お母さん。」と彼女は呼びました。「きて，鳥を見てください。」
> 「ゆきほおじろだわ。」と母親が言いました。「たいていの鳥は冬には南へ行くのに，ゆきほおじろは南へ飛んでいかないの。冬じゅうここにいるのよ。」
> 「鳥たちはおなかがすいているかもしれないわ。お母さん，どんな食べものを鳥たちは食べるのかしら。」とジェインが言いました。「パンを食べるのよ。」と母親が言いました。
> ジェインはパンを少しとり出しました。彼女があらわれた時，鳥の中のいく羽かが飛び去りました。一羽の小鳥はにげませんでした。その小鳥はあしをけがしていました。彼女は小鳥のそばの雪の上にパンをおきましたが，食べませんでした。彼女は小鳥を家の中へつれて行きました。小鳥は歩くことができませんでした。彼女のお母さんは小さいゆきほおじろのために，あしをしばってあげました。ジェインはその小鳥の世話をしました。彼女は小鳥にパンと水をあげました。彼女は小鳥を箱に入れ，あたたかい場所におきました。そして何日もたったあと，小鳥のあしはまたもとのようによくなりました。
> ある日，ジェインは小鳥を小さい箱に入れて学校へつれて行きました。子供たちはそれを見てよろこびました。
> 「あなたはそれをかうつもりなの。」と彼らがききました。「私はそれをかってみたいの。」とジェインが言いました。
> 「一羽の鳥は他の仲間の鳥といっしょに住みたいものよ。この鳥だって，もしあなたが家でかうとすれば，楽しくないでしょう。」と子供たちが言いました。ついにジェインは「みんなが言うようにするわ。」と言いました。

[解答] [1] アとエ
[2] ② たいていの鳥は冬になると南の方へ行く。 ③ 鳥たちは空腹なのかもしれない。 ⑨ あなたはそれをかうつもりですか。
[3] (ア) took care of the bird (イ) do as you told
[4] Ⓐイ Ⓑエ Ⓒウ [5] broken
[6] (1) Some bread was taken outside by Jane. (2) wasn't able (3) to (4) The child was glad to see it.
[7] エ [8] (1) inside (2) north (3) unhappy (または sad)
[9] (1) エ (2) オ

第14日

【出題傾向】 ニューヨークの少女が父親と東京へ移住してきた話。
　適語選択，整序，文の書きかえ，英問英答，不定詞の用法，発音・アクセント・文のくぎりなど初級の設問が多い。ただし最後の反意語を書かせる問題については，日頃からの関心と練習量がものをいう。

[解説] ① (A) 過去進行形に。主語が複数なのに注意。 (C) 前置詞のあとに使う動詞は，〜ing 形（動名詞）に。
② had better（〜したほうがよい）を使った文に。 ③ 過去の受動態にする。
④ 動詞の目的語になる名詞的用法をえらぶ。
⑦ (1) [au] (2) [e] 以外の音をえらぶ。 ⑧ 接続詞の前でくぎる。
⑨ (1) 2語入れる。 (2) 期間の長さをきく。 (3) 比較の文にする。big は「人口が多い」
⑪ (1)「上へ」 (2)「最後の」 (3)「きれいな」 (4)「やさしい」 (5)「同じの」の各英語を書く。

[意味] 夏の朝の7時半でした。エリカは，お父さんと朝食——パン，卵，コーヒー——をとっていたとき，まだ疲れていました。2杯目のコーヒーのあとで，彼女のお父さんは新聞をおき，何か言いました。エリカは聞いていませんでした。「お父さん，何を言ったの？」
「お前は2，3年間日本に住みたいかね。」と彼がたずねました。エリカはお父さんの顔を見ました。彼はほほ笑んでいましたが，彼が冗談でないことがわかりました。彼女は茶わんを置きました。彼女は家のことを考えました。友だちのことを考えました。もう1年行かねばならなかったので，高校のことも考えました。彼女はもう一度お父さんの顔を見ました。彼はもう笑っていませんでした。彼女は彼の顔を見るとすぐに，ほほ笑んで「いつたつの？」と言いました。
「まだきめていないが，でもすぐ行ったほうがいい。」
3か月後，エリカは友だちに別れを告げ，お父さんと東京へ行きました。はじめ，東京はたいへん異なった場所のように見えました。東京にはニューヨークより多くの人々がいました。空気は汚れ，太陽を見るのも少し困難でした。だが6か月東京に住んでから，エリカは滞在して，日本についてもっと学ぶ決心をしました。

[解答] ① (A) エ (C) ウ ② イエアウ
③ The newspaper was put down by her father. ④ ア ⑤ イ
⑥ ア，オ ⑦ (1) イ (2) ア ⑧ イ
⑨ (1) half past (2) long (3) bigger than ⑩ エ
⑪ (1) up (2) last (3) clean (4) easy (5) same

第15日

【出題傾向】 現在完了を随所に使った対話文の読みとりが十分かどうかで，得点成績の良否がきまってしまう問題。この問題で合計得点が60点以下の場合は，現在完了についての総復習が必要。

[解説] ① いずれも過去分詞になおして現在完了を作る。
② Ⓐ 「そのときから」 ③ just は have と過去分詞の間におく。
⑤ (1) どこへ行っていたのですか。

14

6 (1) [au] (2) [ɑːr] の音をえらぶ。   8 (4) 否定の疑問文を作る。

> **意味**
> ジョン：　こんにちは，ジャック。最近きみを見なかったね。どこへ行っていたの？
> ジャック：　いなかへ行っていたんだよ。ぼくのおじがいなかに農場をもっているので。4週間そこにいて，ちょうどもどってきたところなんだよ。
> ジョン：　いま思い出したよ。5週間ほど前にきみに図書館であったね。それからずっときみにあっていないんだ。いなかでは楽しかったかい？
> ジャック：　とても楽しかったよ。こんなに楽しいことは今までになかったよ。ジョン，きみは今なにをしているの。
> ジョン：　ぼくは3週間前に夜学に入ったんだよ。フランス語の勉強を始めたんだ。
> ジャック：　それで，クラスできみの友だちのだれかにあったの？
> ジョン：　あったとも。きみはフランクとトムを知っているかい。彼らも夜学に通って3週間になるよ。
> ジャック：　フランス語っておもしろいの？
> ジョン：　もちろんだよ。なぜきみも入らないのかね。
> ジャック：　そうね。たぶんぼくもこれから入るつもりだよ。

[解答] 1 (ア) begun (イ) met   2 Ⓐ since Ⓑ had
3 have just come back   4 ウとオ
5 (1) どこへ行っていたのですか。 (2) country (3) 私は今までこんな楽しい時をすごしたことがない。
6 (1) ア (2) ウ   7 (1) eve (2) mem (3) li (4) in
8 (1) ever seen (2) never read (3) has been (4) don't you

第16日

【出題傾向】 読書ずきな少女の話を通して，現在分詞，動名詞，慣用句などを基にした設問が出されている。この程度の英文がこなせれば，中級へ進むことも容易になってくるだろう。

[解説] 1 Ⓐ be going to Ⓑ listen to（～をよくきく）
2 前の名詞を形容するために現在分詞になおす。   3 否定の疑問文にする。
4 (1) ① like→be fond of ⑤「答えなかった」とする。(2)「けっして行って遊ばない」という文を完成する。(3) ③ asks her to go（彼女に行くようにたのむ）
④ How about～？（～してはどうだろう） ⑥ one another と同じように使われる慣用句。
5 現在分詞の中から1つ動名詞をえらぶ。
6 (1) [e] (2) [ou] 以外の音をえらぶ。
7 (1) stop～ing (2) How about～ing～？ (3) I hear～. を応用できればよい。

> [意味] アリスは読書がたいへん好きです。彼女はひまなとき，いつも本を読んでいます。彼女のお父さんはときどき彼女に出かけて友だちと遊ぶように言います。しかし彼女はけっしてそうしません。彼女のお母さんはたびたび彼女に買物に行くようにとたのみます。しかし彼女はいつも「いま読書中です。」または「これから読書をするところなのです。」と言います。
>
> この前の日曜日，父親のグラント氏が奥さんと娘に言いました。「今晩，映画に出かけたらどうだね。セントラル劇場でよい映画をやっているよ。」
>
> 「とてもすてきだわ。」とグラント夫人が言いました。「すばらしい映画だそうですね。おとなりのジョーンズさんが先週見に行って，私に話してくれましたわ。」
>
> 「では，出かけよう。」とグラント氏が言いました。「アリス，私たちといっしょに行くね？」アリスはソファーに腰かけて，本を読んでいました。それはインドに住んでいるあるお金持ちと3人の美しい娘についての物語でした。アリスはこのような物語を読むのが好きでした。彼女はお父さんの言うことをきいていませんでした。
>
> 「アリス，私たちといっしょに行きたくないのかね？」とお父さんが もう一度言いました。しかしアリスは読書をやめませんでした。彼女は返事をしませんでした。グラント夫妻はおたがいに顔を見合わせて，2人だけで行くことにきめました。

[解答] 1 Ⓐ to Ⓑ to 2 living 3 Don't you want to go with us
4 (1) ① fond ⑤ did (2) goes plays (3) ③ 彼女の母親はたびたび彼女に買物に行ってもらいたいとたのみます。 ④ 今晩，映画を見に行こうじゃないか。 ⑥ たがいに 5 (エ) 6 (1) ウ (2) エ
7 (1) She stopped playing the piano. (2) How about going shopping?
(3) I hear he is a wonderful singer.
8 (1) busy (2) poor (3) husband (4) son

第17日

【出題傾向】 昔は静かな村だったが，現在では自動車の騒音になやまされ，子供たちはテレビばかり見て，外へ出て遊ばなくなってしまったという内容の文を通して，内容の真偽，英問英答，文の書きかえ，発音・アクセント，和文英訳などが設問として出されている。few, most, every, all などのこまかい語法に注意する必要がある。

[解説] 3 ① almost as～as（ほとんど～と同じくらい） ③ few の前に a がないので，否定の意味にあつかう。
4 「私が少年のとき」 6 (2) every は単数，all は複数にあつかう。
7 (1) [ʌ] (2) [ou] (3) [z] (4) [ei] の音をえらべばよい。house [haus] は複数になると前の s も [z] になる。houses [háuziz]

[意味] 私の住んでいる村は50年前は静かな小さい村でした。今は日曜日ごとに何百 という自動車がおそろしいスピードで通りを走るように変わってしまいました。その村は大きな町の通りとほとんど同じようにやかましくなりました。
　少年時代に，私は馬の背にのって楽しみました。今では農場で作業をしている馬はほとんどいません。農夫たちはトラックターを運転し，馬を使っていません。私が少年のころは，村に電気がありませんでした。現在では村のあらゆる家にラジオがあり，ほとんど全部にテレビもあります。
　子供たちのほとんどはテレビの前にいたがっています。テレビは子供たちの目に害がないでしょうか。子供は戸外で走りまわったり，遊んだりすべきです。
　私の若い友人たちは私に「なぜテレビを買わないのですか。」と言います。
　そこで私は次のように答えてあげます。「私はまだこれからたくさんのよい本を読みたいと思っている。読書とテレビの両方にひまを見つけることができないから。」

[解答] ① ウ，オ　 ② 老人
③ ① その村は大きな町の通りとほとんど同じくらいやかましい。　③ 今では農場で働いている馬はいない。　④ when I was a boy
⑤ (1) It was quiet. (2) Yes, they do. (3) No, they don't.
⑥ (1) read (2) have　⑦ (1) Sunday (2) ago (3) years (4) today
⑧ (1) joy (2) al (3) tel
⑨ (1) We saw hundreds of beautiful roses.
(2) Most of the boys like to play baseball.

第18日

【出題傾向】人里はなれた村に住んでいた少年が友だち欲しさにビンの中に手紙を入れ，ついに文通の友だちをさがしあてたという話を通して，適語補充，適語選択，文の書きかえ，語形変化，アクセント，文のくぎりなどの設問が広範囲にわたっている。特に前置詞，接続詞の知識がこの文ではものをいう。

[解説] ① (A), (B), (C)とも適当な前置詞を入れる。
② ① もし受けとったら　② 〜ではないかと心配している　③ 〜をわたって
③ (1) too〜to〜→so〜that〜can't〜　(2) 過去の受動態にする。(3) 過去の進行形にする。
④ (1) 前の sister を形容するために過去分詞にする。「〜と名をつけられた妹」

[意味] ビルは父，母，ナンシーという妹といっしょに小さい村に住んでいました。彼らは村の他の人々から離れたところに住んでいました。彼には遊ぶ友だちがいませんでした。ナンシーはあまり年が下なので，ビルといっしょに遊べませんでした。
　去年の夏の間に彼によい考えがうかびました。彼は手紙を書いて，「ぼくは男生

徒で，14歳です。ぼくは友だちがほしい。この手紙をうけとったら，ぼくあて手紙を書いてください。」という文面をつくりました。
　彼は手紙をびんの中に入れ，彼の家の前にある川の中へそれを投げこみました。「だれもぼくに返事を書いてはくれないだろうな。」と彼はひとりごとを言いました。
　3か月後，そのびんはある女生徒によってフランスの海岸でひろわれました。彼女はびんの中の手紙を読んで，ビルに返事を書きました。彼女の手紙には「私はイギリスの友だちをもってなんて幸福なんでしょう。私は14歳です。私はあなたとおない年です。」と書いてありました。
　ある日，ビルはフランスの少女から手紙をもらったのです。彼は彼の手紙が海をわたって流れついたのを知って，たいへんよろこびました。

【解答】　[1]　(A) from　(B) with　(C) into　　[2]　① ア　② ウ　③ オ
　[3]　(1) so　(2) The letter was put in a bottle by him.
　　　(3) She was reading the letter in the bottle.
　[4]　(1) named　(2) younger　(3) French　　[5]　(1) ウ　(2) イ　　[6]　イ
　[7]　(1) see　(2) right　(3) through　　[8]　ウ，カ

第19日

【出題傾向】　少年がおそいかかろうとするライオンをたくみにだまして，ハンターに助けられるという話を通して，空所補充，内容真偽，文の書きかえ，発音などについての問いが出されている。前置詞についての正しい知識が特に要求される。

【解説】　[1]　①「たずねた」　④「家へむかって」　⑤「途中で」　⑥「〜をこわがった」
　　⑧「好きだった」という語句をつくる。
　[4]　as は「〜なので」　　[5]　⑦ 動名詞を使う。
　[8]　(1) [ai]　(2) [ə:]　(3) [u:] の音をえらぶ。　　[9]　Don't で文を始める。

【意味】　ある日，トムは村にある彼の友人の家をたずねました。彼はその友人に歓迎されました。彼らは楽しい時をすごしました。暗くなってきたので，彼は友人に別れをつげ，家へとむかいました。
　家へ帰る途中，彼は森を通りぬけて行きました。その森は彼の家から遠くはなれてはいませんでした。ところで彼は運わるくライオンに出くわしました。彼はたいへんライオンをこわがりました。そこで彼は逃げ出そうとしましたが，そうすることができませんでした。
　「ぼくを殺すつもりなんだね。」と少年はライオンに言いました。「でもぼくのために1つ歌をうたってください。死ぬ前におどりたいんです。ぼくはおどりが大好きです。」
　「よろしい。お前のためにうたってあげよう。お前をたべてしまうまえに，お前のおどりを見たいから。」とライオンが答えました。

そこでライオンはうたい始めました。ライオンがうたい，少年がおどっている間に，数人のハンターがその物音をききました。彼らはすばやく走ってきて，ライオンをつかまえました。

[解答] **[1]** ① at ② in ③ by ④ for ⑤ On ⑥ of ⑦ to ⑧ of
[2] ウ **[3]** ウ，エ **[4]** 暗くなってきたので **[5]** ④ far ⑦ singing
[6] run away **[7]** sing **[8]** (1) ア (2) ウ (3) エ
[9] Don't be afraid of the dog. （または You must not be afraid of the dog.）

第20日

【出題傾向】 かぎを落としたと思って，さんざん苦労したあげく，家の中へ入ったが，実ははじめから家におき忘れていたというよくある話を通して，前置詞を中心に，空所補充，書きかえ，文の意味などについていろいろな設問が出されている。文が相当長いので，しっかり文意がつかめるよう，ていねいに読むことがたいせつ。

[解説] **[2]** Ⓐ「〜を待つ」Ⓑ「〜をさがす」Ⓒ「家へ帰る途中で」Ⓓ「〜を見上げる」Ⓔ「〜まで」の語句を作る。
[3] 話の終わりのほうを読むとわかる。 **[4]** half an hour（30分）
[5] ② The windows of all the other rooms on the first floor are shut. と語順をおきかえて考えればよい。 ④ each のあとに boy が省略されている。
[7] 動詞の open の中に形容詞の open が1つある。
[8] 本文の文脈の要点をしっかりとらえていれば問題ない。

[意味] ジムとテッドはお母さんといっしょに30分ほど散歩をしていました。そして，いま彼らは玄関の入口のそばに立って，お母さんが戸をあけるのを待っています。ワレン夫人はバッグの中で家のかぎをさがしますが，見つかりません。「たぶん帰りみちに落としたのでしょう。」と彼女は言います。2人の少年はゆっくり歩いて，家の近くを注意深く見ますが，かぎを見つけることができません。
「家のうらへ廻りましょう。」とワレン夫人は言います。「台所の窓があいていれば，ジム，そこからあなたがはいあがって，テッドと私のために玄関の戸をあけられるわね。」
「ぼくも台所の窓からあがりたいよ。」とテッドが言います。2人の少年はいそいで家の裏側へ走っていきます。台所の窓はしまっています。それに1階のほかの窓も全部しまっています。
「浴室の窓があいているよ。」とジムが言います。彼は2階の方を見上げます。
「自転車置場の屋根にあがって，それから……」
「いけません，ジム。」とお母さんが言います。「ジャックがもどってくるまで，もう2，3分待たなければいけません。」
すぐにジャックの姿が玄関に見られ，2人の弟たちは彼にかぎのことをつげるために走っていきます。ジャックはみじかいはしごを持ってきて，急いでそれにのぼ

り，浴室の中に入ります。弟たちもはしごにのぼりたがっていますが，お母さんが2人の手をそれぞれつかんで，彼らを玄関のほうへつれていきます。ジャックは走って階段をおりてきて，玄関の戸をあけます。彼らがようやく家の中へ入ってみると，かぎはなんとテーブルの上においてあるではありませんか。

解答　1　ウ，キ，ク
2　Ⓐ for　Ⓑ for　Ⓒ on　Ⓓ at　Ⓔ till（または until）
3　オ　　4　thirty
5　② 1階のほかのへやの窓も全部しまっている。　④ めいめいの少年の手をつかんで　　6　Ted と their mother（Mrs. Warren でもよい）　　7　(イ)
8　(1) shut　(2) bathroom　(3) Jim　(4) Jack　(5) key　(6) table

Bコース

第21日

【出題傾向】 読書好きの少年が父親にすすめられて工場見学をし，初めて実際に学ぶことの尊さを体験したという話を通して，関係代名詞・現在完了・動名詞・不定詞など重要な単元についての理解度をみようとしている。

【解説】 1 Ⓐ 動名詞を入れる。 Ⓒ 関係代名詞を入れる。 Ⓓ 完了形を作る。
Ⓗ 関係代名詞を入れる。ただし先行詞の前に all があるので注意。
4 過去の受動態にする。　5 「弱い」という語をえらぶ。
6 " " の中は命令文にする。
7 「つれていった」という用法をえらべばよい。
8 うしろの音節にアクセントのある語が2つある。
9 (1) as～as～can (2) ～want one to～ の表現を応用すればよい。

【意味】 フレッドは本を読むことが好きでした。彼はたくさんの本を読んで，いろいろなことを多く知っていました。彼は身体が強くなく，他の少年少女たちがスポーツを楽しんでいる間，家にじっとしているのが好きでした。
　そこで彼の両親は，彼にできるだけたびたび野原や川へ出かけるように言いました。ときどき両親は息子の健康によいような場所に，彼をつれていきました。
　彼のお父さんは工場で働いていました。そしてある日，彼は息子のフレッドと級友の何人かをそこへ招きました。彼は彼らを工場に案内し，質問をうけました。
　フレッドは「ぼくは以前にその工場を訪れたことがなかったけれど，きょうの見学からなにか学んだようだ。」とひとりごとを言いました。
　その晩家族全員が夕食の席についたとき，フレッドが言いました。「お父さん，長い間ぼくは本からだけ知識がえられると思っていました。しかしそれはまちがいでした。ぼくは自分自身の目で見たものすべてからもまた，学ぼうと努力しなければいけないと思います。」
　彼の両親はこの話をきいてたいへんよろこびました。

【解答】 1 Ⓐ reading Ⓑ could Ⓒ which（またはthat） Ⓓ have Ⓔ from
Ⓕ at Ⓖ for Ⓗ that Ⓘ with
2 ㋐ 2 ㋑ 3　3 イ　4 A lot of books were read by him.
5 ウ　6 Go　7 ウ　8 イとク
9 (1) He visited the factory as often as he could.
(2) His parents wanted him to study harder.

第22日

【出題傾向】 日本の高校へ通学しているアメリカの一少女が学校生活に関する感想をのべた文。
空所補充問題が大部分をしめているので，文法の知識，つづり字の正確さが要求される。

[解説] **1** ア.「名まえ」 イ.現在完了の文に ウ.「たくさんの」 エ.受動態に オ.関係代名詞を入れる。 ク.「すべての」 ケ.「あまり～で～できない」という構文に。 コ.2月に来日し，2か月滞在して，来月帰国するので，「5月」
3 (2) before（前置詞）のあとは動名詞を使う。 (3) 3人称・単数・現在の条件に注意。

[意味] 私はアメリカから来たジェイン・スミスです。2月10日に私は高校で勉強するために日本へ来ました。その日から私は2か月間日本にいます。私は現在日本の家族のもとで世話になっています。

私は日の出高校へ通っています。それは大きい，美しい学校です。学校は緑の丘の上に立っていて，学校から市の中心部が見おろせます。私たちの学校では私はたったひとりのアメリカ人ですが，私にとても親切にしてくれる日本の友だちがたくさんいます。私がどうしたらよいかわからないとき，彼らはいつも私を助けてくれます。

私は学校で見ること，することすべてに興味があります。毎日午後すべての生徒が家へ帰る前に教室を清掃します。他の生徒といっしょに作業をすることは私たちにとってとてもよいことだと私は思います。制服を着た生徒たちを見たとき，私はたいへんおどろきました。はじめ私は制服が好きではなかったのですが，いまは好きです。毎日月曜日から金曜日まで午前4時間，午後2時間の授業があります。土曜日は4時間授業です。仲先生が私たちに英語を教えます。彼は英語の授業でたびたび私に彼の手伝いをするように頼みます。彼は私のクラスの全生徒に好かれています。英語を話すことは日本の生徒にはやさしくないのですが，とてもじょうずに話す友だちもいく人かいます。

放課後私はふだん英語クラブで友だちを手伝います。しかしときどきすることがたくさんあるときは，彼らの手伝いができません。

私はとても楽しい時をすごしています。私は日本についてもっと知りたいのですが，来月の第一日曜日にアメリカへもどらなければなりません。

私はけっして日の出高校の先生や友だちを忘れないでしょう。

[解答] **1** ア.name イ.has ウ.of エ.be オ.which（またはthat）
カ.six キ.is ク.all ケ.too コ.May
2 6, 9, 10
3 (1) brother, to, uncle (2) hour, writing (3) breakfast, reads

第23日

【出題傾向】 テレビを見ることのプラス，マイナス面をのべた文。内容はよく言われることなので，常識的につかめると思う。適語補充の問題が中心で，連語の知識が要求される。なお，名詞としての use, lives の発音に注目してほしい。

[解説] ① how many hours 何時間
② spend（一般動詞）を受ける付加疑問文をえらぶ。
③ ③ information（情報）は数えない名詞なので，many ではいけない。 ⑦ in front of「前に」 ④ ④「学校で」⑨，⑩ for〜to〜を使う。
⑥ 話題の中心はテレビ ⑦ without「〜しないで」
⑧ 不定詞の副詞的用法（〜するために）をえらぶ。
⑩ ア．[ɔː] イ．[s] この use は名詞なので，発音は [juːs] ウ．[ai] この lives は名詞 life の複数。発音は [laivz] ⑫ (2) 同音異義語を書く。

[意味] さて，テレビと家庭における私たちの生活について考えてみましょう。今日では，ほとんどすべての家にテレビがあります。家族といっしょに楽しめる多くの興味深いテレビ番組があります。
　ところで，あなたは一日に何時間テレビを見ますか。あなたはテレビを見るために，たくさんの時間を費やしますね。テレビは学校で学ぶことのできない多くの役に立つ情報を私たちに与えてくれます。他方，テレビは，深く考えたり，家族と話したり，本を読んだりするための多くの貴重な時間をとり去ります。私たちは時時，何も考えずにテレビの前にすわっているのに気づくことがあります。
　私たちにとって，良いテレビ番組をえらぶことはとても大切です。私たちは，私たちの生活をよりよく計画するために，それをうまく利用するように努めなければなりません。

[解答] ① あなたは一日にテレビを何時間見ますか。
② エ ③ ③ オ ⑦ イ ④ ④ ア ⑨ エ ⑩ イ ⑤ ウ
⑥ ウ ⑦ 何も考えずに ⑧ ウ ⑨ イ
⑩ ア．4 イ．1 ウ．2 ⑪ イ，オ，キ ⑫ (1) sitting (2) four

第24日

【出題傾向】 家族（両親や姉，兄）のことをのべた文なので，内容はむずかしくないが，設問 ④，⑨ などでは，相当な単語・熟語の実力がないととまどう人が出ると思う。
[解説] ④ ⑦ この pretty は副詞で，「きれいな」という意味ではない。
⑥ ⑪の poor は「へたな」 ⑦ この right は「正しい」の意味。
⑦ 過去の否定文にする。lay の原形は lie
⑧ be interested in〜に興味がある
⑨ (2) 関係代名詞の所有格を使う。 (3) decide→make up one's mind (4) 理由を

あらわす接続詞を使う。　(5) 比較級の文にする。

[意味] 佐藤さんは英語が好きです。彼女は高校生としてはかなりじょうずな英語を話します。彼女の両親は彼女の将来に興味をもっています。昨年彼女のお母さんが「私のタイプライターを使ってもいいわ。」と言いました。2、3日前、彼女のたった1人の姉の美智子さんが「則子、あなたは私よりもタイプを打つのが はやいのね。」と言いました。

　彼女の姉さんは3年間秘書をしています。彼女はアメリカの会社で働いています。

　彼女の兄さんの健治さんもそこで働いています。健治さんは佐藤夫妻のたった1人の息子です。

　佐藤さんは秘書になることを決心しました。きのう彼女はお父さんにそのことについて話しました。そのときお父さんは「お前の英語はへたすぎて秘書になんかなれないよ。」と言いました。

　彼女は悲しくて、床に入ってしまいました。「お父さんの言ったことはほんとなんです。」と彼女はひとりごとを言いました。「私は姉さんほどじょうずに英語が話せないけど、でもいつか……きっと、いつか……。」

[解答] **1** ㊁ for　㋖ that　**2** ウ　**3** イ　**4** ㋐ d　㋑ b
5 a) イ　b) イ　c) ウ　**6** ㋒ⓓ ㋕ⓔ ㋖ⓑ ㋗ⓒ
7 did not lie　**8** 彼女の両親は彼女の将来に興味をもっています。
9 (1) is fond of　(2) whose name　(3) made up her mind　(4) because（または as）　(5) can better than

第25日

【出題傾向】 キャンプ生活に出発した少年の喜びと緊張をのべた文であるが、設問の重点が内容把握におかれているので、全文をていねいに読解することが必要である。

[解説] **1** Ⓐ「自分の身につけてもっていく」 Ⓑ「列車で」 Ⓒ「元気になる」の語句を作る。

2 ⓐ「経験」をのべる表現にする。ⓑ「きっと～だと思う」 ⓒ、ⓓ「私と同じ年齢の」 ⓔ「～より年上」 ⓕ「正午（12時）」 ⓖ、ⓗ「はい、空腹です。」の語（句）を入れる。

3 関係代名詞の前でくぎる。　**4** what で始まる文を作る。

5 take care of ～に気をつける。

6 ⓘ go～ing にする。ⓙ「それほどじょうぶではなかった」とする。ⓚ「楽しい時をすごした。」とする。ⓛ「助け合うこと」と動名詞を入れる。

7 (1) [ou]　(2) [A] 以外の音をえらぶ。

[意味] テッドは興奮していました。彼はキャンプに出かけるところでした。テッドは10歳で、キャンプ旅行は初めてでした。キャンプはペイジ氏のものでした。テッ

ドは大きな都会に住んでいました。ペイジ氏のキャンプは田舎にありました。少年たちにはよい場所でした。少年たちは知らなければならないたくさんのことをキャンプで学びました。

　テッドはもっていくいろいろな荷物をバッグに入れました。彼は列車で旅行することになりました。

　彼は正午ごろキャンプに着きました。数人の少年が駅に彼を出迎えにきました。彼らはテッドにあってよろこびました。テッドは少年たちが好きになりました。彼はきっとキャンプが好きになれると思いました。少年たちの多くははじめてキャンプをしました。彼らのほとんどはテッドよりも年上でした。彼らの中のいく人かはあまり健康そうではありませんでした。彼らにはよい食べものや，新鮮な空気や，日光が必要でした。

　テッドはなんと空腹だったのでしょう。彼は昼食の時間だったのをよろこびました。たいへん豪勢な食事でした。少年たちが必要とするすべての種類の食べものがありました。おたがいに話し合いながら，彼らは食事をしました。昼食が終わったとき，ペイジ氏がテッドに「きみは自分の役割を果たしさえすれば，キャンプが好きになりますよ。きみは自分自身のテントの始末をしなければいけません。また自分の身体に気をつけなければいけません。ここでは健康で，強くならなければいけません。おたがいに助け合うことも学ばなければいけません。」と言いました。

[解答] **1** Ⓐ イ Ⓑ エ Ⓒ ウ
2 ⓐ been ⓑ sure ⓒ as ⓓ as ⓔ older ⓕ noon (twelve) ⓖ Yes ⓗ am **3** ウ **4** What a big lunch it was!
5 きみはまたきみ自身の身体に気をつけなければならない。
6 ⓘ camping ⓙ well ⓚ good (happy) ⓛ helping **7** (1) ウ (2) オ

第26日

【出題傾向】　火は私たちの生活に欠かせない重要なものであると同時に，取り扱いが不注意だと，大きな災害をもたらすという話。
　設問には，適語選択，語形変化，文の書きかえ，和訳・英訳，発音・アクセント，内容真偽などがあり，標準的な問題である。

[解説] **1** ① 付加疑問文に。② 「多くの面で」とする。⑨ 主語は matches ではなく，playing（動名詞）。動名詞は単数の名詞と同じ扱い。⑪ 現在完了形に。⑬ can（助動詞）のあとは，原形を使う。
2 ④ 複数形に。⑥ 過去形に。⑧ 複数形に。**3** 関係代名詞を入れる。
4 受動態になおす。　**5** 「一枚の紙切れ」とする。
6 「助ける」，「殺す」を入れる。
7 No one knows～（だれも～を知らない）
8 You must know (that) のあとに，it～to～の構文を用いる。
11 本文の Ono story から up to the sun. までがヒントになる。

[意味] あなたは毎日火を使いますね。火は多くの面であなたの役に立ちます。それはあなたの家をあたたかくし，あかりを灯し，食物を調理することができます。人々がどのようにして初めて火を使い始めたのかだれも知りません。しかし火についてはたくさんのおもしろい，古い話があります。ある物語には，ロープをつたって太陽まで登り，火を運んできた人のことが書かれています。

今日では人々は火のおこし方を知っています。人々はよく火をおこすためにマッチを使います。子どもたちは時には好んでマッチで火遊びをします。しかしマッチで火遊びをすることはとても危険です。一本のマッチが一枚の紙切れをもやし，やがてその紙が家をもやすかもしれません。小さな火災はすぐに大きな火災になる可能性をふくんでいます。火はこの世のたくさんの人々を殺してしまいました。

火はあなたの生活の中でとても重要です。と同時にあなたはそれがたいへんな危険性をもっていることを知らなければなりません。あなたが火に注意しているならば，火はあなたの味方になります。あなたが不注意に扱えば，火はあなたの命をうばうかもしれません。

[解答] [1] ① you ② in ⑨ is ⑪ have ⑬ be
[2] ④ stories ⑥ brought ⑧ Children [3] who（または that）
[4] are used [5] a piece of paper [6] ⑭ help ⑮ kill
[7] どのようにして人々が最初に火を使い始めたのか，だれも知らない。
[8] You must know (that) it is very important to read good books.
[9] エ, キ [10] イ, ク [11] ア

第27日

【出題傾向】 年老いてからもなお周囲の人々のために奉仕する善意あふるる老人の話であるが，この文を十分読みこなすには，重要な構文（It～for～to～, so～that～, too～to～），連語などの知識が必要である。

[解説] [1] ⓒ one after another という連語を思い出す。ⓓ call on は「人」をたずねるとき，「家」をたずねるときは？ ⓔ 前置詞を入れる。ⓕ「～の世話をする」という連語になる。
[2] この water は規則動詞
[3] so～that～could not～→too～to～
[6] 「思いつく」(think of) という語句を使う。
[7] 「思わなかった」という否定文にする。
[8] other＋複数の名詞に
[11] (1) [ei] (2) [au] の音をえらぶ。
[13] (1) It～for～to～ の文型を使う。(2) 接続詞に though を使う。

[意味] 昔，アメリカ合衆国に1人の老人が住んでいました。彼はたいへん年をとっていたので，精一杯働くことはできなかったけれども，彼はなお他人を助けるため

になにかすべきだと考えていました。このような人助けのための暮しをもとめることは，彼にはやさしいことではありませんでした。というのは彼は強健でなかったし，お金もなかったからです。ついによい，とても簡単な計画が彼にうかびました。
　彼は近くの町へ行き，通りから通りを歩き始め，一軒一軒家をたずねて，仕事をあたえるようにたのみました。彼はたいへん年老いて見えたので，だれも彼が十分に働けるとは思いませんでした。しかし人々は彼を気の毒に思い，彼らのいく人かは彼のために小さい仕事を見つけてあげました。
　やとわれた何軒かの家では彼は庭に水をまきました。他の家では落葉をはき集めました。ときどきは，子供たちの面倒を見ました。彼にお金を支払う日がきたとき，人々は，彼がまったく変わった人だと気がつきました。というのは彼は仕事の報酬として熟したりんごだけをもらったからです。

[解答]　[1] Ⓐ an　Ⓑ for　Ⓒ after　Ⓓ at　Ⓔ for　Ⓕ of　[2] watered
　　　[3] too to work　[4] other people　[5] something to help others
　　　[6] thought　[7] didn't think　[8] other houses
　　　[9] apples　[10] leaf　[11] (1) ウとオ　(2) ウとエ　[12] ウ
　　　[13] (1) It isn't easy for me to read this story.　(2) Though he was very old, he had to work.（または He was very old, but he had to work.）

第28日

【出題傾向】　郵便の発達史についてのべた文。
　前置詞を書きこむ問題と最後にある要旨を書かせる問題に特色がある。他に同音異義語，語形変化，内容真偽などが加えられている。

[解説]　[2] ①「〜の必要」は need for　②特に広い場所ではないので，in ではない。③「その当時は」　④「大草原や山々を越えて」　⑤「何百の」
　　　[3] 場所をあらわす語句の前でくぎる。
　　　[5] エ．主語として使えるのは，動名詞か不定詞。　カ．複数形に。
　　　[6] men riding fast horses（早馬に乗った人たち）
　　　[7] キ．「〜なので」　ク．関係代名詞を入れる。

[意味]　人々が最初にアメリカへ来たとき，手紙を送る手段がありませんでした。その当時は，町もほとんどなかったので，郵便の必要もあまりなかったのです。
　その後，だんだんと多くの町が川の沿岸や湖のまわりにできてきました。もっと多くの人々が一方から他方へ移動し始めました。新しい場所に着いたとき彼らは友だちに手紙を書きたいと思いました。彼らは友だちに家族のこと，新生活のこと，未来のことについて伝えたいと思いました。
　しかし，その当時は，ニュースを送ることはむずかしかったのです。道路は少なく，悪かったので，郵便物のほとんどは，船で川に沿い，または湖をまわって町へ

運ばれました。
　　船で郵便物を送ることは，時には安全でした。しかし強い風がふくと，船はたびたび沈みました。当時の人々は，手紙を送るためのもっとよい方法を見つけなければなりませんでした。
　　やがて，町や都市が西部にできあがりました。それから，早馬に乗った人々が郵便物を運び始めました。これらの人々はひとりで馬に乗りました。彼らは大草原や山々をのり越えました。彼らは日夜乗りつづけました。ほぼ10マイルごとに彼らは馬を乗りかえました。彼らが100マイルを乗り終えたとき，別の人々が乗り，郵便物を運びました。もっとよい道路ができたので，駅馬車が郵便物を運び始めました。駅馬車は何週間もかかって数百マイルの道のりを走りました。
　　今日では，郵便物は一夜のうちに急行列車で数百マイルも運ばれます。ときには，飛行機で送られます。
　　あなたが手紙を書く場合，今日，可能なかぎりすばやく手紙を交換できるようになったそのいきさつを考えてみなさい。

[解答] ① エ, オ　② ① for ② at ③ in ④ over ⑤ of
③ (2)　④ begin, begun ; wrote, written
⑤ ㊤ Sending (または To send)　㊋ These
⑥ それから早馬に乗った人たちが郵便物を運搬し始めました。
⑦ ㊖ As ㊗ which　⑧ (2), (4)
⑨ 初期のアメリカにおける郵便の発達について（20字）

[第29日]

【出題傾向】　この長文はおじさんの自動車事故を心配して，ガレージにかけ込んだ少年が，おとなの話を不安そうに聞いている内容だが，なんといっても接続詞を要所要所に正しく使えないと，合格点は望めない。さらに英問英答・付加疑問文・現在完了の知識も必要である。

[解説] ① ㋐ ときに ㋑ そこで ㋒ すぐに ㋓ そして ㋔ しかし ㋕ ～ということ ㋖ にもかかわらず
② ①「彼の車をどう処理しようとしているのか。」do with は「処理する」
　②「彼はもう一度彼の自動車を見にくるだろう。」の文をそれぞれ作ればよい。
④ (2) 本文中の August third と yesterday をヒントにする。
⑥ (1) [e] (2) [ou] 以外の音をえらぶ。

[意味]　私が8月3日キング・ストリートを歩いていたとき，私はおじさんの姿を見ました。彼は故障車を運転してケントさんの車庫へ行くところでした。
　　私はおじさんが車をどう処理しようとしているのか知りたいと思いました。そこで私はケントさんの車庫へと急ぎました。私はそこへつくとすぐに，ケントさんに「おはよう，ケントさん。おじさん，いますか。あいたいんです。」と言いました。

「ああ，お気の毒だね。家へ帰ったよ。でも二，三日したら，自分の車を見にもう一度ここへくるだろう。」とケントさんが言いました。
　ちょうどそのとき，巡査がやってきて，ケントさんに「あれはだれの車ですか。」とたずねました。
　「スミスさんのです。」とケントさんが答えました。
　「ひどくこわれていますね。」
　「ええ，そうです。」
　「スミス氏はあなたに何か話したと思いますが，私にはただ自動車を修理することだけのみました。」
　「わかりました。きのうの夕方，スミス氏がグリーン・ストリートを安全運転中にもかかわらず，若い男の車が彼の車に衝突したということをちょっとききました。きょうの午後，スミス氏にあいに行ってみましょう。」と巡査が言いました。

[解答]
1 ⑦ 4　④ 5　⑤ 1　㊁ 2　㊄ 3　㊉ 7　㊆ 6
2 ① going to do with his car　② he will come to see his car again
3 ウ　**4** (1) saw Mr. Kent　(2) August second
5 (1) isn't　(2) didn't anything　**6** (1) ウ　(2) エ
7 (1) イ　(2) ア　(3) ア　(4) イ

第30日

[出題傾向]　おじいさんが橋の下にある小鳥の巣を見ようとして，親鳥に追い出されるという話だが，設問は，関係代名詞の省略・前置詞・接続詞・語句などに広くわたっている。

[解説]　**1**　Ⓐ「〜をよく見る」　Ⓑ「たいへん〜なので」　Ⓒ「急いで」の表現を完成する。
2　関係代名詞，前置詞を入れる。something のあとには that が通例。
3　① bird と he の間に関係代名詞 that が省略されている。③ without getting wet ぬれないで　⑤ closer [klóusə] もう少し近づいて　⑧ as〜as〜could「できるだけ〜」
5　all at once は「とつぜん」
6　この right は「まっすぐに」の意味。
6　(1) seem to be〜　(2) as〜as〜can を使う。

[意味]　ある日，おじいさんは森の中を歩いていました。彼は森の中のものがみんな好きです。彼は目にはいる木や鳥の名はすべて知っています。
　まもなくおじいさんは小さい，静かな小川にやってきました。小川には小さい橋がかかっていました。彼が橋にさしかかったとき，なにかが目にとまりました。それは橋の下にありました。巣のように見えました。
　ジョーンズおじいさんはその巣をよく見たいと思いました。彼はぬれずにどうや

ってそれをすることができたでしょうか。
　　彼は小川へおりて行き，あたりを見ました。彼は小川の中にたくさんの岩を見ました。「岩から岩へとび渡ることができる。」と彼は言いました。そこで彼はそのとおりに実行しました。彼は小川の1つの岩から他の岩へとび渡りました。ついに彼は橋の下近くまできました。彼はもう少し近づく必要がありました。そこで彼はもう1つの岩へとびあがりました。
　　とつぜん，2羽の鳥が彼の方へとび出してきました。小さい母鳥は彼の鼻のそばへまっすぐ飛んできました。「向こうへ行って！　私のひな鳥から離れて！」と言っているようでした。それから母鳥は一回転して，彼の目をめがけて飛んできました。おじいさんはたいへんおどろいたので，急いでうしろへとびはねました。パシャン！　彼は水の中に尻もちをついてしまいました。
　　やがて父鳥が出てきました。父鳥はジェット機のようにおじいさん目がけて飛んできました。「向こうへいって！」と父鳥も言っているようでした。
　　ジョーンズおじいさんは急いでその小川から出てきました。彼らはほんの2羽の小鳥でしたが，おじいさんは全力で逃げだしました。

[解答]　[1]　Ⓐ at　Ⓑ that　Ⓒ in　　[2]　that, like, on
　[3]　① 彼は目にはいる木や鳥の名をすべて知っている。　③ 彼はぬれないでどうしたらそれをすることができただろうか。　⑤ 彼はほんのもうちょっと近づく必要があった。　⑧ 彼らはほんの2羽の小鳥だったが，彼はできるだけ速く逃げだした。
　[4]　イ　[5]　ウ　[6]　ア　[7]　(1) ウ　(2) エ
　[8]　(1) grand　(2) out　(3) eve
　[9]　(1) She seemed to be happy.　(2) He speaks English as slowly as he can.

第31日

【出題傾向】　女性の姿に化けたきつねが，農家に住みつき，やがてそこを去るまでの物語。適語選択，空所補充，語法，文の書きかえ，発音・アクセント・文のくぎり，内容真偽の問いが出されている。

[解説]　[1]　A．理由をのべる。　C．長年の間　D．理由をたずねる。
　[2]　B.「さがした」　E.「～するやいなや」　　[3]　この who は関係代名詞
　[4]　家事をしていた　[5]　過去の受動態に書きかえる。
　[6]　すぐ前に finished があるので，この doing は動名詞。
　[7]　(1) [ou]　(2) [d] 以外の音をえらぶ。　[9]　関係代名詞の前でくぎる。
　[12]　(1) It～to～の文　(2) 現在完了の文　(3) be able to の文　(4) 比較級と or を書き入れる。

[意味]　これは小さい家にひとりで住んでいる貧しい農夫の物語です。彼は毎日自分で料理をしなければなりませんでした。というのは妻がなかったからです。きつねが窓ごしに彼を見て，気の毒に思いました。

そこで彼女は家の中へ入って，女性の姿に身を変えました。彼女は家をそうじし，彼のために料理を作ってから立ち去りました。このことはしばらくの間続きました。しかし農夫はだれがこのようなことをみんなやってくれるのかわかりませんでした。

ある日，農夫はへやに入ってきて，美しい婦人に姿を変えたきつねを見ました。彼は彼女がきつねの毛皮を床におくのを見ました。そこで，彼女が次のへやにいたとき，彼は毛皮をとりあげて，床の下にかくしました。

彼のために仕事を全部やり終わったあと，彼女はきつねの毛皮をさがしたが，見つけることができませんでした。それから彼女は「私は女性のままでいて，農夫の妻にならなければ……」とつぶやきました。

彼らは長い年月の間，しあわせにいっしょに生活しました。それからある日，農夫は冗談に子どものひとりに「お前のお母さんはきつねだよ。」と言いました。その小さい少女は「ちがうね。きつねなんかじゃないわ。私たちのお母さんよ。」と大声を出しました。

彼の妻は彼に「なぜ私がきつねだとあなたが言ったのかその理由をぜひきかせてください。」と言いました。彼は冗談だと思い，毛皮を子どもに見せました。しかし彼の妻は自分のもとのきつねの毛皮を見るやいなや，姿をきつねに変え，森の中へ走り去りました。

【解答】 ①　A. イ　C. ア　D. エ　　②　B. looked　E. soon　　③　エ
④　ウ　⑤　was put　⑥　エ　⑦　(1) エ　(2) ア　⑧　ウ
⑨　ウ　⑩　(1) ア　(2) ウ　⑪　イ
⑫　(1) easy to　(2) Have walked　(3) be able　(4) better or

第32日

【出題傾向】　犬好きな少年がおじさんからもらった自分の犬を，物語にもあるような名犬に育てあげようとする夢をもった話。設問は空所補充，内容真偽，英問英答，文のくぎり，反意語などにわかれ，標準的な問題である。

【解説】　①　名詞を強めるには what，形容詞を強めるには how を使う。
②　a．副詞句のあとでくぎる。　b．それぞれ接続詞の前でくぎる。
④　(a) 前置詞を入れる。　(e) 不定詞にする。　(g) be 動詞を入れる。　(h)「～が得意だ」という語句をつくる。　(j)「実現された」と受動態にする。

【意味】　けさぼくのおじさんがぼくたちの家へきて，にこにこしながら「太郎，きみにすばらしいおくりものをあげよう。いっしょに来なさい。」と言いました。おじさんはぼくを車のほうへつれていきました。ぼくたちが家の前にとめてあるおじさんの車の所へ来たとき，おじさんは車のドアをあけて，ぼくに中を見るように言いました。ぼくがそこに見たものは白い小犬でした。「なんてかわいい犬なんだろう！」とぼくはうれしさのあまり叫びました。「それになんてりこうそうなんだろう。

ぼくはたいへんしあわせです。というのはこのすばらしい贈物をぼくは長いことほしかったからです。」
　　　ぼくはかつてかしこい犬とめくらの主人の物語を読んだことがありました。その物語はつぎのようなものでした。
　　　ある日，1ぴきの犬と主人が列車にのりました，列車は満員で，めくらの主人が腰かける座席がありませんでした。犬は鼻でまわりの人々を押して，主人に席をつくろうとし始めました。すぐに少女は盲人と犬が困っているのを見つけました。彼女は立ちあがって，彼女の座席をかわいそうな老人にゆずりました。
　　　ぼくがその物語を読んだとき，ぼくはたいへん感動し，それからは犬を飼いたいという希望をもちました。ぼくはおじさんが犬を飼って，じょうずに訓練しているのを思い出しました。ぼくはおじさんに手紙を書き，その中で犬を飼い，犬になにかよいことをするように教えたいと言いました。
　　　いまぼくの夢が実現しました。ぼくはぼくの小犬をだいています。彼はいろいろぼくにめんどうをかけるかもしれないが，ぼくはきっと彼を教えこむことに大きな喜びをもてると思います。もしぼくの犬が大きくなって，他の人々のために役だつようになれば，ぼくはたいへん誇りに思います。

解答　**1** (b) イ (c) ア　**2** a. ア b. ア, ウ
3 (d) dog (f) his master (i) my uncle
4 (a) with (e) to (g) were (h) good (j) been　**5** イ, エ, カ
6 ① front ② letter　**7** (1) pull (2) forget (3) foolish

第33日

【出題傾向】　アメリカ開拓史の一こまをのべた文章なので，その内容は常識的にとらえやすいと思う。設問もだいたい3年2学期までに習ったものが中心なので，それほど抵抗を感ずる点はないと思う。ただ文型についての問いが1つあるので，その知識が十分でない人は，今後よく研究しておく必要がある。

解説　**2** (1) 関係代名詞を入れる。　(6) until it got dark（暗くなるまで）
　　⑧ wood を主語にする。　(11) country（目的語），one（補語）「～を～にした」という文型（第5文型）　(12) do not have to～＝必要がない
3 ① [au] ② [ʃ] の音をえらぶ。

意味　1620年英国には自由を求めていた人々がいました。彼らは新世界へやってきて，そこへ住みつきました。彼らがやってきたとき，ただあるのは森林ばかりでした。彼らの多くは農民になりました。彼らは木を伐り倒したあとに野菜を植えました。
　　　彼らはまた野性の動物や魚をつかまえました。ある友好的なインディアンが彼らにとうもろこしとタバコの栽培のしかたを教えました。
　　　彼らは生活が困難なことに気づきました。彼らには自分たちを助ける機械がなか

ったので，自分たちの力ですべてのことをしなければなりませんでした。彼らは早く起きて，暗くなるまで働きました。冬がもっとも困難な時季でした。初期の家は丸太で作られていました。それらは冷たく，暗いものでした。彼らは暖房と料理に木を使いました。

　もっともっとたくさんの人々が旧世界からやってきて，彼らが住む場所は混雑してきました。そこで多くの人々が西へ移動し始めました。

　彼らは覆いのかかった馬車で旅行し，道にそって移住しました。彼らは自分たちが，見知らぬ動物やインディアンにとりかこまれていることに気づきました。「この土地は彼らのものでなく，私たちのものだ。」とインディアンたちは考え，両者の仲が悪くなってきました。

　やがて鉄道が19世紀の中ごろにできました。海岸から海岸まで敷設されました。鉄道が敷かれることによって広大な国が小さくなりました。彼らは前よりも旅行が容易になりました。

　農民たちは，そのころたいへん熱心に働きましたが，現在では百年前ほどいっしょうけんめい働く必要がなくなりました。彼らはいま機械を使っています。ですからもっとひまな時間がもてるわけです。

　現在，アメリカは大きい農場のように思われています。しかし農民たちの数は減少しています。百年前はほとんどのアメリカ人が農場で生活していました。今日では人口の12パーセントが農業をいとなんでいます。しかし今日の農場では百年前の農場の5倍も農産物ができます。

[解答] [1] イ，エ
[2] (1) who (that) (2) America (3) caught (4) how to (5) had to (6) 彼らは早くから起きて，暗くなるまでいっしょうけんめい働いた。 (7) The early houses (8) Wood was used for heating and cooking by them. (9) by (10) ours (11) ア．目的語，(目的格）補語　イ．第5文型 (12) イ (13) a．unfriendly　b．free　c．more　[3] ① ウ　② オ

第34日

【出題傾向】　今まで練習してきたものとちがい，設問は内容についての取捨選択一本である。したがって全文を正確に読みこなせるかどうかが重大な問題になってくる。
　むずかしい単語は文の前後関係から判断してほしい。

[解説] take a trip（旅行をする），ocean（大きな）海，change 乗りかえ，trouble 事故，trust [trʌst] 信頼する，experience 経験，get lost 道にまよう，finally ついに，ticket 切符

[意味]　夏休みの最後の週のことでした。ビルは旅行をしたいと思いました。ジョージおじさんが海辺に住んでいました。ビルはおじさんをたずねたいと思いました。
　「ぼくにとって今年海へ泳ぎに行く最後の機会になるんです。」とビルは両親に言

いました。「来月ではつめたくなりすぎますから。」

「ビル、私にはなんとも言えないわ。」とお母さんが言いました。「道は遠いしね。」彼女は夫のほうを見ました。「ハリー、このことどう思いますか。」

「ああ、アリス、今度だけは行かせてあげたいね。」とホワイト氏が言いました。「あの子も15歳になったからね。もう赤ん坊ではないし。」

「赤ちゃんでないことは私にもわかっていますわ。」とホワイト夫人が言いました。「でも乗りかえがたくさんあります。バス、列車、また別のバスに乗らなければならないんですから。」

「お母さん、よろしくたのみますよ。」とビルが言いました。「ぼくは何度もお母さんやお父さんといっしょに旅行をしたことがあるし、道も知っています。困ることなんかありません。」

「ビルを信じてあげよう。」とホワイト氏がもう一度言いました。「あの子にはいい経験になるよ。道には迷わないだろうよ。」

ホワイト夫人はついに許可しました。ビルはたいへんよろこびました。彼は友だちに電話をかけました。彼は友だちにおじさんをたずねるために海辺へ行くことを話しました。

彼の妹が帰ってきました。ビルは彼女にも海辺にいるジョージおじさんをたずねる話をしました。

「ああ、お母さん、わたしも行きたいわ。」妹のサリーが言いました。「私もビルといっしょに行っていいでしょう？」

「いけません、サリー。」とお母さんが言いました。「あなたはまだ13歳よ。両親がつかずに旅行するには年が少なすぎるわ。」

その翌朝、ホワイト夫妻はビルをバスの停留場へつれて行きました。彼はセンター・シティまでバスに乗らなければなりませんでした。

そこから彼はニュー・ヨークまで汽車に乗らなければなりませんでした。ニュー・ヨークで、彼はまたバスに乗りかえて、海岸まで行かなければなりませんでした。

「ところで、ジョージおじさんの家へついたら、私たちに電話をするのを忘れないでね。」とお母さんが言いました。「あなたがだいじょうぶだったかたしかめたいのよ。それからお金を全部使ってはいけないわ。切符には10ドルだけ必要なのよ。」

「わかりました。お母さん。」とビルが言いました。「心配しないでください。ぼくはだいじょうぶですから。」

【解答】 1 a 2 b 3 a 4 c 5 c 6 b
7 a 8 c 9 b 10 a 11 b 12 b
13 c 14 b 15 a 16 c 17 a 18 b
19 a 20 a

第35日

【出題傾向】 昔はたいへん不衛生な方法で牛乳を売っていたが、ある医師の忠告によって

現在のようなびん入りのものになったという話。

　この話をもとにして，英問英答，文のくぎり，文の意味，代名詞が何をさしているか，和文英訳，文の書きかえなどの問いが設けられているが，特に困難なものはなく，中級程度の標準問題といえよう。

解説　**2**　(1) 前置詞（with）の前で　(2) 接続詞の前で
　3　(1) 関係代名詞を２つふくむ文なので注意。　(3) way「方法」
　5　(1) what 以下を間接疑問文にする。　(2) 読むのをやめた stopped reading

意味　むかし，牛乳は街頭で牛乳の入っているかんから売られていました。
　牛乳を売る人は牛を飼っている農夫がおもでした。なべをもってめいめいの家から婦人たちがかけつけました。牛乳売りはもっと小さいかんで牛乳をくみ出し，それをなべの中につぎました。
　ある日，１人の医者は農夫が牛乳を売るのを監視しました。農夫は大きい牛乳のかんを地面におきました。人々は牛乳を買うためになべをもってかんのまわりに立っていました。彼らは牛乳を買うために待っていました。
　大きいかんはふたをあけたままおかれていました。きたない人形をもっていた少女がかんのところへ走りよりました。彼女はかんの中に何が入っているのか見たかったのです。彼女は中をのぞきました。とつぜん彼女は「私の人形．／　牛乳の中におとしてしまったの．／」とさけびました。
　農夫は牛乳の残りを捨ててしまったでしょうか。いや，いや，とんでもない。彼は手を牛乳の中につっこみ，人形を手さぐりでさがしました。すぐに彼はそれをとり出しました。よごれた牛乳が人形からかんの中へこぼれました。しかし農夫は牛乳を売るのをやめませんでした。彼はよごれた牛乳を全部売ってしまいました。
　医者は「牛乳はいま人形と同じくらいよごれている。よごれた牛乳を飲むのは危険だ。」とひとり言を言いました。医者はこのことについて考えこみ，人々がきれいな牛乳を飲めるようなもっとよい方法を見つけ出そうとしました。その後彼は牛乳びんを思いつきました。
　私たちはその医者が私たちみんなを助けてくれたと言ってよいと思います。なぜなら私たちは現在清潔な牛乳を買って，健康を増進することができるからです。

解答　**1**　(1) 牛を飼っている農夫が売った。　(2) No, he didn't.　(3) かんの中に何があるのか見たかったので。　(4) Yes, he could.
　2　(1) オ　(2) ウ
　3　(1) 牛乳を売る人は牛を飼っている農夫だった。　(2) 大きなかんの中から小さなかんで牛乳をすくって売る従来の方法。　(3) きれいな牛乳を飲むための方法。
　4　② (the) doll　③ (the) dirty milk　④ to drink dirty milk
　5　(1) I don't know what is in the box.　(2) The boy stopped reading the book.
　6　(1) was falling　(2) dirtier　　**7**　オ，キ　　**8**　(1) エ　(2) イ

第36日

【出題傾向】 手紙文なので，内容はつかみやすい。程度も中学3年中ごろの実力をためすにふさわしい。出題も内容真偽，文の書きかえ，発音，アクセント，英問などで，広い範囲にわたっている。

解説 ①Ⓐ 関係代名詞を入れる。 Ⓑ「できるだけすぐに」という語句を完成すればよい。
② ① 比較級の文を完成する。 ④「～年前に始め，いまも～している。」という文を完成する。
⑤ 文の中で助動詞，前置詞，人称代名詞は一般に強勢をおかない。
⑥ 日本人の生活の中で独特な作法や習慣について質問する。
⑦ 形容詞的用法をえらぶ。
⑩ (1) [ʃ] (2) [ʌ] (3) [ei] (4) [ou] の音をそれぞれえらぶ。
⑫ (1)「死」 (2)「生活する」にあたる英語を書く。

意味

1981年，6月10日

太郎くんへ

ニュー・ヨークではずっと楽しくすごしています。でも夏休みが近づくと，ほんとうにわが家よりよい所はないとつくづく感じます。

あなたはきっとよく英語を勉強していることと思います。あなたが私に出してくれた手紙はりっぱな英語で書かれていましたから。

ところで，太郎くん。私は友だちのジェインさんを私たちの家へ連れてきたいのです。両親がよろしいと言われたら，できるだけ早く私に手紙を書いて，その返事を知らせてくださいね。

ジェインさんは去年両親をなくした気の毒な少女です。彼女は，夏休みをひとりですごさなければならないのです。彼女は日本人の生活を見て，私たちがしていることを何でもやってみたいと希望しています。彼女は2年間日本語を習っていて，少し話すことができます。彼女は私たちの家庭生活に非常な関心をもっていて，あなたにそのことでいろいろと質問をしてくるでしょう。おたがい理解し合うのによい機会ではありませんか。きっとあなたも彼女からいろいろなことを学べますよ。

お父さんとお母さんによろしくね。

姉の秋子より

解答 ① Ⓐ that (または which) Ⓑ possible
② ① Home, than ④ ago, practicing
③ 秋子が友だちのジェインを家へ連れてくること。
④ ウ ⑤ ア，ウ，カ ⑥ イ ⑦ ウ ⑧ エ
⑨ (1) 太郎のよこした手紙がりっぱな英語で書かれていたから。 (2) ジェインは日本人の生活をみて，私たちがすることはなんでもしてみたいと望んでいた。
⑩ (1) ウ (2) イ (3) イ (4) エ

11　ウとオ　　12　(1) death　(2) live

第37日

【出題傾向】 お父さんのコーチを受けながら，トムが好打者ジムを三振にうちとり，投手としてチームに入れてもらえる約束をみごとに果たした話。
　設問には関係代名詞，間接疑問文，助動詞，英問英答なども入っていて，3年中期の長文としては標準的な問題。

[解説]　1　be good at～「～がじょうずである」　　4　目的格をえらぶ。
　7　「グローブをはめた」という語句をつくる。　　9　発音は [red]。
　10　この can は「よろしい」という意味。　　12　tell＋目的語＋to～の文型に
　15　[A] 以外の音をえらぶ。

[意味]　「ぼくは投球がじょうずな投手が必要なんだよ。」とジムがトムに言いました。「きみは投手としてはまだ十分成長していないからね。」
　「そうだね，ジム。でももしきみを三振させたら，ぼくはチームで投げてもいいかい？」とトムが言いました。ジムは笑って，言いました。
　「いいとも，トム。もしぼくを三振させたら，きみをチームで投げさせることを約束するさ。」
　その夜，トムはお父さんに「どこで投球のことを書いた本を買ったらよいかしら。」とたずねました。お父さんはにっこりしました。翌日の夜，トムのお父さんは2冊の本とグローブを家にもってきてくれました。トムはうちのお父さんはこの世の中で一番よいお父さんだと思いました。トムは「お父さん，ぼくのコーチをしてくれませんか。」とたのみました。
　そこでお父さんは，トムといっしょに外へ出かけ，毎夜彼の投げるボールをとってくれました。
　ある夜，お父さんは「これからはジムをよく観察する必要があるね。彼は好打者だが，ある球筋を他の球筋よりもじょうずに打てるはずだよ。」と言いました。
　そこでトムはジムをよく見ました。そして彼はまもなくジムが低目のボールよりも高目のボールを打つということを発見しました。
　彼は約4週間低目のボールの投げ方を勉強したあと，野球場へ行きました。「ジム」と彼は声をかけました。「ぼくはいまきみを三振にうちとれるよ。」ジムは笑いましたが，しかし彼は「いいとも。もし三振にできたら，チームで投げてもらうよ。約束したんだからね。」と言いました。
　トムはグローブをはめて，第一球を投げました。ジムは打ち損じました。トムは第二球目を投げました。ジムはまた失敗しました。トムはもう一球低いボールを投げました。彼は3度打ち損じました。
　「トム，うまくなったね。」とジムが言いました。「どうやって投球を覚えたの？」
　「そうだね。何冊か本を読んだが，お父さんのコーチが大きかったんだよ。」とトムが言いました。

「トム，きみは合格だ。チームで投げてもいいよ。」とジムが言いました。
　ちょうどその時，だれかがうしろからトムに声をかけました。少年たちはあたりを見ました。トムのお父さんがいました。彼は会社から家へ帰る途中でした。彼は「きみたちの話をすっかり聞いたよ。ジムくん，ありがとう。わたしからもトムにもっと一生けんめい投球するよう話しておこう。」と言いました。

[解答]　[1]　ぼくは投球がじょうずな投手が必要です。　[2]　are not
[3]　he could　[4]　エ　[5]　strike me out　[6]　ウ　[7]　ウ
[8]　ball　[9]　red　[10]　ウ　[11]　彼は会社から帰宅する途中だった。
[12]　エ，イ，オ，ア，ウ　[13]　イ，ウ，エ，キ，ケ　[14]　エ　[15]　イ，エ

第38日

【出題傾向】　親切でたいへん善意にみちた看護婦さんが，病気の母親をかかえた気の毒な家族を助けていく心暖まる話で，内容のよさと同時に設問のほうも時の一致，仮主語，too～to～，as～as～can～，過去分詞の用法，関係代名詞など広範囲にわたって，充実した問題が多い。

[解説]　[1]　Ⓑ「～するために」という語句にする。　Ⓒ It～to～．の文を完成する。
　Ⓓ「できるだけ～」の語句を作る。　Ⓔ「～のしかた」という語句を完成する。
　Ⓕ　関係代名詞を入れる。
[2]　①「～のように見えた」とする。　②「ジェインによってきれいにされたベッド」という語句にする。　[4]　have a good time（楽しくすごす）
[5]　the same as（～と同じ）　[8]　too～to～＝so～that～can't～

[意味]　ジェインさんは看護婦さんでした。彼女が手に美しい花をもって私たちの家に来たとき，彼女はにこにこして言いました。「私はお母さんがよくなるのをお手伝いしたり，みなさんの食事を作ってさしあげるために参りました。私はみなさんといっしょに楽しくすごしていきたいと思っています。」
　彼女は私たちには年よりもふけて見えました。しかし実際は彼女の年齢はだいたいお母さんと同じだったのです。彼女は美しくありませんでした。しかし彼女は親切で，善良な人でした。
　それから彼女は私たちにおいしい食事を作ってくれました。お母さんが病気になってからは，こんなおいしい食事をしたことがありませんでした。私の兄弟と私は食事が終わる前に彼女が好きになってしまいました。
　私たちの家族はいくらかの土地をえるために合衆国に移ってきました。
　新しい土地でよい生活を送ることは私たちには困難でした。まもなくお母さんが病気になり，床につきました。
　毎朝お父さんは森へ出かけて，一日じゅう精いっぱい働きました。もちろん私たちは両親の手伝いをしようと努力しました。私は家の中を掃除したり，食事を作ったりしました。私の兄は，野菜の栽培のしかたをおぼえました。私の2人の弟は年

がいかなくてまだ働けませんでした。ときどき私たちは学校へ行きました。

その日，お父さんが家へ帰ってきたとき，（家の中の変化に）おどろいてしまいました。お母さんはジェインさんがきれいにしてくれたベッドで安らかに眠っていました。そしてテーブルの上には美しい花が飾られていました。お父さんはジェインさんに「私にはお金がありません。手当をさしあげられないのでお気の毒です。」と言いました。

ジェインさんは「気にしないでください。お手伝いができて私はうれしいのです。私は不幸なかたからお金をいただくつもりはありません。」と答えました。

解答 ① Ⓐ in Ⓑ order Ⓒ to Ⓓ could Ⓔ how Ⓕ who（または that）
② ① オ ② ウ
③ 私はあなたがたのお母さんがよくなるのをお手伝いするためにここへ来ました。
④ ア ⑤ as, as ⑥ meal ⑦ ア ⑧ so, that, could
⑨ had ⑩ ウ ⑪ ア ⑫ (1) ウ (2) イ ⑬ エ

第39日

【出題傾向】クリスマス・ツリーについての伝説をおりまぜながら，たのしいクリスマスをむかえるあわただしい情景をのべた文であるが，設問は関係代名詞，関係副詞，受動態，不定詞，発音，文の強勢などの広範囲にわたり，3年中期の総合的な学力を見るのにふさわしい問題である。

解説 ① (2) 間接疑問文をえらぶ。時制の一致に注意。 (6) looked like「〜のように見えた」 (7)「〜につく」は reach＝arrive at＝get to (8) 過去の受動態を作る。
② (1) 形容詞的用法をえらぶ。 (2) 受身でも by は使えない。 (5) how 以下は感嘆文。　③ [ʌ] の音をさがす。

意味 世界の多くの国では，子供たちはクリスマスの日がいちばん幸福です。それはイエス・キリストが生まれた日です。水曜日にジャックと彼の家族はすることがたくさんありました。というのはクリスマスの前日だったからです。

しかしジャックは朝おそく起きました。お母さんがどこにも見当たらなかったので，彼はお父さんのところへ行き，お母さんがどこにいるのかをたずねました。お父さんの話ではお母さんは，明日の用意のために食物を町へ買いに行ったのです。

それからジャックはおもしろい本を読み始めました。つぎの話はその本に書かれている中の1つです。

「あるクリスマス・イブにマルティン・ルーテルという名の男の人が森を通って歩いていました。木は雪でおおわれ，たいへんすてきでした。空にある星は木の枝についたあかりのように見えました。

家についたとき，彼は彼の家族のものに森の木がなんと美しかったかを話してあげようとしました。しかしそれにふさわしいことばを見つけることができませんでした。そこで彼は小さい木を切りたおし，部屋の中に運び入れました。彼は木の枝

にろうそくをつけて，あかりをともしました。」
　ジャックはその話がなんとすばらしいのだろうと思いました。
　夕方家族の人々は居間にみんな集まりました。そこにはクリスマス・ツリーがおかれていました。おくりものがツリーの下におかれるとすぐに，ツリーにつけたろうそくが点火されました。それらのろうそくはほんとうの星のように輝いていました。

[解答]　[1]　(1) ウ　(2) ウ　(3) カ　(4) 木曜日　(5) ウ　(6) あかりのように見えた
(7) got　(8) was cut, him　(9) candles
　[2]　(1) ア　(2) with　(3) How in are　(4) (a) イ　(b) ウ　(5) エ　(6) in the living room　(7) ア, エ　[3]　イ, オ

第40日

【出題傾向】　年とった名馬が足の不自由もかえりみず，少年を救う物語について，発音，アクセント，文の強勢，語形変化，文の書きかえ，語の並べかえ，内容真偽など広範囲に問いが出されている。この程度の問題がこなせれば，入試にのぞんでも十分な実力が発揮できると思う。

[解説]　[1]　a. [ou]　b. [ʌ]　c. [u:] の音をそれぞれえらぶ。
　[4]　⑦ 受動態をつくる。　④ 現在分詞にして前の名詞を形容させる。
　[5]　(a) 関係代名詞の所有格　(b) 接続詞を入れる。
　[6]　① 「すばらしく見え，はやく走ることのできる馬」という文にする。　② 「けがをする」は be hurt または hurt oneself, hurt は現在・過去・過去分詞同形。
　[7]　get on one's legs 立ちあがる。

[意味]　私のおじさんは"フリー"という名前の年とった馬を飼っています。フリーが若かったころは柵の中で飼われるのがきらいで，よく柵をとびこえてしまうことがありました。そういうわけでフリー（自由）という名が彼につけられたのです。フリーはすばらしい姿をした，足のはやい馬でした。他の馬が彼に走り寄ってくるとき，彼はいつももっとはやく走ろうとしました。そして他の馬は彼の先へけっして行けませんでした。
　2，3年前，丘をかけあがったり，おりたりしている時に，彼はころんで，ひどいけがをしました。その後，ひどい病気にかかって，立ちあがることができなくなりました。私のおじさんの家の近くに住んでいる子供たちが何人か，かわいそうなフリーに悪さをし始めましたが，彼はそれに対してなんの仕返しもすることができませんでした。
　ある朝，彼は少年の助けを求めるさけびをききました。彼は懸命になって起きあがり，ゆっくりと歩き始めました。小さい湖では，ピーターという名の少年が危険にさらされていました。
　フリーは水の中へ入って行き，その少年の洋服をくわえました。まもなくフリーもピーターも湖から脱出しました。

解答 　1　a. slowly　b. other　c. too　　2　be-come, be-tween, with-in
　3　a. old　b. children　　4　㋐ given　㋑ living
　5　(a) whose　(b) and　　6　① looked　② hurt　　7　c　　8　c
　9　ピーターという名の少年が危険にさらされていた。
　10　a. 彼は柵の中に閉じこめられるのがきらいで，たびたびそれをこえて走り出たから。　b. 彼はもっとはやく走り，他の馬にけっして先をこさせなかった。
　11　d

C コース

第41日

【出題傾向】 魚の好きな王と気転のきく漁夫と欲ばりな首相の物語。
　代名詞をもとの名詞にもどす問題のほかに，適語選択，和訳，書きかえ，整序，発音などに関する設問がある。
　程度はここから上級コースに入るので，一日ごとにむずかしくなる。

[解説]　`1`　内容から考えていく。　`2`　㈺先行詞は人，すぐあとに動詞が続くので，主格をえらぶ。㈹「それをもって」㈻「できるだけ～」
　`3`　be able to＝can から考える。
　`5`　「お前はお前の魚に対して何がほしいのか」という文を作る。
　`6`　finish のあとの動詞は ～ing 形（動名詞）に。
　`7`　as（～なので），not～any more（もう～でない）
　`10`　過去の受動態に
　`12`　(a) [ɔ:] (b) [i:] (c) [æ] (d) [t] 以外の音をえらぶ。

[意味]　昔，ある王様がいました。彼は魚がついていないと食事をしませんでした。しかし，ある日，大きな嵐がありました。漁夫たちは魚をとりに海へ出かけることができませんでした。そこで王は召使いたちに，国内のだれでもよい，もし王に魚をもってくれば，王はその人に望むもの何でも与えることを伝えるように言いました。
　ついに，海のそばで漁をしていた漁夫が大きな魚をとらえ，すばやくそれを持って城へ行きました。しかし王の首相が彼に会い，その魚のほうびとして王が漁夫に与えるものの半分を首相にあげる約束をするまで，彼が中に入ることを許しませんでした。
　王はその魚を見てたいへん喜び，それを食べたあと，漁夫に「魚のほうびに何がほしいか」と言いました。「私はむちで20回打ってもらいたいのです。」と漁夫は言いました。
　王はたいへん驚き，漁夫と議論しました。しかし漁夫は「私は約束を守らなければなりません」と言いました。そこで王はむちで漁夫をやわらかく打ちました。「だめです」と漁夫は言いました。「できるだけきつく打ってください。」
　王が彼を10回打つのが終わったとき，漁夫は「私にはそれで十分です。私はあなたの首相にもう10回を約束しました」と言いました。
　首相は漁夫の言うことは正しいと言わざるをえませんでした。王は首相をむちで10回打っただけでなく，「お前は正直でなかったから，もう私の首相ではない。漁夫がお前の地位にかわるのだ」と言いました。

[解答] ① (ア) (the) king (イ) anyone (ウ) (the king's) prime minister
(エ) (the) fisherman ② (オ) who (カ) with (キ) can ③ could not
④ bring ⑤ What do you want for your fish? ⑥ hitting
⑦ お前は正直でなかったので，もう首相ではない。
⑧ to tell……asked for
⑨ 首相は漁夫と，王からもらうほうびを半分ずつ分けあうことを約束していたので，20回のうち，10回のむち打ちは首相の分となるからである。
⑩ He was hit ten times with a stick by the king.
⑪ He lived in his castle.
⑫ (a) wrote (b) river (c) already (d) learned

第42日

【出題傾向】 英国のウォルター・ローレー卿がアメリカの開発には失敗したが，アメリカからじゃがいもとたばこを輸入し，世人をおどろかせた話。
　文の意味・語法についての問いが中心で，3年後期の実力をみるのにふさわしい問題。

[解説] ① 関係代名詞＋be動詞に。
② 旧世界　③ このwantは名詞
⑤ (5) gave up（あきらめた）(6) knew very little（あまり知らなかった）
⑥ 「ために」という意味の for をえらぶ。
⑨ ⓐ「もう一つは」 ⓑ「万一～ならば」 ⓒ「～によって」 ⓓ「～から」
ⓔ「～と同じように」 ⓕ 過去のbe動詞を入れる。

[意味] ウォルター・ローレー卿は，アメリカに定住させるために何度も部下を派遣しようとしました。しかし彼が送った人々は，ただ大きい森林や，野獣や野蛮なインディアンだけを見つけただけでした。彼らの一部は英国にもどり，一部は食糧の不足のために死んでしまいました。また一部は森林の中で道に迷ってしまいました。ついに彼はアメリカに部下を派遣しようとするこころみをあきらめました。
　しかし彼は，アメリカでイギリス人があまり知らない2つのものを見つけました。1つはじゃがいもで，もう1つはたばこでした。もしあなたがアイルランドへ行くようなことがあれば，あなたはウォルター・ローレー卿によって植えられたじゃがいもの話を聞かされるかもしれません。当時ごくわずかのじゃがいもがアメリカから持ちこまれたのです。
　彼は彼の友人に，どのようにしてインディアンがじゃがいもを食糧のために使ったかを話しました。そして彼はじゃがいもは新世界ばかりでなく，旧世界でも育つことを実証しました。
　ウォルター卿はあるときたばこの葉をすっているインディアンを見ました。彼は同じことをしようと考え，葉のいくらかを英国に運びました。その当時英国ではけっしてたばこはすわれていませんでした。そして巻いたたばこをぷかぷかふかしているその貴族にあったものはみんなめずらしい光景だと思いました。

[解答] ① who were ② the Old World ③ イ ④ ア
⑤ (5) 彼は人々をアメリカへ送ろうとするのをあきらめた。 (6) 彼はアメリカでイギリス人があまり知らない2つのものを見つけた。
⑥ イ ⑦ ウ ⑧ ア
⑨ ⓐ other ⓑ If ⓒ by ⓓ from ⓔ well ⓕ was
⑩ (1) lose (2) grown (3) leaf (4) dead (5) see

第43日

【出題傾向】 王子のようになりたいとあこがれを抱いていた少年が，苦労の末，ついに王子にめぐり逢い，楽しい語らいのひと時をもつことができた物語。マーク・トゥエィンの「乞食と王子」をやさしく書きかえたもの。
　設問の中心は，適する語・文の選択，他に語句の書きかえ，不定詞の用法，語形変化，和訳などがある。

[解説] ① to see him better（彼をもっとよく見るために）
② 過去の否定形をふくむ付加疑問文をえらぶ。
③ A．宮殿に近づこうと努力した内容　B．運よく王子の姿を見かけた内容
　C．兵士がついにトムを中へ入れてくれた内容　D．宮殿のりっぱなへやに案内された内容
④ (a)「ねばならない」(d)「好きだ」，おきかえる動詞の語尾に s が必要
⑤ (b) It（形式主語）to see〜（真の主語）の構文　(c) 形容詞的用法をえらぶ。
⑥ ① 現在分詞にして前の名詞を形容させる。② 過去形に　③ 現在完了にするため過去分詞形に　④ 過去形に　⑤ go〜ing で「〜しに行く」
⑦ 1.「大声で」 2.「立ちあがる」 3.「たくさんの」 4.「〜について」 5.「ほんの短時間のあいだ」

[意味] 昔，英国にトムという名の少年が住んでいました。彼は王子のようになりたいと望んでいました。彼はぜひ王子に会いたいと思っていました。さて，当時の王はヘンリー八世でした。彼にはエドワードという名の男の子がいました。
　ある日，トムの父親が「ほんとうの王子にお目にかかるには，ウエストミンスター宮殿へ行かなければならない。王の子息のエドワード王子はそちらに住んでいらっしゃる。だからたぶんいつの日かお前も王子にお目にかかれるだろう。」と言いました。
　このようにして，トムは宮殿の門に近づき，そこから中をのぞこうとしました。しかし門の両側に立っているふたりの番兵が彼が近づくのを許しませんでした。内部を歩いているりっぱな紳士，淑女を見ることは，彼には可能でした。しかし彼は王子自身を見ることはできませんでした。彼は毎日その門のところへ行かなければなりませんでした。
　ある日の午後，彼はひとりの少年が宮殿の入口から出てくるのを見つけました。門の方へゆっくり歩いてきた少年はけだかく見えました。その少年こそ，エドワー

ド王子でした。

　トムは王子の姿をもっとよく見るために，急いで門の方へ走って行きました。彼は「ぼくは王子さまに会いたい。頼むから，王子さまのところへぼくを連れていってください。」と叫びました。その時，番兵のひとりが大声で「もどれ！」と言って，彼を打ち始めました。番兵は彼をとてもはげしく打ったので，彼は倒れてしまいました。彼はしばらくの間，立ちあがることができませんでした。

　王子がその場面を見たとき，とてもおこりました。王子は番兵に「なぜかわいそうな少年を打ったのか。すぐに門をあけて，彼を中へ入れよ。」と言いました。

　「彼はただの乞食であります。彼とは話をなさらないほうがよろしゅうございます。」と番兵はていねいに言いました。

　「わたしの父である王は，人民すべての王である。彼を中へ入れよ。」と王子が言いました。そこで番兵は門をあけ，彼を中へ入れることを許しました。

　「わたしといっしょにきたまえ。」と王子はやさしく言いました。「お前の名まえを言いなさい。それに，なぜそんなにわたしに会いたいのだ。お前はほとんど毎日のように門のところへ来ていたではないか。わたしは窓からお前をよく見かけたよ。」

　王子は彼を宮殿のりっぱなへやへ連れていきました。彼は召使いを呼び，食べものを持ってくるように命じました。まもなく召使いがたくさんの食べものを運んできて，それをテーブルの上へ置きました。

　トムは「ぼくは今までこんなおいしい食べものを口にしたことがありません。」と言いました。それを食べ終わったあと，トムはエドワード王子に彼の家族と家のことを話しました。王子がたったひとへやに6人が住んでいる話を聞いたとき，彼はとてもおどろきました。

　「わたしには3人の姉がいる。」と王子が言いました。「エリザベス夫人は美しくてかしこい。ジェイン夫人は読書好きで，わたしにとても親切だ。でも，わたしはメアリー夫人は好きではない。というのは決して笑わないし，わたしと遊んでもくれない。お前はよその少年，少女と遊んだりするのかね。」「もちろんですとも。」「わたしは遊ばない。遊びのことについてわたしに話してごらん。」

　「ぼくはボールで遊ぶんです。川へ泳ぎに行ったり，王子ごっこをすることもあります。」「わたしもお前のような貧しい少年役を演じて，川で泳いでみたいものだ。衣服をとりかえてみよう。ほんの短い間だが，お前が王子になり，わたしが乞食になってあげよう。さあ，急いで。」

解答

1 トムは，彼をもっとよく見ようと，門まで急いで走っていった。

2 エ　　**3** A．ウ　B．イ　C．ア　D．エ　　**4** (a) must　(d) likes

5 (b) ウ　(c) イ

6 ① walking　② got　③ eaten　④ heard　⑤ swimming

7 1．カ　2．ウ　3．エ　4．オ　5．ア

第44日

【出題傾向】 周囲から毛嫌いされていた郵便集配人のエバンズ氏が，近所の少年たちが仕掛けたすべり道で転倒し，腕を折ったが，その縁でたがいに心が通い合うという話。
設問としては和訳，適語選択，空所補充，内容真偽等である。

[解説] ① (1) on his back（あおむけに） (2) didn't get any better（少しもよくならなかった）
② (ア)否定文に too は使えない。 (イ)不定詞の打ち消しは to の前に not をおけばよい。 (ウ) wait につく前置詞は for (エ)否定文に already は使わない。(オ)「want＋目的語＋不定詞」の構文。「～に話しかける」は talk to
③ (b) it は仮の主語
④ x.「～から（出てきた）」 y.「～へ」 z.「起きた」

[意味] ぼくたちの郵便集配人はエバンズという名でした。ぼくたちは彼をあまり好きではありませんでした。母もまた彼が嫌いでした。
「彼はだれにも，おはよう，こんにちわ といった挨拶をしないのよ。」
と母は言いました。
しかし彼はぼくたち―ビルとトムとぼくには話しかけました。彼はいつもぼくたちをどなりつけ，へいに寄りかかるなと言っていました。
ある日，大雪がふりました。「エバンズの家の外側にすべり道を作ろう」とぼくが言いました。ぼくたちは雪がかたくなるまで，雪をふみつけました。終わったときは，雪はガラスのようでした。ぼくたちはへいに寄りかかり，エバンズが出てくるのを待ちました。
彼は入口から出てきて，ぼくたちを見ました。「おい，お前たち」と彼は叫びました。「へいからはなれろ！」彼はぼくたちの方へ走ってきました。そのとき，彼はすべり道にさしかかりました。足が宙に浮き，彼は道にあおむけにころびました。「おお，腕を折ってしまった」と彼が言いました。
ぼくたちは彼を診療所へつれていきました。1時間後彼が出てきました。腕につり包帯をしていました。「仕事ができないよ」と彼は言いました。
ビルとトムとぼくはたがいに顔を見合わせました。「エバンズさん，お手伝いしますよ。」とぼくが言いました。
最初，郵便集配人の手伝いをすることには興味がありました。ぼくたちは朝6時に起きました。エバンズさんにあい，郵便かばんを運びました。
放課後，ぼくたちはもう一度彼にあいました。でも，6時はとても早い時間です。そういうわけで，まもなくエバンズはぼくたちめいめいに10シリングずつ支払いを始めました。しかし彼の腕はいっこうによくなりませんでした。
「少しはいいんだが，医者はまだ腕を使ってはいけないと話すんだよ。」と彼は言いました。
数週間後，4月に，ぼくたちは医者にあいました。ぼくたちはエバンズといっしょでした。医者はエバンズの腕を見て，「これは何だね。どうしてこのつり包帯をつけているのかね。この腕を使わなければいけない。腕を動かすように話したでし

ょう」と言いました。
　ぼくたちはエバンズを見ました。「わかりました。すみません。郵便集配人の仕事はとてもさびしいのです。わたしはただ、だれかに話しかけてもらいたかったのです。」とエバンズは言いました。
　ぼくたちはこれ以上エバンズの手伝いをしませんでした。しかしぼくたちは二度と彼の家のへいに寄りかかることもしませんでした。

[解答]　[1]　(1) 彼はあおむけにたおれた。　(2) 彼の腕はいっこうによくならなかった。
[2]　(ア) either　(イ) not to　(ウ) for　(エ) yet　(オ) to talk to
[3]　(a) snow　(b) to help our postman　(c) my arm
[4]　x. of　y. to　z. up　　[5]　1. d)　2. b)
[6]　1. c　2. a　3. a　　[7]　c→d→b→a　　[8]　ウ

第45日

【出題傾向】　3人の酔っぱらいのうち、2人が駅の赤帽によって、列車に押し込まれ、1人が乗りおくれた。ところが、乗せられた2人は見送り人で、駅に残された1人こそ実は乗客だったというおかしくもあり、悲しくもある話。
　設問として、空所補充、反意語、発音、語形変化、和訳、内容真偽があり、水準としては、大学付属高校程度の問題である。

[解説]　[1]　(ア)「ねばならなかった」とする。(イ) run を動名詞にかえる。この start は begin と同じ意味。(ウ)「私の友人もまたおそらくとても残念がっている」とする。(エ)「見送る」という表現に。
[2]　(1)「うしろへ」　(2)「もっとゆっくり」(比較級)　(3)「失敗する」
[4]　(a) be going to～　(b), (c) 不定詞に。(d) 前置詞 (in) のあとの動詞は動名詞にする。
[5]　(1) so that～could～「～できるように」、この when は前にカンマがついているので、「その時～」とつけ加えて訳せばよい。(2) will have to～「～しなければならない」、つまり「～してください」gentlemen「みなさん」、「旦那さん」と扱えばよい。

[意味]　真夜中近くでした。ロンドンゆき最終列車が駅にとまっていました。運転手は発車できるよう、信号がおりるのをちょうど待っていました。そのとき、3人の紳士があらわれました。彼らはとても大声で話をし、3人ともまっすぐ歩くことができませんでした。だから駅の赤帽たちには、酔っぱらいということがわかりました。「みなさん、お急ぎください」と赤帽のひとりが叫びました。「列車はまもなく発車します。」
　3人の紳士はもっと速く歩こうとしましたが、列車が動き出したとき、まだ列車から数ヤード離れたところにいました。彼らは走り出し、赤帽が彼らを手伝うため、前の方へやって来ました。ひとりの赤帽がやっと最後尾の車両のドアをあけ、他の2人の赤帽が酔っぱらいの2人を車両の中へ押し込むことに成功しました。と

ころが，3人目の男はころんで，赤帽たちが彼をおこし，彼も車両にほうり込もうとする前に，列車は行ってしまいました。
　赤帽たちはその紳士を持ち上げ，ズボンのほこりを払ってあげました。それから，赤帽のひとりが彼に言いました。「旦那，あなたの友だちはなんとか列車に乗せましたが，あなたを乗せられませんでした。というのは，あなたが転んだからです。大へんお気の毒です。」「その通り」と紳士はポケットから切符をとり出し，それを悲しそうに見ながら，言いました。「わたしもとても残念です。わたしの友人もたぶん残念がっているだろう。わかるかね。彼らは当地に住んでいて，わたしだけが彼らと一日をすごすためにロンドンからやってきたのだ。彼らは，あの列車でわたしがロンドンへもどるのを見送りに駅へ来ただけなんだよ。」

[解答]　1　(ア) had to　(イ) running　(ウ) are sorry too　(エ) off
　2　(1) backward　(2) more slowly　(3) fail
　3　(1) ア　(2) イ　(3) ウ　(4) イ
　4　(a) going　(b) to walk　(c) to help　(d) pushing
　5　(1) 運転手は発車できるように信号がおりるのをちょうど待っていた。そのとき，3人の紳士が現れた。(2) みなさん，急がなければいけませんよ。
　6　(4), (5), (7)

第46日

【出題傾向】「ハチドリ」の生態についてのべた文。長文の終わりにある（注）の語句を参考にしながら読んでいけば，内容の把握はできるはず。
　問いのほうは，現在完了，前置詞，接続詞，語句の意味，発音，アクセント，内容真偽，文の書きかえなどにわかれ，たいへん豊富なので，総合的な学力をためすにはよい問題。

[解説]　1　「経験」の用法をえらぶ。
　3　hundred は形容詞なので s はつけない。
　4　「〜で，〜を使って」という意味の with をえらぶ。
　5　「〜しながら」という意味の用法。
　6　fight back は fight against と同じような意味。
　8　(1) [ei]　(2) [θ] の音をえらぶ。　10　enough to〜→so〜that〜can
　11　like to〜→be fond of〜ing　15　as〜 as を使う。

[意味]　世界中でもっとも小さい鳥は何ですか。
　もしあなたがハチドリを今までに見たことがなければ，あなたは想像することができないでしょう。この鳥は草のくきにとまれるくらい小さいのです。
　生まれたばかりのハチドリの赤ちゃんは，大きい蜂よりも小さいくらいです。あなたは4羽のハチドリの赤ちゃんを1つの小さいスプーンに入れることさえできるかもしれません。
　ハチドリは世界中で一番小さい鳥というだけではありません。ヘリコプターのよ

うに飛ぶことのできる唯一の鳥でもあります。ハチドリはあちこちまっすぐに飛べます。前ばかりでなく後ろへも飛べます。横から横へも飛べます。

　すべての鳥の中で一番小さいハチドリは，もっとも大きな家族構成をつくっている鳥類の1つでもあります。ハチドリには300種以上もの仲間がいます。アメリカ合衆国では，ちがった種類のハチドリは約18種ほどしか見あたりません。

　これらの小さい鳥の多くはつばさでぶんぶんいう音を出します。こういうわけで，ハミング・バードという名がついたのです。ハチドリのつばさはたいへん速く動くので，あなたはそれらを実際に見ることはできません。ハチドリは花からえさを食べながら，空中にぶらさがっているように見えます。

　この小さい鳥には遠くの場所へ飛んで行くことがむずかしいのでしょうか。少しもそんなことはありません。ハチドリの一種は何千マイルも飛びます。秋には南へ行きます。春には北へ飛びます。その小さいつばさで1分間に1マイル飛びます。

　あなたはそんなに小さい鳥は，もっと大きい鳥をこわがると思われるでしょう。しかしハチドリはおそれません。この小さい鳥は長いくちばしで抵抗するのです。わしさえも撃退することができます。

　あなたはあなたの手からハチドリがものを食べるように教えこむことができます。ハチドリは砂糖と水から作られたうすいシロップをもらうのが好きです。

　ハチドリは2つの白い卵を生みます。それらは小さい豆つぶと同じくらいです。ひなは2週間でかえります。母鳥はひなに15分ごとに餌をあたえます。約3週間すると，ひなは巣をはなれる準備ができます。若鳥は多くの仲間がするように巣から落ちずに飛び去ります。

　ハチドリはたいへん小さく，たいへん勇気があります。またもっとも美しい鳥の1つです。ハチドリはたいへん美しいので，人々はそれを「飛ぶ花」と呼んでいます。

〔解答〕　① ウ　② ウ　③ ウ　④ イ　⑤ ウ　⑥ エ
⑦ ウ　⑧ (1) ウ (2) エ　⑨ イ，カ，ク　⑩ so, can
⑪ feeding　⑫ ate　⑬ (1) near (2) same
⑭ How small the hummingbird is!　⑮ My cousin is as tall as I.

第47日

【出題傾向】　ビリーという少年が友だちに手伝ってもらって木からりんごをとり，一番大きいのをポケットに入れて学校へ行き，授業中苦労するという話。文章はたいへん長いが，そのわりに内容はつかみやすい。

　設問は前置詞・熟語を中心とした空所補充，英問英答，英文の意味，発音の4つにわかれている。

〔解説〕　① ③「暗くなるまで」とする。　④「木のてっぺんで」とする。　⑥ 定冠詞を使う。　⑨ busy〜ing（〜しようとしていそがしい）
② それぞれ本文の中から適する答えをひろえばよい。

3 (1) your pay（あなたへの支払い、ほうび） (2) would not（どうしても～しなかった） **4** (1) [ei] (2) [ei] (3) [aːr] 以外の音をそれぞれえらぶ。

意味 秋はやく、ビリーの庭のりんごの木はりんごでいっぱいでした。
　ある日、放課後、いく人かの少年たちがビリーがりんごをとるのを手伝うために、かごをもってやってきました。
　「きみたちがほしいだけ食べていいよ。」とビリーは少年たちに言いました。「きみたちが食べるりんごは、りんごをとってくれるお礼だよ。」
　「おお」とジャックは木にのぼりながら言いました。「ぼくたちはそれ以上のほうびはほしくないよ。」
　少年たちはその日暗くなるまでとり、翌朝は学校が始まる前にやりました。
　「ぼくたちは木の上の方でりんごをとらないようにしようね。」とビリーが言いました。
　「お父さんはぼくたちがあまり高いところにのぼるのを心配している。彼はトムにお金を払って木のてっぺんにのぼってもらい、りんごをとってもらっているから。」
　まもなくビリーの妹が学校へ出かけました。そこで彼は少年たちにりんごをもって、急いで学校へ行くように言いました。「ぼくたちは遅刻したくないから。」と彼は言いました。ちょうどその時、りんごが木から落ちてきました。りんごはかごの中に落ちました。
　少年たちはかごの中のりんごを見ました。それは全部の中で一番大きいりんごでした。
　少年たちはみなそれをほしがりました。しかしビリーがそれを手に入れることになったのです。
　他の少年たちはりんごをもらって、学校へ走って行きました。彼らのポケットはみんなおいしそうな赤いりんごでいっぱいでした。彼らの手もりんごでいっぱいでした。
　ビリーは大きいりんごをポケットに押しこむために、そこにちょっと立ちどまりました。
　彼は何度も何度も入れようとしましたが、その大きいりんごはどうしても小さい横のポケットには入りませんでした。
　彼のうしろのポケットはもっと大きかったので、彼はりんごをその中へ押しこもうとしました。
　はじめ、りんごはどうしても中へ入りませんでした。ビリーはもう一度ぐいと押してみました。とうとうりんごはポケットの中におさまりました。
　ビリーは遅刻してはいけないと思ったので、学校までずっと走りました。しかしビリーは遅刻しませんでした。彼は教室に入ったちょうどその時、2度目の（始業の）ベルをききました。
　子供たちは着席したあと、歌をうたいました。それからグレイ先生が彼らに話をしましたが、ビリーはその話をきいていませんでした。彼はりんごをなんとか処理しようとしていました。

彼のうしろのポケットの中でりんごがごつんとあたりました。そして彼はうまくすわっていることができなくなりました。

まもなく子供たちは本を開いて，学習を始めました。しかしビリーは本を読むことができませんでした。彼はポケットからりんごを出そうと懸命でした。

ビリーはグレイ先生が彼の近くにくるまで，あちこちからだを動かしました。彼はもう二度とそうするのをやめようとしました。しかしなんとかそのりんごを処分しなければならなかったのです。

グレイ先生がもう一度ビリーを見たとき，彼はりんごのことを先生に話しました。

「申訳ないのですが，りんごがどうしても出てこないのです。手伝っていただけませんか。ポケットを切るようなことがあっても，ぼくはかまいません。」と彼が言いました。

「おお」とグレイ先生が言いました。「ポケットは切らないわよ。りんごのほうを切るだけよ。」

そこでグレイ先生はりんごを切り，それを取り出しました。

そのとき，もうだれもそれを一番大きいりんごだとは言えなくなってしまいました。

[解答] ① ①ア ②ウ ③イ ④エ ⑤ウ ⑥ウ ⑦イ ⑧ア ⑨ウ ⑩エ
② (1) to help Billy to pick the apples (2) he was trying to do something about the apple (3) he was afraid he would be late (4) the biggest of all the apples ③ (1) エ (2) エ (3) ウ ④ (1) イ (2) ア (3) エ

第48日

【出題傾向】 サラリーマンのベイカー氏の1日の生活を述べた文。相当に長い文だが，通勤風景をかいたものなので，内容は比較的つかみやすいと思う。

設問は内容真偽，文の意味，空所補充，文のくぎり，アクセントにわかれている。

[解説] ① エの文の less than「～よりも少なかった」，カの文の even if は「たとえ～しても」の意味。anyone と he の間に関係代名詞が省略されている。話しかけられない原因は混雑よりも騒音だったことに注意。
② (b) 接続詞の前。 (d) 真の主語の前。
③ ⓐ in order to～「～するために」〔目的をあらわす〕 ⓒ rest（残り）
④ (A)「～から」(B)「いることを」(C)「～してはいけない」(E)「とき」

[意味] 10月のある木曜日の午前7時45分ごろでした。むしろ寒く，しかし空は晴れていました。ベイカー夫人は夫を車に乗せて駅へむかっていました。ふだんはベイカー氏が自分で駅まで運転し，そこに車をとめていました。それから彼は市まで列車にのりました。しかしきょうはベイカー夫人が午後買物をするために車が必要だったのです。

ベイカーさんたちはニュー・ヨークの近くの小さい町に住んでいました。ベイカー氏の会社は市にあり，彼はそこへ毎日列車で通いました。ベイカー夫妻は8時5分前に駅につきました。ベイカー氏は夫人に別れをつげ，車からおりました。
　　ベイカー氏の乗る列車は7時58分に到着の予定でした。彼は新聞を買い，列車がちょうどとまったとき，プラットホームにつきました。列車は時間どおりに来ました。ベイカー氏は列車に乗り，席につき，新聞を読み始めました。
　　約40分後に，列車は大きな駅にとまりました。乗客はみんな列車をおり，大通りに通じる階段のほうへ歩いていきました。
　　彼の会社は駅から約2マイル離れたところにありました。ときどき彼は駅からタクシーにのりました。しかしたいていは地下鉄を利用しました。
　　地下鉄はやかましく，落ちつきませんでした。しかし2つの長所がありました。——速いことと，安いことです。
　　地下鉄の電車はすぐに来ました。まったく混んでいました。それでベイカー氏は立たなければなりませんでした。彼は片手で柱につかまりながら，新聞をひらいて，また読み始めました。たとえ電車の中で知っている人にあったとしても，話しかけることはむずかしかったのです。というのは電車は地下道を通過するとき大きな音をたてるからです。
　　電車が4度目にとまったとき，ベイカー氏がおりました。人のむれからみちをかきわけて，彼は階段をのぼり，大通りに出ました。あたりには高い建物がありました。
　　ベイカー氏は町かどの建物に入り，エレベーターを待ちました。2，3分して彼は約12人の人たちとエレベーターにのりこみました。建物の34階についたとき，ベイカー氏はおりました。とうとう彼は会社につきました。彼は机にむかって腰かけました。9時1分前でした。
　　1時に彼は会社を出て，友人2人と昼食に出かけました。彼らは会社の建物からあまり遠くない食堂まで歩いて行きました。彼らは明るい陽ざしをうけて外にいることを楽しみました。2時15分にベイカー氏は会社にもどりました。彼は午後の残りの時間をそこで執務しました。
　　5時に彼は会社を出て，帰途につきました。エレベーターでおりて，大通りへ出て，地下鉄にのり，鉄道の駅まで行って，列車にのりかえました。列車が市からはなれたとき，彼は「あしたは金曜日なのでうれしい。今週働くのはあと一日だけだ。週末をどうすごそうかな。この上天気をむだにしてはいられない。田舎へでも出かけたらすばらしいだろう。」と思いました。
　　彼が住んでいる町の駅についたとき，ベイカー夫人は車をつけて主人を待っていました。

【解答】 ① ア．× イ．○ ウ．× エ．○ オ．○ カ．× キ．× ク．○
② ⓑ 5　ⓓ 4
③ ⓐ ベイカー夫人は午後買物に出かけるためにその車が必要だった。　ⓒ 彼は午後の残りの時間そこにいた。　④ (A)ク (B)エ (C)コ (D)ケ (E)オ

5 (1) ア (2) ア (3) イ

第49日

【出題傾向】 親子3人でドライブをしながら，カリフォルニアの産物・歴史・名所を紹介した文。相当むずかしい単語が使われているが，(注)にその大部分が出ているので参考にすればよい。

設問は英問英答，語句・文の意味，it の用法などにわかれ，着実な読解力が必要である。

[解説] **1** (1) ～ did. とみじかく答える。 (2) ～ was. でやめてよい。
(3) mountainous（形容詞）に対する名詞形はなにかときいている文。(4),(5)自分の立場から Yes, No のどちらでうけてもよい。
2 ② この something は something valuable と考える。 ⑧ この very は形容詞で，「まさにその」 ⑫ この go は go through の意味。
4 ⑩ nearly as high as ほとんど～と同じくらいの高さ

[意味] お父さんはある日車をかり，アリソンとジョンをつれて，サンフランシスコから遠乗りをしました。市を出たとき，彼らは道路にそっておいしそうな果実がたわわになっているオレンジの森が何マイルもつづいているのに気がつきました。

「ジョン，ノートにメモしておいてもいいようなものがあるね。」とお父さんが言いました。「カリフォルニアではたくさんのオレンジやグレープフルーツ（ザボンの類）や，いろいろなかんきつ類ができるんだよ。」

「すばらしい気候だからでしょうね。」とアリソンが言いました。

「ほかに何があるかといえば——金だ。人々は百年前にカリフォルニアで金を見つけ，その後アメリカ全土いや世界中から，にわか成金になろうとしていろいろな人が殺到した。やってきた人たちはかなり乱暴で，10年間カリフォルニアはすっかりみにくい，無法な地になってしまった。しかしまもなく秩序が確立された。とにかくカリフォルニアには金と金色の日光とがあるんだ。」

「それにサンフランシスコの金門橋だってあるよ。」とジョンが言いました。

道は登りになり，山深いいなかへ通じていました。少しして，アリソンが急に「お父さん，あの木を見てください。ちょっとあれを見てください。」と言いました。

「それこそわたしがお前たちに見せてあげたいと思っていた木なんだよ。」とお父さんが言いました。「あれはアメリカ杉だよ。アメリカは新しい国だが，世界中でもっとも古い生物がいるそうだ。それがアメリカ杉だよ。それらのあるものは樹齢が2千年ないし3千年で，300フィート以上の高さもあり，ほとんど聖パウロ寺院と同じくらいの高さがあるのだ。」

ジョンが前方を指さして言いました。「あの木を見なさい。中をくりぬいてトンネルができていて，通りみちもついているよ。」

「では，そこを車で通ってみよう。そら通るよ。」

53

[解答]　1　(1) Daddy did.　(2) Gold was.　(3) It is "mountain".　(4) Yes, I have.（または No, I haven't.）(5) Yes, I would.（または No, I wouldn't.）
2　② エ　③ イ　④ ウ　⑤ ア　⑦ オ　⑧ ア　⑪ エ　⑫ イ
3　⑥ California　⑨ America
4　① おいしそうな果実　⑩ それらのあるものは樹齢が2千年ないし3千年で300フィート以上の高さもあり，ほとんど聖パウロ寺院と同じくらいの高さである。
5　(1) ア　(2) イ　(3) ウ

[第50日]

【出題傾向】　人里はなれた所でガソリンが不足し，たずねた一軒家の老婆がうす気味悪かったので，逃げ出したというスリラー的な話。
　　設問は文・語句の意味，語形変化，内容真偽，文の書きかえ，和文英訳などにわかれ，受験前の練習には適当な問題である。

[解説]　1　(ア) be out of（～をきらす）
2　(イ) 動名詞に　(エ) 現在完了形に　(ク) 動名詞に（または過去形に）
3　「明暗」を示す it をえらぶ。　　4　この for は「買うために」
5　付加疑問文を作る。　　7　私の車はガソリンがなくなってしまっていること。
11　(1) decide=make up one's mind　(2) be able to=can
12　(1) be out of を使う。　(2) 結婚した→married　(3) 長い黒い髪をした→with long black hair　(4) so ～ that を使う。

[意味]　先週の日曜日，私は奇妙なでき事にであいました。その日はとても気持ちがよかったので，私はひまにまかせて，いなかへドライブすることにきめました。
　　家へもどる途中で，車がとまりました。町からはなれたさびしい道路で私の車のガソリンがきれてしまいました。私は1ガロンまたは2ガロンのガソリンを売ってくれる人が見つかるまで，歩くことに決心しました。
　　私はおよそ1マイル歩きつづけ，ついに道路の近くに大きい家をみつけました。暗くなりかけていたので，私は家をみつけてほっとしました。
　　私はドアをノックしました。すると長い白髪の小柄な老婆が出てきました。「長い間あなたにお目にかかりませんでしたね。中へ入りなさい。お茶の用意がもうすぐできますから。」と彼女が言いました。
　　「でも私はただガソリンを買いに来たのです。」と私が答えました。
　　私は彼女がどういうことを話しているのか理解できませんでした。
　　「ああ，アルフレッド！　ガソリンですって？　あなたはお茶がほしいようですね。」
　　私はすばやく私の自動車のガソリンがないことを説明しましたが，彼女は私の言うことをきいているとは思えませんでした。
　　彼女はただ私をアルフレッドと呼び，私にどんなにあいたかったかについて話しつづけました。

彼女はとてもふに落ちないそぶりをしていました。私は不安を感じ，外へ出たくなりました。彼女がお茶をとりに行くやいなや，私はできるだけ速く家からとび出しました。

　幸いに道路をおりたところにもう一軒の家があり，私は数ガロンのガソリンを買うことができました。私が私の経験したことをその男の人に話したとき，彼は「ああ，エミリーさんのことですね。彼女はたった1人であの大きい家に住んでいるのです。彼女は変わった人ですが，だれにもけっして危害は加えません。彼女はまだ彼女が30年前に結婚しようとした男を待っているのです。結婚式の前の日にその男はいなくなって，もどってこなかったのです。」と言いました。

[解答] 　1　(ア) 私はガソリンをきらしました。　(ス) 彼女はけっしてだれにも危害をくわえません。　2　(イ) walking　(エ) seen　(ク) talking (または talked)
3　イ　4　エ　5　don't　6　ひとりで
7　(that) my car was out of gasoline　8　as fast as I could
9　エ　10　エ　11　(1) made up my mind　(2) could　(3) alone
12　(1) We were out of water.　(2) They married three years ago.
(3) I met a young woman with long black hair.　(4) He was so kind that he was loved by all (または everybody).

第51日

【出題傾向】 経済的にはあまりめぐまれないが，善意と知性をつらぬきながら，若者たちを育てていく理想的な教師像をえがいた文。
　設問は，文の意味，代名詞の用法，省略語の補足，動名詞，不定詞の用法，内容真偽，アクセントと広い範囲にわたり，総合的な学力をみるのに最適な練習問題である。

[解説] 　1　① not always（かならずしも～でない）　② give up ～ for business「～をやめて実業界にはいる」　④ it は仮の主語
3　彼が私たちを叱ること。
4　関係代名詞を入れる。先行詞に every- があるので注意。
5　4語をおぎなう。
6　前置詞の目的語になる動名詞をさがす。
7　名詞的用法をえらぶ。
8　本文の内容をしっかりつかんでおくことがたいせつ。

[意味] かしこく，善良な人はお金持ちになれると私は以前いつも思っていましたが，今年になって私はこのことは必ずしもほんとうではないということを学びました。私はこのことを私の先生から学びました。彼はかしこさと善意とをかねそなえていますが，まったく金銭的にはめぐまれていません。もし彼が教職をやめて実業界にはいるなら，たぶん彼はもっとたくさんのお金をかせげるでしょう。しかし彼は教師であることをたいへん誇りに思っているので，若者たちを助けることに喜び

を感じています。
　彼は朝から午後おそくまで学校にいて，とても熱心に仕事をします。私たちが助言をもとめに彼のところへ行くと，いつもにこにこしてむかえてくれます。彼は私が今までに知っているだれよりも私たちに親切です。私は歴史や数学を学ぶほうが，どうしたらこのようなりっぱな人になれるかを学ぶよりも，ずっとやさしいにちがいないと思います。
　彼は私たちがなにか悪いことをすると叱ります。しかしその叱責は，私たちにもっとよくしようと努力することを教えてくれます。彼は私たちにしたい放題のことをけっしてさせてくれません。私たちはみんなできるだけ長く彼といっしょに勉強したいと思っています。しかしそれは不可能なことです。私たちのあるものはやがて医者に，あるものは実業家に，あるものは技師に，あるものは作家になるでしょう。しかし私たちはだれでも１つのことを心から強く望んでいます。——それは私たちの先生のような人間になりたいということです。

[解答] [1] ① このことは必ずしもほんとうではない。　② もし彼が教職をやめて実業界にはいるなら，たぶん彼はもっとたくさんお金をかせげるだろう。　③ 彼は私が今までに知っているだれよりも私たちに親切です。　④ 私は歴史や数学を学ぶほうが，どうしたらこのような人になれるかを学ぶよりもずっとやさしいにちがいないと思う。
[2] エ　[3] He scolds us　[4] that　[5] of us may become
[6] ウ　[7] ア　[8] (1) d (2) c (3) c (4) d (5) d (6) c (7) a
(8) b　[9] (1) ア (2) ウ

第52日

【出題傾向】ケニヤに発生する奇病についての話。博士と若い女性テレサとの会話によって話が進行する。単語や熟語の知識が十分あるかどうかによって得点に差が出てくる。特に語形変化（動詞→名詞）の問題できつい設問がいくつかある。

[解説] [1] (ア)「かぶりなさい」と命令文に　(イ)「病気にかかる」とする。catch cold（かぜをひく）がヒント。
[2] (a) 小さいはえが刺すことによる　(b) 子どもたちが自分たちの仕事と考えて助ける　(c) 目の中にあらわれる銀色のすじ
[3] 命令文，or〜　→　if＋否定文
[4] いろいろ命令調で注意を受けたから。
[5] 「go＋補語」で「（好ましくない状態に）なる」の意味。
[6] 「（薬を）飲む」には take を使う。
[7] (1)「〜の世話をする」(2)「〜のしかた」(3)「帽子をかぶること」と動名詞を用いる。(4)「〜ばかりでなく〜も」(5)「〜を覚えておく」，条件を示す副詞節（if〜）では，未来の内容でも現在の時制にする。つまり動詞に -s が必要。(6)「〜を免れる」(7)「健康な生活」(8)「ことば」(9)「この地には新しく来たばかり」(10)「ほと

んどいない」(11)「発見」という名詞形を入れる。

[意味] 彼女はへやじゅうを見まわしました。壁にはたくさんの写真がかかっていました。それらはすべてマッコール博士のものでした。1つは銃をもった写真で，彼は死んだ動物のわきに立っていました。他にアフリカ人の一団といっしょにとったものもありました。一体彼はどのような人物だったのでしょうか。

「忘れてはいけない。ここでは水をたくさん飲みなさい，そうしないと，病気になってしまう。食べる前に果物はすべて洗いなさい。それに，日なたに出るときは，いつも帽子をかぶりなさい。」

テレサはまるで学生にもどったような気がしました。「しなければならない，してはいけない，これをしなさい，それはしてはいけないなど。ここへやってきて，マッコール博士のために働くのはまちがっていたのだろうか。」と彼女は考えこんでしまいました。

博士は突然にっこりしました。「テレサ，きっとわたしたちはいっしょに仲よくやっていけるよ。きみのお父さんとわたしは親友だ。わたしはきみの面倒をみたい。時には，アフリカはやっかいな国になる。美しく，おもしろい面もあれば，また危険なところもある。」

今になって彼女はその事情がわかってきました。彼は彼女のことをひたすら心配してくれていたのです。しかし彼女はもう18歳で，自分のことは自分でできる年齢になっていました。しかも彼女はすでにケニヤについての父親の著書を読んでいて，たくさんのことを知っていました。

「マッコール先生，あなたの仕事についてお話しください。」彼はドアのところへ行って外を見ました。それからドアに鍵をかけました。

「さて，きみには秘密を話そう。ここの病院にいるだれひとりも，そのことについては知らないのだ。」「だれもですか。」とテレサは笑いかけました。

これではまるでジェイムズボンドの話そっくりのようでした。彼は静かに話し出しました。「わたしはおそろしい病気を防げる女性のまじない師をビクトリア湖の近くで見つけた。他に彼女のことについて知っているものはだれもいない。わたしだけだ。」「病気って何ですか。」とテレサがたずねました。

「それは river blindness というものだよ。多くのアフリカ人が赤子のときにそれにかかる。じょじょに，大へんゆっくりと彼らは盲目になっていく。病気にかかった何百，何千という男女や子どもたちがいる。そのことを考えて見給え。何千という人々が見ることができないんだ。」

「人々はどのようにして病気にかかるのですか。」とテレサは悲しくなってきました。「川に住んでいる小さいはえが人々を刺す。はえは傷口に卵を生みつけ，これが小さい虫になる。この虫は血液に入り，身体じゅうをまわる─足，すね，頭，どこへもだ。それは目を攻撃し，とてもゆっくりだが人は目が見えなくなる。目は赤くなり，疲れてきて，顕微鏡でみると，その中に銀色のすじが見える。そのすじこそ river blindness の徴候なのだ。」

テレサは恐怖を感じました。「人々はどのように生活していくのだろうか」と。

「多くの村では，ほとんど全員が盲目だ。若い子たちは目が見える。若者は盲目の人たちの手をもってあげなければならない。」「それはとても困難な生活ですね。」「そのとおり。しかし彼らは互いに助け合っている。われわれにはより一層困難なことだ。都会に住んでいる場合には，互いに助け合ったりしないからだ。」
　マッコール博士はめがねをはずしました。彼の目は異様に見えるとテレサは思いました。彼は一体どうしたのだろうか。「この女性のまじない師はこれらの盲目の人々を治せるのでしょうか。」と彼女はたずねました。
　「いや，彼女は治すことはできない。だれか river blindness にかかると，それを治せる医師やまじない師なんていないのだ。」
　「しかし彼女は何をするのですか。」とテレサはたずねました。「彼女は特別な花を見つけた。彼女はそれを赤子に与える。そうすると，river blindness にかからなくなるんだ。」
　テレサは感情が高ぶってきました。「それはすばらしいわ。でも私の仕事は何ですか。」「わたしはナンディ語を話せないが，きみは話せる。きみにわたしといっしょに森へきてもらいたい。きみはわたしに代わって女性のまじない師と話をしなければならない。」「でも，なぜ私に。先生はなぜケニヤ語を使わないのですか」とテレサがたずねました。「それを秘密にしておきたいから。しかもきみはここのだれも知らないからさ。」

【解答】 **1** (ア) 5 (イ) 2　**2** (a) bite, fly (b) children, job (c) silver lines　**3** If don't　**4** イ　**5** エ　**6** enough, take　**7** (1) care (2) how (3) wearing (4) only (5) keeps (6) from (7) life (8) language (9) new (10) few (11) discovery

第53日

【出題傾向】　話の内容は，優柔不断な若いねずみが，自分で決断する労を惜しんだため，ついに一命を失ってしまうという比較的わかりやすいものだが，文法上，語法上では高度の設問がまじっている。形式目的語，強調構文などは高校で学習する範囲のものである。

【解説】 **1** (1)「ファティと呼ばれる」とするために過去分詞を使う。(5)「そんなに怠惰であること」をとするためには，of（前置詞）のあとに用いる be 動詞を動名詞にする。(例) He is proud of being rich.（金持ちであることを自慢している）(6) care for はふつう「～を世話する」として使うが，否定文や疑問文では like と同じ意味になる。ただし主語の Nobody は 3 人称単数であることに注意。
2 (2)「そのようにどうにもならない」(3)「腹を立てる」(4)「～を恥じる」
3 the 比較級～, the 比較級～は「～すればするほどますます～」というきまった表現。less は little の比較級なので，「ますます～しない」と否定の意味に扱う。
4 (8)「(～する) ときはいつでも」という接続詞を入れる。(9) too～to～ はふつう so～that～can't にかえるが，この場合は almost too とあるので，not の代

わりに hardly（ほとんど〜できない）を用いる。　(11)「おこなわれる」は take place
(15) prevent 〜 from … ing（〜が〜するのを妨げる）を形式目的語の構文を使って make it 〜 for 〜 to 〜（〜が〜するのを不可能にする）に書きかえる。「不可能な」は impossible を使う。

5　(10)「人は彼がつきあう仲間でわかる」という意味のことわざ。本文のほうも「仲間を全員招集する」となる。　(12) send 〜 for … で「〜に…を呼びに行かせる」, 本文のほうも「小隊を送ることをきめた」となる。　(13)「バスが市街電車にとって代わる」とする。本文のほうは「より安全な場所」となる。　(14)「彼は混む列車で老人に席をゆずった」とする。「席をゆずる」は make room (for), 本文のほうの room は「場所, 余地」の意味となる。

6　「むしろ行くよりもとどまりたい」

7　「見えなくなるまで」は「視界から消えるまで」とおきかえる。「視界から消える」は out of sight

8　「若いねずみが〜によこたわっているのを見た」という文にする。したがって see＋目的語＋現在分詞の構文になる。lie＋ing → lying

9　(19)「決心する手間をかけようとしなかった」(20)「彼が死んだのは彼自身のせいだった」。それぞれ英文にすると He wouldn't take the trouble to make up his mind.　It was his own fault that he died.

意味　むかし，多数のねずみが農場の古い建物の中に住んでいました。その中にファティと呼ばれる若いねずみがいました。彼はとても肥っていたので，ファティと呼ばれました。彼は大へんななまけもので，何もきめられませんでした。他のねずみが彼に何になりたいのかとたずねるようなとき，彼はきまって「わからない」と答える有様でした。

彼のおじさんはその若いねずみ（ファティ）がそのようにどうしようもないのを見るのがいやでしたし，彼にはよく腹を立てていました。おじさんは彼に「お前はそんなに怠けぐせがついているのを恥ずべきだ。だれも怠けものには関心をもってくれない」とよく言いました。

そしておばさんも「ファティよ，決心することを覚えないと，だれもお前を可愛がってくれないよ」と重ねて言ったものです。

若いねずみは彼らの忠告をきくことはあっても，返事は一切しませんでした。おじさんとおばさんがさらに話しかければかけるほど，ますます若いねずみは何も決断できないように思われてきました。

ねずみたちの住んでいた建物はとても古かったので，風が吹くたびに建物がゆれました。材木はほとんど余りにも古く，弱くなっていたので，屋根を支えることができませんでした。ねずみたちは恐怖を感じ始めました。そこでねずみのボスが仲間を全員呼び集めて，会合を開きました。論議のあとで，もっと新しい安全なすみ家をさがすために，小さい一隊を派遣することにきまりました。翌日，一隊がもどってきて，余り遠くないところにすばらしい，新しいすみ家を見つけたことを報告しました。そこは彼ら全員を収容できるに足る余地があり，安全に，安楽に暮らす

ことができるところのようでした。

　ボスは吉報をきいて大変喜び，「今夜新居へ引っ越すのに障害となるものは何もない。全員勇んで出発するだろうね」と言いました。ねずみたちはみんなその夜喜んで出発しますと言い，その準備にかかりました。ファティを除いたねずみたちはみんな旅立ちの準備をおえて，長い列を作って立っていました。

　ファティは列の中に入るのでもなく，出るのでもない素振りでした。彼はただそのわきに立っているだけでした。

　「さぁ，ファティ，われわれといっしょにこないのかい」とボスがたずねました。「はっきりとは決心がついていません」とファティが答えました。「ここにとどまるのはむしろ危険かもしれない。どうしたらよいのかまったくわかりません。」

　「では，われわれといっしょにこいよ，このお馬鹿さん」とボスが言いました。「しかし，その場所はまだ倒れないかもしれない」とファティが答えました。「それに，少しねむくなってきたので，自分の穴へもどって一休みしたほうがよさそうだ」。「そうなれば，お前をおいて行かなければならない」とボスが言いました。「これ以上は待ちきれないのだ。お前はいっしょについてくるか，ここに残るかどっちかだ。」

　そこで彼は命令を出しました。「前進！　早足！」そしてねずみたちの一団は全員新居へ向かって行進していきました。ファティは彼らが見えなくなるまで見守っていました。

　その夜，恐ろしい嵐がきて，突然その古い建物は崩壊しました。翌朝は明るく，陽がさしていました。農場主とその雇い人たちは何が起こったのか見にやってきました。彼らはそこに一ぴきのねずみも見なかったことを不思議に思いました。農場主が「この場所はたくさんのねずみたちがいたところだ。彼らはみんなどこへ行ってしまったのだろう」と言いました。

　しばらくして，雇い人のひとりは若いねずみが石の山のすぐそばに倒れているのを見つけました。それは完全に死んでいました。それは穴の中にいるのでもなく，外に出ているのでもない状態でした。これがどのねずみだったかは容易に想像できるでしょう。ごぞんじのように，若いねずみは決心する手間をかけようとしなかったために命を失ったのです。彼が死んだのは彼自身のあやまちからでした。

[解答]　[1]　(1) called (named)　(5) being　(6) cares
　　　　[2]　(2) C　(3) A　(4) B
　　　　[3]　その若いねずみはますます何も決めることができないように思われた。
　　　　[4]　(8) Whenever　(9) hardly　(11) took　(15) impossible
　　　　[5]　(10) company　(12) send　(13) place　(14) room
　　　　[6]　stay than go
　　　　[7]　(1) till (until)　(2) out　(3) sight
　　　　[8]　3
　　　　[9]　(19) trouble　(20) fault

第54日

【出題傾向】 生い立ちが貧しく，不幸だったベートーベンの暗い，偏屈な性格から発する行動をいく例か出してある。内容についての設問が多いので，ていねいに読解することが大切である。文法関係は少なく，動名詞と不定詞が出題されている。

解説
- ① come from で，「～の出身である」，is from も出身を表すが，文全体が過去形なので，ここでは適当でない。
- ② little は「ほとんどない」と否定に扱う。
- ③ ここの like は「～のような（に）」という意味。
- ④ 「彼は帽子をかぶったままだった」とする。
- ⑤ showing は動名詞（前置詞 of の目的語），したがって，動名詞として用いられている ～ing 形を選ぶ。
- ⑥ hear well「耳がよく聞こえる」
- ⑦ 少し前にある a man of good family was talking to a girl がヒント。
- ⑧ 直前の they played badly を指す。
- ⑨ ここの music は次の pull to pieces（バラバラに引き裂く）から「楽譜」と扱う。poor は poorly（かわいそうに）と副詞的に訳すことがよくある。
- ⑪ 「立腹して飛び出した家」
- ⑫ 文脈から判断して「一風変わった人物」となる。
- ⑬ 周囲の人は忠告もできず，どうしようもなかった。
- ⑭ 形容詞的用法を選ぶ。本文の enough は名詞，例文のほうは副詞
- ⑮ cost money「金がかかる」
- ⑯ 年齢は at the year of～ とはいわない。
- ⑱ ア．[e]—[ei]，エ．[t]—[id]，キ．[ʌ]—[au]

意味 モツワルトの死後，ベートーベンはハイドンのもとで勉強したが，ハイドンは彼が好きではありませんでした。ベートーベンは貧しい家の出でした。彼の父親は生涯酒に入りびたり，もう故人となっていました。彼の母親も亡くなっていました。彼は自分の金をほとんど持っていませんでした。

しかし，ウィーンは豊かなところで，そこの人々はベートーベンとちがっていました。彼は彼らを理解しようとも，好きになろうともしませんでした。彼らがおだやかに話すとき，彼はそうはしませんでした。彼らが通りで名士に脱帽して敬意を表すときも，彼は帽子をかぶったままでした。

彼は感情をあらわに示すことを遠慮しませんでした。彼がある金持ちの男の家で演奏をしていたとき，聴衆のひとりである，家柄のよい男が若い女性に話しかけていました。彼は音楽よりも女性が好きで，ベートーベンが演奏を始めたときも，話をやめませんでした。その声は静かなものではなく，当時ベートーベンは耳がよく聞こえました。

音楽が中途でとまり，ベートーベンが立ちあがりました。「わたしはこのようなけだもののためには演奏はしない！」と彼は大声を出しました。「するもんか！

けだもの相手では！」それから歩いて外へ出てしまいました。
　お金をかせぐために，彼は教えなければなりませんでした。そこで，大きな家でピアノの演奏を希望している多くの若い女性たちを教えました。
　しかし若い女性にとって音楽などそれほど重要ではなかったので，彼女たちは当然のことながらたびたび注意が散漫になりました。彼女たちが下手に演奏すると，彼はありのままの事実をかくそうとはしませんでした。
　彼は彼女たちにずばずばと演奏が下手だ，上手に演奏できる見込などない，教える時間が無駄だなどと言いました。彼は時々かわいそうに娘たちの手から楽譜を取り上げてしまい，それをバラバラに引き裂いて，床に投げ捨て，とび上がって踏みつけました。それから家から出て行って，もどりたいときだけもどってきました。彼女たちの望みは彼には取るに足りないものだったのです。
　その当時でさえ，彼は偉大な人物だが，一風変わっているという世評がありました。
　ある時，彼は注文もしていない，食べてもいない食事代を支払いました。彼にそんなもの払ってはいけないと言ってもどうしようもなかったのです。
　時折，彼が食事に出かけたとき，テーブルの彼の居場所が低すぎると思いました。そこで彼は大いに立腹し，自分は召使いとまちがえられたくないのだと言い張りました。なぜ彼はもっとおだやかな，物静かな人間になれなかったのでしょうか。
　彼は病気がちでした。若い頃必ずしも十分な食事もできなかったし，他の人たちほど強健でもありませんでした。彼の父親の家で彼はたびたび医師に看てもらう必要がありました。しかし当時は医師にみてもらうには莫大な費用がかかったのです。だから彼は行きませんでした。他にもいろいろ苦労なことがありました。
　彼は聴力を失い始めました。1796年にそのことに気づき出しました。40歳であまり聞こえなくなりました。50歳のとき，彼はまったく聞く力を失ってしまいました。しかし彼は決して音楽をあきらめませんでした。
　彼の一生はひたすら音楽に捧げられました。他には何ものもなかったのです。

|解答| ①イ ②ウ ③エ ④ウ ⑤オ ⑥イ ⑦オ ⑧エ ⑨ア ⑩オ ⑪オ ⑫ウ ⑬イ ⑭オ ⑮エ ⑯ウ ⑰エ ⑱ア，エ，キ

第55日

【出題傾向】　父親の運転で，神戸に向かう母，娘の3人の会話が中心になる。内容は比較的理解しやすいが，会話文に慣れていることが大切。語形変化や作文力をためす問いには，なかなか手ごわいものがある。

|解説|　① 〔あ〕新聞などに「書いてある，出ている」には，say を使う。〔い〕乗物や道路を「利用する」にあたるのは take 〔う〕「もってくる」という動詞を使う。

〔え〕「(夢などが)実現する」は come true,「いまそうなった」のだから現在完了形に。〔お〕「～のように見えた」とする。

2 (1) 前にある it は仮の主語。(2) 過去分詞形にして，すぐ前の名詞を形容させる。「～を着ている」は (be) dressed in (3) 受動態に (4) after（前置詞）のあとは動名詞形に (5) enjoy＋動名詞で「～して楽しむ」

3 ① can の代用語句を。like someone（だれかさんのように）は父親を間接的に皮肉っている。②「速度をゆるめる」③ drive ではない。「運転する人」となる。④ very much に相当する1語を ⑤「どういたしまして」となる。

4 (ア)「空にはあがっているとても多くの凧があった」(イ)「戸外でゲームをするよりもコンピューターゲームのほうがずっと（好きだ）」という内容の文に。

5 (ウ)「たくさんの食べ物」a lot of food,「映画を見る」see movies (エ)「～しなくてもよい」doesn't have to～ (オ)「これが初めてだ」This is the first time (that)～.「～に来る」は「訪れる」とすればよい。

意味 「わあっ！ そんなに速く走らないで，お父さん」とメグがうしろの座席から言いました。彼女の父親は時速100キロのスピードで車を運転していました。彼らの車は他の多くの車を追い越しました。名神高速道を走るのは楽しいが，あまり速く走るのは危険だとメグは心配しました。晴れた日で，行きかう人たちはみんなとても楽しそうでした。着物をきた女の子が数人にこにこしていました。着物をきた男性の姿は見られません。「お前が赤ちゃんのころだがね」とメグの父親が彼女に話しかけました。「空にはとてもたくさんの凧があがっていたんだが，いまは見られないね。」メグの父親はずっと以前，子どものころに，田んぼで凧あげをするのが好きでした。「たぶんこのごろの子どもたちは外で遊ぶことよりも，コンピューターゲームをするほうがずっと好きなんでしょうね」とメグの母親が会話に加わりました。「そうらしいね。今日の新聞には子どもたちの視力が前よりも悪くなってきていると書いてあったよ。でもメグは大丈夫だろうね」と父親がたずねました。「心配ないと思うわ。でも友だちの半数がめがねをかけているの」とメグ。

新年になって2日目でした。メグと両親は10時15分前に家を出ました。平安神宮に初詣でしたあと，名神高速道を走ることにしました。母親とメグは買物が好きだったので，神戸市のハーバーランドへ行くことにしていました。

そこでは，いろいろな物が買えるし，たくさんの食べ物が味わえるし，映画を見ることもできます。父親は今日は運転するだけでした。「でも，それでいいんだ。楽しくドライブできるからね。それで晩にはご馳走を3人で食べることにしよう。それでいいかね，ご婦人たち。お母さん，ウーロン茶を1かんお願いしますよ。」メグの父親は3年前に車の事故で脚を動かすことができません。それ以来，日常の生活では車椅子を使用しています。ところが，彼は車の運転はどうなのでしょうか。もちろん，できます。彼の車は自動式で，特製でもあります。だから彼は脚を使わなくともよいのです。しかし，運転するとき，両方の手を使います。

「両手を使えてうれしいよ」と父親が言いました。

「わたしもうれしいわ。ところで大学へ入る前にきっと車の運転がパスできると

思っているの。でも誰かさんのようにあまり飛ばさないようにするわ。」
「わかった，わかった。速度を落とそう。これで十分かね，ぼくの王女さま。」
「お父さん，これでいいわ。十分だわ。お父さんの運転はまあまあだわね。」
「どうもありがとう，私の親愛なる貴婦人さま。」
「どういたしまして。お母さん，眠っているの。」
「神戸に来るのはこれが初めてだわ！ わたしの夢がただ今実現したの。」
ついにハーバーランドにやってきたとき，メグはとてもうれしそうに見えました。彼らは時速85キロで車を走らせ，11時半にそこに着きました。「見て！ なんて美しいのでしょう。お母さん，買物に行く準備いいかしら。」

[解答] ① 〔あ〕says 〔い〕took 〔う〕get 〔え〕has come 〔お〕seemed
② (1) to go (2) dressed (3) be seen (4) visiting (5) driving
③ ① able ② slow ③ driver ④ lot ⑤ welcome
④ (ア) there were so many kites flying in the sky (イ) computer games much better than playing games outside
⑤ (ウ) You can eat a lot of food and can see movies. (エ) he doesn't have to use his legs. (オ) This is the first time (that) I have visited Kobe!

第56日

【出題傾向】 観光でにぎわう現在のサイパンは，実は50年前に悲惨な戦場となった。したがって，明暗両面を持ったこの島を訪れる人たちも，年齢によってその思いがちがってくるという内容。分詞，動名詞，単語（特に副詞）の知識，内容の把握力などが試される。

[解説] ① ⓐ「新婚夫婦」とするには，marry を過去分詞にして，couples を形容させる。ⓑ「輝いている太陽」（現在分詞＋名詞）とする。ⓒ「埋められた」と受動態に。ⓓ feel like (〜のように感じる) の like は前置詞なので，あとの語形は動名詞。ⓔ 不定詞を使う。
② ①「たやすく」 ②「ついに」 ③「特に」
③ (ア)「換言すれば」 (イ)「(海の) 中へ」 (ウ)「自殺する」

[意味] サイパン――明るい太陽の輝きと紺色の海から吹いてくる熱帯の微風いっぱいの島――は同時に日本人にとっては多くの不幸な追憶と悲しい歴史をもった島でもあります。戦争を経験しなかった若い日本人のほとんどにとっては，サイパンは日本から最も近い熱帯の島です。若者たちは楽しい時をまたは休暇を過ごしたりするためにそこへ行きます。しかし，戦争を経験した日本人にとっては，サイパンは最も近い保養地以上の意味をもっています。
　たくさんの日本人の観光客が毎年風景を見にサイパンを訪れます――主として若者や新婚の夫婦たちです。なぜ日本人の観光客はサイパンへ行くのでしょうか。サイパンにはどんな魅力があるのでしょうか。

第一に，遠くなくて，容易に訪れることができる近さにあるからです。だからますます多くの日本人観光客がサイパンへ行くわけです。
　次に，南方の島なので，日本人にとても好かれています。いいかえれば，サイパンは天国のようなものです。サイパンはたびたび私たちに紺色の海，珊瑚礁でおおわれた海底，澄んだ青い空，明るく照り輝く太陽，珍しい熱帯の果物などを提供してくれるからです。これらのもののすべては自然の美しさ，生命，新鮮さにあふれているように思われます。これらの魅力はよく日本の雑誌の記事になっていて，大ていの日本人に知られています。とりわけ，それらは若い男女にとても人気があります。
　しかし，サイパンにあるのはそのような魅力だけなのでしょうか。いいえ，ちがいます。サイパンには別に人をひきつけるものがあるのです。もちろん，歴史を学んだことのある日本人は第2次世界大戦の最も恐ろしい戦闘のいくつかが50年ほど前にこの地サイパンで展開されたことを知っています。今日でさえ，私たちはサイパンにいくつかの古い戦跡を見ることができます。たとえば，"万才の崖"のことは世界中に知れわたっています。多くの日本人が"万才"と叫びながら命を断つために海へ跳び込んでいったのです。そのような場所を見ると，私たちは戦争とは痛ましく，無益なものだということを教訓として与えられます。
　第2次世界大戦中に，何千という日本人の生命がサイパンで失われました。多くの日本人，将兵も一般の人たちも共に戦争の最中はサイパンにいました。戦争は日本の敗北で終結しました。サイパンでは多くの日本人が戦争中かまたは1944年7月7日の集団自決によって生命を失いました。だからサイパンで戦争を経験した日本人にとっては，痛みと悲しみを意味する島なのです。多くの人々がサイパンで家族や友人を失くしているからです。
　そこで，日本人特に年輩の人たちは戦争を思い起こすためにサイパンへ行くのだと言えると思います。彼らがサイパンの地に足をふみ入れる時，何を感じ，何を思うのでしょうか。彼らは"万才の崖"に立つ時，どんな感想を持つのでしょうか。一部の人たちはサイパンの地中深く埋められている亡くなった家族や友人の骨を拾いに行くのだと聞いたこともあります。実に，戦没した人々に敬意を表すために行くという日本人もいます。
　ところで，このように書きながら，私はもう一度サイパンへ行きたい気持ちになりました。もう一度この美しい場所を訪れる機会を持ちたいと願っています。そして，もう一つのことについては，あなた自身でサイパンを経験されますように。最後になりましたが，大いに楽しむことをお忘れなく。

[解答]　[1]　ⓐ married　ⓑ shining　ⓒ were buried　ⓓ going　ⓔ to have
　　　　[2]　① ウ　② カ　③ エ
　　　　[3]　(ア) other　(イ) into（または in）　(ウ) themselves
　　　　[4]　(1) ア　(2) エ
　　　　[5]　(A) ウ　(B) エ　(C) ア
　　　　[6]　ア，エ，キ　　[7]　オ

第57日

【出題傾向】 幼い時から星に興味をもっていたガリレオが，成人して運動の法則を確立し，さらに望遠鏡を作って多くの発見をなしとげ，やがて世界的な科学者の地位を築いた話。

前置詞，接続詞，構文の知識（so～that～，too～to～，the 比較級～，the 比較級など）と作文力が成績に大きく影響する。

［解説］ [1] (a)「～でいっぱいの」とする。by ではない。(b) The bridge is made of stone. などの例文を連想できればよい。(c)「～なしでは」とする。(d) answer in English (in＋言語) のきまりを知っていればよい。

[2] A. too～to～ の構文に　B. not～at all（まったく～でない）を使う。
[3] 付加疑問文の aren't you がヒント。
[4] 前文の the books～wise までを示す。　[5]「年齢」という名詞を使う。
[6] 2つあとの文に he did not want to be a doctor. がある。
[7] 時を示す as（～しているときに，～しながら）
[8] 次の段落の第2，第3の文がヒント。　[9] that は関係代名詞として使う。
[10]「なん回も」とする。　[11] the longer～takes（時間がかかればかかるほど）
[12] 動詞の部分を could be seen と受動態にする。
[13]「すべてのものがはるか遠く離れているのに，彼はどのようにして確信していられるのか」という内容に。
[14] made は「～を～にした」という働き。この文は「このおかげで～になった」のように意訳したほうがよい。
[16] 前文2つをまとめればよい。

［意味］ ガリレオ　ガリレイは少年の頃から星について考え，不思議に思っていました。ガリレオの父親は，何千という星空を観察するために，彼が夜ふかしするのを許してくれました。しかし父親さえも彼の質問の全部には答えられませんでした。

質問には「星は何でできているのだろうか。星はどこから来たのだろうか。星はどこへ行ってしまうのだろうか」などいろいろでした。

彼の父親は笑ってしまって，「お前はいつも質問ばかりしているんだね。学生のときは，賢い人々の書いた書物を読むだろう。そこに答のいくつかが見つかるはずだよ」と言いました。

ガリレオはとても優秀な学生でした。17歳のとき，イタリアのフローレンスからピサの都市へ医学の勉強に行きました。ガリレオは彼の周辺で目にふれるいろいろなものについて質問をするのが好きでした。彼はまもなく医師にはなりたくないということがわかってきました。彼は自分が科学者志望だとは承知でしたが，証拠なしには誰の言葉も決して信じようとはしませんでした。ガリレオはとりわけ自分自身の実験に信頼をおく最初の偉大な科学者でした。

1589年にガリレオはピサ大学の数学の教授になりましたが，自分の実験は続けました。その頃彼はいつも自分自身に問いかけていました。落下するとき，物体に何

が起こるのだろうか。物体は同じ速度で落下するのだろうか。それらは加速するのだろうか。その速度は測れるだろうか。それらの解答を確かめるために，ガリレオは落下の速度をゆるめなければならないと考えました。どんな方法を用いたらよいのだろうか。

その時，彼にある考えが浮かんできました。ボールを斜面にころがすのはどうだろうか。もし速度が測定できれば，まっすぐ落下する物に情報を活用することも可能なわけです。何回も転がるボールの速度を測ったあと，ガリレオは2つの運動の法則を確立しました。彼が発見した第一の法則はある物が落下するのに時間がかかればかかるほど，落下の速度が増すということ。第二の法則はある物が落下するのに距離が遠ければ遠いほど，落下の速度が増すということ。この現象は，速度が常に高まってくるという理由に裏づけられています。

1604年に，ガリレオの人生を変えるようなことが起こりました。新しい星が空に現れたのです。それは黄色く，紫色に，赤く，白く輝きました。とてもきらきら光るので昼間でも見ることができました。それは1年半輝き，やがて消えてしまいました。その当時の人々は宇宙が変わるとは思っていませんでした。人々は新しい星が現れることはありえないと思っていました。ガリレオは宇宙は変化しないと考える人たちとは見解を異にしました。人々は物がみんなはるかに遠くにあるのに，どのようにして彼は確信していられるのかと首をかしげていました。

1609年にガリレオは自分で望遠鏡を作りました。それによって物が3倍地球に近づいて見えました。このおかげでガリレオは宇宙のものをよりたやすく見られるようになりました。その後彼は宇宙の物体が30倍地球に近づいて見える別の望遠鏡を作りました。そこで人々はその時まで知られていなかった空の部分を見られるようになりました。

ガリレオは新しい望遠鏡で多くの発見をしました。たとえば，天の川は雲ではなく，星の大きなかたまりであることを見つけました。1つ1つの星はあまりに小さくて，肉眼だけでは見えなかったのです。

ある夜，ガリレオは望遠鏡によって3つの小さい物体を発見しました。それらは3つの小さい星のように見えましたが，（恒）星ではなく，惑星の一方から他方へ移動を続けていました。数週間後，ガリレオは3つの小さい星の近くに4番目の小さい物体を見つけました。「私は以前にこのように動く星を見たことがない」と彼はつぶやきました。ガリレオはこれらはまったく星（恒星）ではないことを発見しました。それらは月が地球の周囲をまわると同じように木星のまわりを周遊する衛星だったのです。

ガリレオはフローレンスへもどり，他の発見について語り始めました。彼は金星という惑星は形を変えるようだということに気がつきました。そのためにはたった1つの説明の方法しかありませんでした。金星は地球の周囲をまわるのではない。実は太陽の周囲をまわるのだ！ これによってコペルニクスの言ったことが正しいという証明をすることになりました。コペルニクスは近代で地球は太陽の周囲をまわると述べた最初の人でした。ガリレオはコペルニクスの発言を信じたわずかな人たちの中のひとりでした。

世間に新しい発見を伝えるために，ガリレオは'二大主要体系'と呼ばれる本を

書きました。彼は男女だれもが理解できるように，国民のことばであるイタリア語でその本を書きました。

[解答]　**1** (a) with　(b) of　(c) without　(d) in　**2** A. too　B. not　**3** You are　**4** 賢い人たちの本の中で　**5** age　**6** 医学
7 4
8 ボールを坂の上に転がしてそのスピードをはかる。
9 use the information for something that falls straight down
10 many times
11 ある物が落下するのに時間がかかればかかるほど落下の速度が増す。
12 it could be seen in the daytime
13 certain he could be when everything was so far away
14 このおかげでガリレオは宇宙のものをもっとたやすく見られるようになった。
15 three small stars
16 金星は地球のまわりをまわるのではなく，太陽のまわりをまわるということ。

第58日

【出題傾向】　日頃マンネリになっている家庭生活の中で，ある機会につばめの見事な集団生活を目撃して，改めて親子愛，きょうだい愛の大切さ，重要さを痛感した話。内容的には理解し易いし，設問もそうひねったものはない。

[解説]　**1** 名詞, 形容詞, 副詞の各用法に分ける。ただし副詞的用法は，「～するために」(目的)と「～して」(原因)を示すものを1グループとして扱う。
2 各空所とも前置詞を入れる。(a) ～を大事にする　(b) ～のためにする
　(d) ～のほうへ飛び去る
3 それぞれ① Takashi is small　④ Each family member is very important　⑤ going up the hill　⑥ Each one～to others を示す。
4 ③ a bird that just left its nest (巣立ったばかりの鳥)
5 (A) more important　(B) I wonder why～　(C) must not を使う。
7 (1) [au]　(2) [ɔː(r)] の音を選ぶ。

[意味]　サチコは最近忙しいので，家族と話し合う時間があまりありません。彼女には弟のタカシがいます。母は弟を大事にしすぎるとサチコは思っています。タカシが小さいことは事実だが，それが唯一の理由なのでしょうか。
　たぶんタカシのほうが大切なのだとサチコは思ってしまいます。父と母はタカシはとても利口だから，成長してりっぱな人になるにちがいないと口ぐせにしています。

ある夏の晩，サチコが読書をしていたとき，小鳥がさえずるのに気がつきました。それはバルコニーにいるのだろうと思っていました。その小鳥は不安そうにさえずり，そこで彼女はとうとう窓から外を見てしまいました。そこには小さいツバメがいました。「まあ，かわいい。でもどうしてこんな所にいるのかしら。」彼女はそれは巣立ったばかりの鳥にちがいないと思いました。小鳥は母鳥を呼ぶために暗やみでさえずり続けたが，親鳥はそのあたりどこにもいませんでした。

「お母さん，お父さん，見て。バルコニーにひな鳥がいるの。何をしてあげられるかしら。」母，父，弟のタカシがやってきて，「それは親鳥からはぐれてしまったんだよ。かわいそうに。」と父が言いました。「不安がって，ひ弱そうね。助けてあげられないかしら。」とサチコが提案しました。母が「でもそれをつかまえてはいけません。野鳥は私たちが手を触れると，更に弱まってしまうの。そっとしておきなさい。ここが一晩いるのにはいい場所なのよ。あすの朝，わたしが餌と水をあげておくから。」と言いました。

翌日，家族が朝早く起きた時，2羽の親鳥と2羽の若鳥がさえずっているのを聞いてびっくりしました。2羽の若鳥はひな鳥の兄鳥のようでした。

親鳥はひなに声をかけ，飛び立ちを助けようとバルコニーの上を旋回しました。ひなは両親や兄たちの所へ行きたかったが，こわくて飛び立てません。

親鳥は，声をかけ，旋回しながら，ひなが飛び立つのを促しました。ついにひなは飛び立ち，親，兄のいる所へ去って行きました。

タカシの家族はその光景を見て，とても幸せな気分になりました。「家族のひとりひとりというのはとても大事なのね。動物でさえも同じことよ。」と母が言い，父は「わたしはあのちびちゃん（ひな鳥）をほめてあげたいね。他のメンバーについていくために必死だったものね。だれでもよい家族の一員になるために努力しなければならないんだ。」とつけ加えました。

「サチコ姉さん，ぼくたちがハイキングに行った時のこと憶えている？ぼくが5歳で丘に登るのが大変だった時，姉さんはぼくを手伝って，丘に登るのを待っていてくれたね。そして，登りに成功した時，ぼくをほめてくれた。」とタカシが思い出を語り，母が「そうよ，サチコはいつもいいお姉さんですもの。」と言ってくれ，父は「こんな心の暖かい娘をもってうれしいよ。」と元気づけてくれました。サチコはびっくりしましたが，それらのことばを聞いて，幸福感にひたりました。ひとりひとりが大切だし，他によくしてあげようと頑張らなければならない。彼女はこれらの大切なことばを反復しました。

[解答] 1　アとウ，イとオ，エとカ（順不同でもよい）
2　(a) of　(b) for　(c) in　(d) to
3　① タカシが幼少だということ　④ 各家族のメンバーひとりひとりが大切だということ　⑤ 丘を登ること　⑥ ひとりひとりが大切で，めいめいが他によくしてあげる努力をすべきだということば

[4] ② タカシはとても賢いので,成長してりっぱな人になるだろう。 ③ 彼女はそれは巣立ったばかりの鳥にちがいないと思った。
[5] (A) Takashi is more important than she. (B) I wonder why it is on such a place. (C) you must not catch it.
[6] (b) (f)　　[7] (1) ウ (2) オ

第59日

【出題傾向】　交通事故で視力を失い，失意に暮れている妻を献身的に支えた夫婦愛の物語。意味のつかみにくい単語（＊印）もあるので，予め長文の下にある（注）をマークしておくこと。

内容把握を軸として，適語選択，語形変化，英問英答，語の用法など程度の高い設問が多い。

解説　[1] (1)「～でいっぱい」fill を受動態にして使う。(2)「車を運転して（連れていった）」(3)「結果が～となる」とする。turn を使う。(4)「乗った」(5)「決心した」(6)「どういう意味？」(7)「見守りながら」現在分詞形にする。(8)「感じた」

[2] 〈問答の中の語の説明〉(1) expect（期待する）, recover（回復する）, disappoint（失望させる）, unfortunate（不運な）, situation（立場）　(5) comfort（なぐさめる）, share（分ち合う）　(7) bitterly（はげしく）, respond（答える, 反応する）　(10) matter（問題）, arrangement（とりきめ）, continue（続く）

[3] (2)「どんなに～であっても」(3)「～に頼る」(4)「とても～なので」(9) 比較級を強める副詞は？　(11)「～かどうか」(12)「～の世話をする」の語句を完成させる。

[4] 「～のように」という用法

[5] 「～して（…だ）」と原因を表す副詞的用法

意味　スーザンが交通事故で視力を失った時，彼女は突然暗黒，怒り，挫折感，自分に対するあわれみの世界へと投げこまれてしまいました。

かつては強い独立心のある女性だったスーザンの実力がなくなり，周囲のみんなから援助が必要になりました。「どうしてこんなことが私に起きてしまったのかしら」と彼女はくる日もくる日も自分自身のことを考え続けました。しかし，たとえどんなに泣いたり，祈ったりしても，その痛ましい事実を認知するだけでした——つまり彼女の視力は決してもどりませんでした。そして彼女が頼らなければならないすべてが夫のマークにかかっていました。

スーザンが初めて視力をなくした時，マークは彼女が絶望におちこむのを見て，彼女が再び独立するのに必要な力と誇りを取りもどす手助けをしてあげる決心をしました。彼にはこれがこれから取り組もうとするもっとも困難な問題であることがわかっていました。

ついに，スーザンは仕事に復帰する心づもりでしたが，どのようにしてそこまで行けばよいのでしょうか。彼女は今までバスを利用していましたが，今はとてもこわくてひとりで街へ出向くことはできません。マークは2人が市の反対方向で別々に働いているにもかかわらず，彼女を毎日車で仕事場に連れていくことを申し出ました。最初，この提案がスーザンをほっとさせ，ごくやさしい仕事をするのにも心配でたまらない視力を失った妻を保護してあげたいというマークの要望にも合いました。
　しかし，まもなくマークはこの取り決めがうまく作用してないこと，──めんどうで，費用がかかることに気づきました。「スーザンはまたバス利用を始めなければならないだろう。」と彼はつぶやきました。彼はそのことを口に出すのをためらいました。彼女がまだとてもか弱く，怒りっぽかったから。彼女はどのような反応を示すのだろうか。
　まさにマークが想像したように，またバスを利用するという考えをスーザンはこわがりました。「わたしは目が不自由なのよ！」と彼女は烈しく反応し，「どのようにしたら，わたしは行く先がわかっているのだと思われるようになるの？　あなたはわたしのことなんか心配してないような感じだわ。」
　マークの心はこれを聞いて，打ちひしがれたが，彼にはしなければならないことがわかっていました。彼はスーザンに毎朝，毎夕，慣れるまで彼女といっしょにバスに乗ることを約束しました。
　そしてそれは計画通り実行されました。2週間，マークはスーザンと毎日仕事場を行ったり，来たりしました。彼は彼女に彼女がどこにいるかを知るために，別の感覚の使い方を教えました。彼はバスの運転手に彼女をよく注意して見て，座席をとっておくように頼みました。毎朝彼らはスーザンの職場にいっしょに行き，マークは，タクシーで彼の職場へもどりました。
　このとりきめは前のものよりずっと費用がかかり，疲れたけれども，マークにはスーザンが自分でバスに乗れるようになるまでの時間の問題にすぎないとわかっていました。彼は彼女つまり視力を失う前に知りぬいていたスーザン，どんな挑戦も恐れず，決してあきらめないスーザンを信じていました。
　ついにスーザンは自分で仕事に行く準備をすることにきめました。月曜日の朝がきて，出かける前に，マークに抱きつきました。彼女の目は彼の思いやり，忍耐と愛に対する感謝の涙であふれていました。彼女は「行ってきます」と言い，初めて彼らは別々の道を行くことになりました。
　月，火，水，木……毎日，自分で間違いなく出かけ，スーザンはこれほど気分がよかったことはありません。彼女はそれをやり続けていた！　彼女はすべてひとりで仕事をしようとしていたのです！
　ある金曜日の朝，スーザンはいつものように仕事のためにバスに乗りました。彼女がバスを降りようとした時，運転手が「おやおや，あなたがうらやましいなぁ」と言いました。運転手が彼女に話しかけたのかどうか迷いながら，「なぜ私がうらやましいとあなたは言うのですか」と彼にたずねました。「あなたのように面倒を見てもらい，保護されることはとてもすばらしいこと

にちがいない」と彼が答えました。
　スーザンは運転手が何について話をしたのかまったくわからなかったので，また，「どういう意味ですか」とききました。彼は「ご承知と思いますが，前の1週間，りっぱな紳士が角の向こう側であなたがバスを降りるのを見守って，立ち続けていたのです。彼はあなたが通りを安全に渡り切るのを確かめ，職場の建物に入るまで，見守っていました。あなたはほんとうに幸運な女性ですよ」と答えました。
　幸せの涙がスーザンのほおに流れ落ちました。というのは，彼女はいつもマークの姿は見えなくとも，彼の存在には気づいていました。彼女は幸運それ以上に幸運でした。そのわけは，彼は彼女に視力よりももっと強力な贈物，信じようと見る必要がなかった贈物——それは暗やみだったところに光をもたらすことのできる愛の贈物だったのです。

[解答]　**1**　(1) filled　(2) drove　(3) turned　(4) rode　(5) made　(6) meant　(7) watching　(8) felt　**2**　(1) エ　(5) イ　(7) ア　(10) ウ　**3**　(2) ア　(3) イ　(4) ア　(9) ウ　(11) エ　(12) イ　**4**　ア　**5**　エ

第60日

【出題傾向】　地震が発生する前に，動物たちに奇妙な動きが見られるという言い伝えがある。地震が頻発する地域ほどそのことに関心が強く，科学者もまたけんめいに探究を続けているという話。内容は比較的理解しやすい。
　設問は語形変化と内容把握が中心で，ほかに語の並べかえ，発音問題があり，幅広い学力が要求される。

[解説]　**1**　(1) 襲う　(2) 飛ぶ　(3) 吠える　(4) 去る　(5) 倒れるをそれぞれ正しい語形に。
　3　sounds that tell them something is wrong 〜で，前の that は関係代名詞，them と something の間には接続詞の that が省略されている。「彼らに何か様子がおかしいことを知らせる音」
　4　①「何か食べものをとろうと（起きあがる）」⑥「動物たちは人々が地震について学ぶのを援助するかもしれない」help＋目的語のあとは原形（to のつかない形）を使う。
　5　(a)「救われた」　(b)「奇妙な」　(c)「前に」
　6　ⓐ 現在分詞　ⓑ 比較級　ⓒ 複数形をそれぞれ使う。
　7　(1) [æ]　(2) [ʌ]　(3) [ʌ]

[意味]　地震が起こる前，動物は時々奇妙な行動をとります。犬が吠えまくり，馬が家畜小屋の囲いをけったりします。ねこは私たちには見えないものが見え，あちこち走りまわります。それらは恐怖で気が狂ったように見えます。世界中の人々が，動物がこのようなことをするのを見ています。動物はこれ

から何かが起こることがわかっているのです。
　ある女性のペットの亀が突然卵を生みました。今までそのようなことはありませんでした。その翌日，地震がありました。地震のあと，亀が卵を食べてしまいました。ある男が夜中に空腹で目をさまし，食べものをとろうと起きあがりました。彼は食卓の上においてあるペットの魚がはねているのに気がつき，2匹の魚が水槽から跳び出してきました。数時間後，地震が町を襲いました。
　アラスカでは，何頭かのひぐまが，例年より早く冬眠から目覚めて，穴から走り出てきました。誰もそれまでにそのような行動を見た経験はなかったのです。一日たって地震がありました。
　時々，海底でも地震が起こります。それから壁のように盛りあがった大量の海水（大波）が陸地を洗い流す心配があります。動物たちは危険を感じとります。ある地域では鳥たちが水面から飛び去りました。牛は海辺の牧草地から逃げ出し，丘へ移動しました。まもなく牧草地は洪水に見まわれました。地域によっては，他よりも多くの地震があります。それらの地域に住んでいる人々は，ペットを観察することを学びました。何年か前，中国のある町では，動物たちが野性にかえったようになりました。にわとりがあちこち走りまわり，犬は吠えやまず，ねずみたちは穴から逃げ出してきました。町の人々はこれらの事実を見て，家を出て避難しました。2日後大地震の打撃を受けました。大方の家は倒壊したが，家にはだれもいなかったこと，負傷者が出なかったことが幸運でした。多くの人命が動物が暴れ出すことによって救われました。
　地震を研究している人々は，動物に何がわかるのか知りたがっています。それは魔法ではありません。猫や犬は人間が感じとれないやり方で地面の揺れを感じとれるのかもしれません。動物には何か悪いことが起こるのを知らせる音が聞こえるのかもしれません。突然恐怖を感じるとき，動物たちは奇妙な行動をとります。
　動物たちは人々が地震を予知するのに役立つかもしれません。いつの日か私たちは地震の発生を予言でき，中国であったように生命を救うことができるかもしれません。

[解答]　**1**　(1) struck　(2) flew　(3) barking　(4) left　(5) fell
2　② 熊がいつもより早く冬眠から目覚めて，あわてて穴から出てくること。
　　③ 陸地に大波が押し寄せてくる危険　④ 他より頻繁に地震がおこる地域
3　動物には，何か様子がおかしいことを知らせる音が聞こえるのかもしれない。だから突然恐怖を感じた時，奇妙な行動をとる。
4　① up to get something to eat
　　⑥ animals may help people learn about earthquakes
5　(a) saved　(b) strange　(c) before
6　ⓐ running　ⓑ more　ⓒ Mice
7　(1) エ　(2) オ　(3) ウ